Für ihn brach die Welt,
wie er sie kannte, zusammen...

Zum Geleit

Fast 70 Jahre sind vergangen, seitdem die Nationalsozialisten in Deutschland die Macht übernahmen und damit begannen, die jüdischen Mitbürger zu boykottieren, zu entrechten, zu misshandeln und schließlich systematisch umzubringen. Es wurden Verbrechen begangen, die jedes Vorstellungsvermögen übersteigen. Die Justiz ließ sich dabei als beliebig einsetzbares Instrument zur Durchsetzung von Machtpolitik missbrauchen. Das Recht verlor seine Funktion als Garant der Gerechtigkeit, an seine Stelle trat die politische Willkür. Mit verblüffender Geschwindigkeit wurde die Weimarer Verfassung beseitigt. Eine diensteifrige Justiz stellte sich voll in den Dienst des Diktators.

Mit der Pervertierung des Rechts einher ging die Verfolgung und Entrechtung der Juristen jüdischer Herkunft. Die Regierung Hitlers war nur kurze Zeit an der Macht, als es zu ersten gewaltsamen Aktionen der Nationalsozialisten gegen jüdische Geschäftsleute kam. Davon blieben auch die jüdischen Juristen nicht verschont. Für den nationalsozialistischen Antisemitismus waren vornehmlich die jüdischen Rechtsanwälte ein willkommenes Angriffsziel. Nach der Vernichtung ihrer beruflichen Existenz verließen viele jüdische Juristen Deutschland und emigrierten. Viele derjenigen, die diese Möglichkeit nicht nutzten oder nicht nutzen konnten, wurden später umgebracht. Nur wenige überlebten. Die überwiegende Zahl der Richter, Staatsanwälte und Rechtsanwälte trug, soweit sie nicht selbst verfolgt wurden, das Unrecht mit oder aber leistete zumindest keinen Widerstand. Das Beispiel des mutigen Brandenburger Vormundschaftsrichters Dr. Lothar Kreyßig, der sich gegen die systematische Ermordung seiner Mündel im Rahmen der „Euthanasie-Aktion" wehrte und Strafanzeige wegen Mordes gegen den Verantwortlichen erstattete, blieb leider singulär.

Als ich im Jahre 1998 in Berlin die regional auf Berlin bezogene Ausstellung „Anwalt ohne Recht - Das Schicksal jüdischer Rechtsanwälte in Berlin nach 1933" im Centrum Judaicum besuchte, stand für mich der Entschluß fest, die Schicksale der jüdischen Juristen aus dem Landgerichtsbezirk Potsdam untersuchen zu lassen und eine Dokumentation darüber zu veröffentlichen.

Diese Dokumentation dient der geschichtlichen Wahrheit. Sie soll allen vor Augen führen, mit welchen Maßnahmen die nationalsozialistischen Machthaber gegen jüdische Juristen vorgegangen sind, die aus der Mitte ihrer Mitbürger herausgerissen, verfolgt, verschleppt und ermordet wurden. Sie schließt eine kleine Lücke in der Forschung über jüdisches Leben in Potsdam und seiner Umgebung. Dieses Buch soll der Erinnerung und der Mahnung dienen. Es soll erinnern an das düsterste Kapitel deutscher Geschichte, als jüdische Juristen, die selbst an die Unverbrüchlichkeit des Rechts und die unverletzlichen und unveräußerlichen Menschenrechte glaubten, rechtlos gestellt und zu Freiwild abgestempelt wurden. Gleichzeitig will diese Dokumentation zur Besinnung und Wachsamkeit gegen ein Aufleben antisemitischer Tendenzen in Deutschland aufrufen.

Mein Dank gilt allen, die mich darin unterstützt haben, diese Dokumentation fertigzustellen. Ich bin dem Vorstand der Potsdamer Juristischen Gesellschaft, ihrem Vorsitzenden, Herrn Präsidenten des Verwaltungsgerichts Ladner, und ihren Mitgliedern sehr dankbar, dass sie das Forschungsvorhaben auf meine Bitte zu ihrer eigenen Sache gemacht und den Forschungsauftrag Frau Dr. Ladwig-Winters erteilt haben. Die Historikerin Dr. Simone Ladwig-Winters hat zusammen mit Herrn Hans Bergemann M.A. in einer

Fülle und Vollständigkeit Fakten zusammengetragen, die erschrecken. Sie haben ein Werk geschaffen, das auch aus wissenschaftlicher Sicht große Anerkennung verdient. Für die intensive, für Fragen und Bitten stets offene Zusammenarbeit bin ich Frau Dr. Ladwig-Winters sehr dankbar.

Diese Dokumentation konnte nur durch finanzielle Unterstützung von außen gelingen, für die ich meinen besonderen Dank ausspreche. Ich möchte hier die Brandenburgische Landeszentrale für politische Bildung und ihre Leiterin, Frau Dr. Martina Weyrauch, die Axel Springer Stiftung in Berlin und die Rechtsanwaltskammer des Landes Brandenburg an erster Stelle nennen. Neben der Mittelbrandenburgischen Sparkasse in Potsdam, der Commerzbank-Stiftung und der Deutschen Bank AG haben auch der örtliche Anwaltsverein Potsdam, die Notarkammer Brandenburg, der Landesverband Brandenburg des Deutschen Richterbundes und die Brandenburger Juristische Gesellschaft mit großzügigen Spenden die Erstellung der Dokumentation erst möglich gemacht. Vergessen möchte ich nicht die zahlreichen Berliner und Potsdamer Rechtsanwälte sowie den früheren Präsidenten des Oberlandesgerichts Hamm, Dr. Heinz Palm, die dem Forschungsvorhaben die notwendige finanzielle Hilfe haben zuteil werden lassen.

Potsdam, im Juni 2002
Hans-Jürgen Wende
Präsident des Landgerichts Potsdam

Unmittelbar nach der Machtübernahme durch die Nationalsozialisten waren die Juristen jüdischer Herkunft im besonderen Maße von drastischen Eingriffen in ihre Berufsausübung betroffen. Auf Grund des „Gesetzes zur Wiederherstellung des Berufsbeamtentums" vom 7. April 1933 wurden Beamte, die „nichtarischer" Abstammung waren, in den Ruhestand versetzt oder aus dem Amtsverhältnis entlassen. Die dritte Durchführungsverordnung vom 6. Mai 1933 stellte ausdrücklich klar, dass sich das Gesetz auch auf Richter, Lehrer und Hochschullehrer sowie Notare bezog. Mit dem „Gesetz über die Zulassung zur Rechtsanwaltschaft", ebenfalls vom 7. April 1933, wurde gegen Rechtsanwälte jüdischer Herkunft ein generelles Berufsverbot verhängt. Ausnahmeregelungen von den Berufsverboten wurden in beiden Gesetzen für „Altbeamte" bzw. „Altanwälte", die bereits vor dem 1. August 1914 im Justizdienst oder als Rechtsanwalt tätig waren, für „Frontkämpfer" sowie direkte Hinterbliebene von Gefallenen des Ersten Weltkriegs getroffen. Aber auch ohne diese zweifelhaften gesetzlichen Grundlagen hatte am 31. März 1933 der Reichskommissar für die Preußische Justizverwaltung Hanns Kerrl an alle Oberlandesgerichtspräsidenten, Generalstaatsanwälte und Präsidenten der Strafvollzugsämter verfügt, dass jüdische Richter beurlaubt und jüdische Schöffen und Geschworene nicht mehr einberufen und die Tätigkeit jüdischer Anwälte auf den prozentualen Anteil der Juden an der Gesamtbevölkerung beschränkt werden sollten. Dies führte schon ab Anfang April 1933 dazu, dass Rechtsanwälte, Richter und Staatsanwälte jüdischer Herkunft von ihrer Tätigkeit an den Gerichten ausgeschlossen wurden. Um ihren Beruf weiter ausüben zu können, waren sie gezwungen, nachzuweisen, ob sie eine der Ausnahmeregelungen der Gesetze in Anspruch nehmen konnten. In der Folgezeit ergingen weitere Erlasse, Verordnungen und Gesetze, deren alleiniges Ziel es war, „nichtarische" Personen mit einem Berufsverbot zu belegen. Ein gänzliches Berufsverbot erfolgte schließlich nach Erlass der „Nürnberger Gesetze" Ende 1935 für jüdische Beamte, für jüdische Rechtsanwälte zum 30. November 1938.

Über das Schicksal der Juristen jüdischer Herkunft im Landgerichtsbezirk Potsdam, zu dem damals auch die Amtsgerichte in Baruth, Beelitz, Brandenburg, Dahme, Jüterbog, Luckenwalde, Rathenow, Treuenbrietzen und Werder zählten, lagen bisher nur vereinzelte Informationen vor. Für die Potsdamer Juristische Gesellschaft war es deshalb eine Selbstverständlichkeit, sich der vom Präsidenten des Landgerichts Potsdam Hans-Jürgen Wende initiierten Dokumentation zu verschreiben, um – wenn auch sehr spät – etwas Licht in die Schicksale der Juristen jüdischer Herkunft im Landgerichtsbezirk Potsdam zu bringen. Die Dokumentation kann die unsäglichen Leiden und Verletzungen nicht ansatzweise wieder gutmachen. Sie soll allerdings dazu beitragen, die Erinnerung an dieses dunkelste Kapitel deutscher Geschichte wach zu halten und jedem noch so zarten Keim antisemitischen Gedankengutes Einhalt zu gebieten.

Und sie ist ein bescheidener Versuch, den betroffenen Kollegen ihre Ehre wieder zu geben.

Möge deshalb die Dokumentation vielen zugänglich werden, vor allem vielen jungen Menschen.

Potsdam, im Juni 2002
Claus Peter Ladner
Präsident des Verwaltungsgerichts Potsdam

Vorwort

Auf Initiative des Präsidenten des Landgerichts Potsdam Hans-Jürgen Wende wollte die *Juristische Gesellschaft Potsdam e.V.* der Frage nachgehen, was ihren verfolgten Kollegen jüdischer Herkunft im Nationalsozialismus widerfahren ist. Das *Forschungsbüro Politik und Geschichte* recherchierte zu diesem Thema vom März bis Dezember 2001. Ziel der Untersuchung war es, alle Zeugnisse der betroffenen Juristen im Potsdamer Landgerichtsbezirk aus der Zeit nach 1933 zusammenzutragen und auszuwerten und deren Schicksal im Nationalsozialismus nachzuzeichnen. Die hier vorliegenden Ergebnisse der Recherche zeigen die vielfältigen Facetten der Ausgrenzung und Verfolgung jüdischer Juristen im Landgerichtsbezirk Potsdam. Dabei wurden nicht nur einzelne exemplarische Fälle herausgegriffen, sondern alle (zugänglichen) Biographien aufgerollt; mühsam wurden Details von 32 Leben ermittelt und zusammengefügt. Jeder der Betroffenen wird, soweit es nach rund 70 Jahren möglich ist, aus seiner Anonymität geholt: Die Erinnerung, die bisher allein den Familien, sofern es sie noch gab, überlassen blieb, wird jedem zugänglich. Der Verfolgte steht im Mittelpunkt. Man erhält Einblick in diese lange ignorierte Seite des nationalsozialistischen Systems. Und es wird deutlich, dass die Verfolgung hier, im unmittelbaren regionalen Umfeld stattgefunden hat – vor den Augen aller.

Bis zum Machtwechsel waren alle hier Porträtierten angesehene Bürger ihrer Stadt. Als Juristen fühlten sie sich dem Recht verpflichtet und vertrauten auf seine Kraft. Als das Recht gemeinschaftlich missbraucht wurde, wurden sie selbst rechtlos, einzig aus dem Grund, weil sie Juden waren oder als solche galten. Nur kurze Zeit nach der Machtübernahme fanden sich diese Bürger in einem Status wieder, der sie ihrer Bürgerrechte und ihrer Standesrechte beraubte. Keiner von ihnen hätte für möglich gehalten, dass er so schnell aus dem gewachsenen Gemeinwesen hinausgedrängt werden könnte, keiner von ihnen hätte vermutet, dass er so leicht aus dem Berufsstand auszuschließen wäre. Doch nach 1933 wurden Anwälte eine besondere Zielscheibe des Hasses. Nach den Vorstellungen der Nationalsozialisten sollte die Justiz genauso wie die Wirtschaft grundsätzlich unter antisemitischen Aspekten „gesäubert" werden. Wer Jude war oder für die Nationalsozialisten als solcher galt, wurde isoliert, ausgegrenzt, verlor den Beruf, sollte seiner Würde beraubt werden; viele wurden deportiert und ermordet.

Mit der Perspektive auf die Betroffenen erhält man ein anderes Bild des Nationalsozialismus. Es macht sichtbar, was an menschlicher Vielfalt, Vertrauen in vorhandene soziale und rechtliche Systeme und alltäglichem Miteinander, getragen von selbstverständlicher Toleranz, untergegangen ist.

Inhalt

1 Lebensgeschichten aus Bruchstücken 11

2 Die Ausgangslage im Potsdamer Landgerichtsbezirk 17
Situation in Potsdam 23
Situation in der weiteren Provinz 27

3 Die Anfänge von Verfolgung und Ausgrenzung 1933 29
Terroristische Übergriffe und Willkürmaßnahmen 30
Gesetzliche und bürokratische Maßnahmen 33
Situation im Landgerichtsbezirk Potsdam 37
Situation der Richter und Staatsanwälte 39
Situation der Rechtsanwälte 42
Exkurs: Das Referendarlager Hanns Kerrl in Jüterbog 50

4 Die Entwicklung bis zu den allgemeinen Berufsverboten 53
Verlust der ökonomischen Basis der Rechtsanwälte 54
„Entfernung“ aller jüdischen Beamten aus dem Amt 58
Allgemeines Berufsverbot für jüdische Rechtsanwälte 60
Die besondere Situation der „Mischlinge“ 63

5 Das weitere Schicksal 65
„Ums Leben gekommen“ 70
„Natürlicher Tod“ 72
„Tod durch Kriegseinwirkung“ 73
Überleben in Deutschland 73
Emigration und Flucht 75

Zusammenfassung und Perspektiven nach 1945 81

Biographischer Teil 85
Bruno Cohn, Luckenwalde 86
Sally Cohn, Brandenburg a. H. 89
Alfred Fordon, Beelitz 91
Otto Giesen, Potsdam 93
Dr. Ernst Gumpert, Luckenwalde 95

Dr. Hermann Hahlo, Potsdam 97
Dr. Ernst Hammerschlag, Rathenow 99
Dr. Gustav Herzfeld, Potsdam 101
Fritz Hirschfeld, Potsdam 103
Günther Holberg, Potsdam 105
Hans-Georg Hopp, Potsdam 107
Justizrat Joseph Josephsohn, Potsdam 108
Justizrat Raphael Josephsohn, Potsdam 110
Richard Ruben Josephsohn, Potsdam 111
Dr. Friedrich Käckell, Dahme 113
Ernst Kessel, Dahme 114
Alfred Lehmann, Potsdam 115
Dr. Berthold Lehmann, Beelitz 116
Dr. Siegfried Lehmann, Potsdam 119
Dr. Ludwig Levy, Potsdam 120
Gerichtsassessor Loewenthal, Potsdam 122
Herbert Loewy, Belzig 123
Dr. Herbert Marcuse, Potsdam 125
Justizrat Bernhard Meyer, Brandenburg a. H. 127
Dr. Ernst Nathan, Potsdam 128
Justizrat Dr. Louis Pink, Potsdam 131
Willy Rheinhold, Friesack 132
Dr. Paul Schreiber, Potsdam 133
Dr. Adolf Seimert, Luckenwalde 134
Heinrich Simon, Luckenwalde 135
Ernst Stargardt, Potsdam 136
Ernst Westphal, Potsdam 139

Quellen- und Literaturverzeichnis 143

Anmerkungen 148

Bild- und Dokumentennachweis 156

1

Lebensgeschichten aus Bruchstücken

Der Landgerichtsbezirk Potsdam war ein Teil des Kammergerichtsbezirks Berlin[1]. Zum Bezirk des Landgerichts Potsdam gehörten die Amtsgerichte Baruth, Beelitz, Belzig, Brandenburg, Dahme, Jüterbog, Luckenwalde, Potsdam, Rathenow und Treuenbrietzen.

In den Zuständigkeitsbereich des Landgerichtsbezirks fielen auch die 1929 eingerichteten Kammern für Handelssachen in Brandenburg und Potsdam. Trotz der sachlich engen Anbindung an Berlin und der räumlichen Nähe zur Hauptstadt, sind die Verhältnisse im Landgerichtsbezirk völlig eigenständig zu sehen.

Für Potsdam selbst spiegelt sich bei den Juristen eher die Situation der früheren Residenz und einer regional bedeutsamen Mittelstadt wider. Hier herrschten andere soziale und politische Bedingungen als in der nahen Reichshauptstadt. Man kannte sich persönlich, verkehrte gesellschaftlich miteinander, unabhängig davon, welcher Religion man anhing. In der weiteren Provinz differenzierte sich das Bild: Die wenigen Juristen jüdischer Herkunft in Beelitz hatten z.B. einen ungleich schwereren Stand als die in Luckenwalde.

Frauen wurden erst in den Zwanziger Jahren zur Großen juristischen Staatsprüfung zugelassen. Demzufolge konnten sie sich erst danach als Juristinnen betätigen. In Potsdam gab es 1933 noch keine einzige Juristin.[2]

Die Untersuchung befasst sich mit den Anfang 1933 im Landgerichtsbezirk Potsdam tätigen Beamten des höheren Justizdienstes und den im Bezirk zugelassenen Rechtsanwälten jüdischer Herkunft. Die Situation der Richter und Staatsanwälte unterschied sich deutlich von der der Rechtsanwälte, weshalb sie im Folgenden getrennt dargestellt wird.

Anfang 1933 waren im Landgerichtsbezirk Potsdam 62 Richter und Staatsanwälte als Beamte im höheren Justizdienst tätig, 78 Rechtsanwälte an den Gerichten des Landgerichtsbezirks zugelassen[3]. Nach den Kriterien der Nationalsozialisten galten von diesen insgesamt 140 Juristen sieben Richter, ein Staatsanwalt und 21 Rechtsanwälte als jüdisch. Das waren insgesamt rund ein Fünftel (21%) aller Juristen des Landgerichtsbezirks Potsdam. Bei den Beamten des höheren Justizdienstes betrug der Anteil der Personen, die jüdischer Herkunft waren, rund 13%, bei den Rechtsanwälten rund 27%. In Potsdam waren zusätzlich zu diesen 29 Juristen ein Gerichtsassessor[4], ein Referendar und ein Jura-Student als Juden von der Verfolgung betroffen[5].

Der Begriff „jüdischer Herkunft" bedarf einer näheren Erläuterung. Nicht alle, die nach den nationalsozialistischen Kriterien als „Nichtarier" galten, so der Oberbegriff für alle Verfolgten aus rassistischen Gründen, gehörten tatsächlich der jüdischen Gemeinde an. Mit anderen Worten: es gab keine homogene jüdische Gruppe. Gerade unter den Angehörigen des höheren Justizdienstes waren die meisten weit vor dem Jahr 1933 getauft worden. Doch die Maßstäbe

Anfang 1939 wurde eine mit einem „J" versehene Kennkarte für Juden eingeführt.

der eigenen Bestimmung der religiösen Orientierung wurden durch die „blutmäßige" Zuordnung der Nationalsozialisten hinfällig, wobei die Definition des Begriffs „Jude" und die sich hieran knüpfenden Folgen 1933 nicht einheitlich waren: Einzelne, wie der fränkische Gauleiter Streicher, wollten alle Juden rigide aus der Gesellschaft drängen, während im Reichsinnenministerium, durch dessen „Rassereferenten" Bernhard Lösener, eher schrittweise Ausgrenzungen befürwortet wurden. Zugleich war die Staatsangehörigkeit, die jedem Bürger hätte Schutz gewähren müssen, ab 1933 als Kriterium, das vor Diskriminierung bewahrte, bedeutungslos geworden.

Im Vergleich zum nahegelegenen Berlin war der Anteil derjenigen, die als „nichtarisch" angesehen wurden, im Landgerichtsbezirk Potsdam deutlich niedriger.[6] In Berlin galten nach 1933 rund 50% der Anwälte als jüdisch.

Allgemein waren viele Juristen in Deutschland jüdischer Herkunft. Dafür gab es verschiedene Ursachen. Traditionell setzte man sich in jüdischen Familien häufig mit rechtlichen Problemen und Auslegungsfragen auseinander. Dies wurde noch durch die jahre-, ja jahrhundertelange Diskriminierung der jüdischen Bevölkerungsminderheit befördert, die es notwendig machte, das jeweils gültige Regelwerk der Gesellschaft exakt zu kennen. Hinzu kam die restriktive Zulassungspraxis der Universitäten im 19. Jahrhundert, die sich für Juden erst sukzessive und nicht für alle Disziplinen öffneten. Nach der Reichsgründung (1871) und der allgemeinen rechtlichen Gleichstellung standen Juden zwar formal verschiedene Möglichkeiten offen, doch die Nähe zur Jurisprudenz blieb. So entsprach es der Praxis, dass im öffentlichen Dienst ein Fortkommen nur für Christen möglich war. Hinzu kam die harte Auswahl nach dem zweiten Staatsexamen: Die Assessorenzeit war zeitlich nicht befristet und blieb teilweise unvergütet. In dieser Situation ließen sich viele Interessenten taufen oder entschieden sich für einen Weg in die freie Advokatur. So entwickelte sich ein hoher jüdischer Anteil gerade innerhalb der Anwaltschaft bis zum Ende der Kaiserzeit. Die jüdische Minderheit war aber längst nicht mehr erkennbar. Sie hatte sich auf vielfältige Weise gesellschaftlich mit der Mehrheit verbunden: Man sprach eine gemeinsame Sprache, besuchte gemeinsam die Schule, las und liebte dieselben Klassiker, studierte zusammen, rückte gemeinsam in den Ersten Weltkrieg aus, heiratete untereinander. Die eigenständige jüdische Identität beschränkte sich zunehmend auf die Religionsausübung. Und selbst die Befolgung der religiösen Traditionen war für viele nicht mehr selbstverständlich.

Viele Volljuristen entschieden sich auch für eine Stelle in der Wirtschaft, so z.B. der in Potsdam bekannte Erich Guttmann, eine der führenden Persönlichkeiten der Dresdner Bank, dessen Villa in der Bertinistraße noch heute steht.

Wie er waren verschiedene als Syndizi in einem Unternehmen beschäftigt, somit nicht in der Anwaltsrolle eingetragen. Wieder andere traten eine Stelle in der Verwaltung an, weshalb sie nachfolgend nicht auftauchen, da hier keine systematische Recherche möglich gewesen ist.[7]

Die juristische Ausbildung knüpfte in der Regel an eine humanistische Schulbildung an. Der spätere Beruf genoss allgemein eine hohe gesellschaftliche Anerkennung. Dennoch gab es klare Unterschiede zwischen den verschiedenen juristischen Berufsgruppen: Richter und Staatsanwälte standen als Angehörige des öffentlichen Dienstes in einem unmittelbaren Treueverhältnis zum Staat. Ihre Einkünfte waren klar umrissen und sicher. Die Preußische Justizverwaltung forderte ein hohes Maß an Mobilität. Unstrittig war es eine Ehre, nach Potsdam selbst berufen zu werden, wobei dem Landgericht wiederum eine besondere Bedeutung zukam. Die weiter entfernt liegenden Amtsgerichte hatten längst nicht dieses Ansehen. Die Tätigkeit dort galt, sofern man nicht familiär gebunden war, eher als Sprungbrett für höhere Stufen der Karriereleiter. Grundsätzlich bot sich Rechtsanwälten als Angehörigen eines freien Berufs keine materielle Sicherheit, es sei denn, sie waren zugleich als Notare zugelassen. Lediglich durch große Mandate eröffnete sich eine Chance auf ein überdurchschnittliches Einkommen. Bei der Niederlassung war somit nicht nur entscheidend, ob sich in dem Ort ein Gericht befand, sondern ob es in der engeren Umgebung größere Industrie- oder Agrarprojekte gab. Diese Erwägungen musste jeder Anwalt vornehmen. Auf diese Weise verlief innerhalb der Juristenschaft ein trennender Graben eher zwischen den Angehörigen des höheren Justizdienstes, also Richtern und Staatsanwälten, und den Anwälten als zwischen jüdischen und nicht-jüdischen Juristen.

Vorgehensweise

Die Gesamtdarstellung stützt sich auf ein stufenweises Vorgehen:
In einem ersten Schritt mussten die Namen der Betroffenen ermittelt werden. Kein leichtes Unterfangen, da es keine geschlossene Darstellung oder Überlieferung gibt, auf die man sich hätte stützen können. So wurden erst einmal all diejenigen ermittelt, die in der Zeit nach Januar 1933 entweder ihre Zulassung als Anwalt oder ihre Stellung als Richter oder Staatsanwalt verloren oder aufgegeben bzw. gewechselt hatten.

Aus dem ermittelten Personenkreis wurde in einem zweiten Schritt für jeden einzelnen geprüft, ob er nach den Kriterien der Nationalsozialisten als Jude galt. Diese Kriterien waren nicht feststehend, sie wandelten sich erheblich, insbesondere in Bezug auf den Status „Mischling".

In einem dritten Schritt wurde nun versucht, den Lebensweg jedes einzelnen zu rekonstruieren. Hierfür waren zahlreiche Quellen heranzuziehen. Das reichte von der Suche nach Personalakten, hier in der Überlieferung des Reichsjustizministeriums, die jedoch in der Regel spätestens im Jahr 1938 endet, über Dissertationsverzeichnisse, Friedhofanfragen bis hin zu Recherchen, schriftlich und mündlich, bei Hinterbliebenen und Fachkundigen. Teilweise konnte ermittelt werden, dass Entschädigungs- oder Wiedergutmachungsanträge gestellt worden sind. In diesen Fällen wurden die entsprechenden Akten, so sie auffindbar waren, eingesehen.

Weitere zeitgenössische Quellen, wie z.B. Adressbücher, waren nicht danach differenziert, ob der Aufgeführte Jude oder Nichtjude war. Vom Reichsjustizministerium sind die Personalakten leider nicht lückenlos überliefert. Überhaupt ist die Überlieferung von Material und Dokumenten der Preußischen Justiz nur bruchstückhaft vorhanden. Ob diese schlechte Quellenlage auf Kriegsereignisse, bewusste Zerstörung von Unterlagen in den letzten Kriegstagen oder eine Vernichtung der Akten in der Zeit nach 1945 zurückzuführen ist, ließ sich nicht ermitteln.

Ebenso kamen auch persönliche Überlieferungen, die auf der Basis einer „Oral History" subjektiv gefasste Erinnerungen hätten nutzbar machen können, nur in wenigen Fällen zum Tragen. In vielen Fällen fehlt es an ergänzenden Informationen, die notwendig wären, um die Persönlichkeit, die Figur, die hinter dürren biographischen Angaben stand, erkennen zu lassen. Es mangelte an autobiographischen, aber auch fremden Erinnerungen, die etwas von den Empfindungen und Eigenarten der Betreffenden hätten ahnen lassen. Von den Betroffenen selbst lebt niemand mehr, doch es konnte in verschiedenen Fällen der Kontakt zu Söhnen und Töchtern hergestellt werden.

Im Fall von Ernst Westphal wurde in der Wiedergutmachungsakte der Name einer Enkelin gefunden. Nach und nach stellte sich heraus, dass in Israel auch noch eine mittlerweile 90-

Ernst Westphal mit seiner jüngsten Tochter, 1912

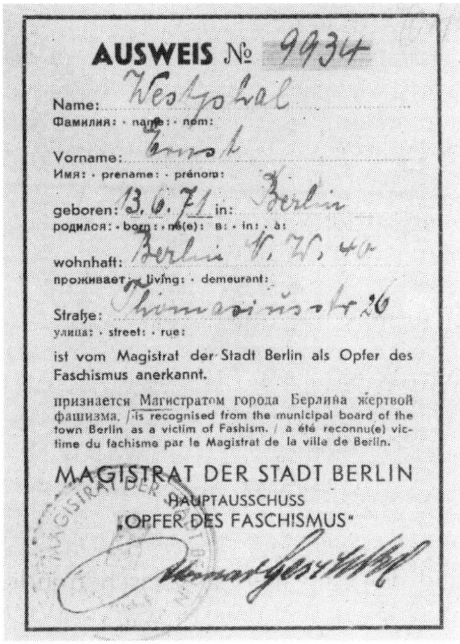

AUSWEIS № 9934

Name: Westphal
Фамилия: · name: · nom:

Vorname: Ernst
Имя: · prename: · prénom:

geboren: 13.6.71 in: Berlin
родился: · born: · né(e): в: · in: · à:

wohnhaft: Berlin N.W. 40
проживает: · living: · demeurant:

Straße: Thomasiusstr 26
улица: · street: · rue:

ist vom Magistrat der Stadt Berlin als Opfer des Faschismus anerkannt.

признается Магистратом города Берлина жертвой фашизма. / is recognised from the municipal board of the town Berlin as a victim of Fashism. / a été reconnu(e) victime du fachisme par le Magistrat de la ville de Berlin.

MAGISTRAT DER STADT BERLIN
HAUPTAUSSCHUSS
„OPFER DES FASCHISMUS"

Ausweis von Ernst Westphal als „Opfer des Faschismus"

jährige Tochter lebt. Diese Tochter ist unter dem Namen Leni Yahil als Wissenschaftlerin, die sich mit dem Holocaust beschäftigt, anerkannt, ja berühmt geworden. Von ihrer engen Verwandtschaft zu Ernst Westphal und ihrer Herkunft aus Potsdam war bis dahin nichts bekannt gewesen. In Potsdam hatte ein nahezu vollständiger Bevölkerungsaustausch stattgefunden. Die jetzt hier lebende Bevölkerung kann sich kaum an Personen oder Ereignisse aus der Zeit des Nationalsozialismus erinnern, weil sie zum großen Teil erst nach 1945 hierher gezogen ist. Dennoch meldeten sich einige Zeitzeugen auf Presseberichte und lieferten ergänzende Informationen.

Die Mark Brandenburg hatte vor 1945 nicht als eigenständiges Territorium mit entsprechenden Hoheitsrechten existiert, das erschwerte die Recherche, da immer Einzelaspekte aus größeren Zusammenhängen herauszufiltern waren.

Eine weitere Quelle waren die in der Bundesrepublik Deutschland vorhandenen Wiedergutmachungs- oder Entschädigungsakten.[8] Hieraus können in vielen Fällen biographische Erkenntnisse gespeist werden. Für die östlichen Teile Deutschlands, die erst zur sowjetisch besetzten Zone und später zur DDR gehörten, fehlen diese Quellen. Die DDR leugnete jegliche Verbindung zum nationalsozialistischen Deutschland. Damit einher ging die Konstruktion einer entsprechenden Bewältigungsstrategie, die sich vorrangig an politischen Erwägungen orientierte und weniger an opferbezogenen Aspekten.[9] Die rassistische Komponente der nationalsozialistischen Verfolgung wurde vielfach ausgeblendet. Anhaltspunkte über das Schicksal von Verfolgten, die nach 1945 in der SBZ bzw. DDR lebten, geben lediglich die Unterlagen zu den Verfahren auf Anerkennung als „Opfer des Faschismus" (OdF).

Die Geschichte der Juden in Brandenburg und ihre Geschichtsschreibung erfuhren mit der Ermordung und Vertreibung durch die Nationalsozialisten eine einschneidende Zäsur. Vielerorts bedeutete die nationalsozialistische Herrschaft das gewaltsame Ende jüdischen Lebens. Die heute in Potsdam wieder existierende jüdische Gemeinde ist sehr jung: Sie setzt sich aus neuen Menschen mit einem anderen politischen und religiösen Hintergrund zusammen. Sie konnte nicht mehr anknüpfen an die jahrhundertelange Tradition, sondern war darauf angewiesen, einen neuen Anfang zu suchen. Alle Dokumente der alten Gemeinde sind untergegangen. Zu anderen Gemeinden in Beelitz, Belzig oder Luckenwalde gibt es ebenfalls nur rudimentäre Überlieferungen, meist sind es nur noch die Friedhöfe, die ein Zeugnis der früheren jüdischen Bewohner ablegen.[10]

Angesichts der schwierigen Quellenlage bei den Primärquellen, ist es nicht erstaunlich, dass es auch keine umfassenden Sekundärquellen gibt. Selbstverständlich wurde das vorhandene Material zur jüdischen Geschichte Brandenburgs gewürdigt und in die vorliegende Studie eingearbeitet.[11]

Die Recherche hat beklemmend deutlich gemacht, dass es von der jüdischen Kultur nur noch vereinzelte bauliche Reste gibt, nur gelegentlich ist zu prominenten Persönlichkeiten noch etwas Material vorhanden. Doch es fehlt eine geschlossene systematische biographische Darstellung, auf die man sich hätte stützen können. So mussten im Detail die Biographien der betroffenen Personen rekonstruiert werden. Mit der Unterstützung von vielen engagierten Mitarbeiterinnen und Mitarbeitern in Archiven und Forschern und Forscherinnen[12] ist es aber dennoch häufig gelungen, fehlende Puzzleteilchen zu ergänzen.

In anderen Fällen, wie bei Willi Rheinhold aus Friesack, konnte aber, trotz intensiver Bemühungen, nur wenig gefunden werden. In seinem Fall existierte keine Personalakte, es gibt fast nichts, was an ihn erinnert. Kein Entschädigungsantrag liefert einen Anhaltspunkt für sein Überleben oder das Überleben naher Angehöriger. Alles, was bekannt ist, mündet in die lapidare Aussage: Rechtsanwalt und Notar in Friesack seit 1928, 1933 als „Nichtarier" Berufsverbot.

In einem solchen Fall bleiben Vermutungen. Es gibt zahlreiche Möglichkeiten. Sicher ist in einigen Fällen nur, dass die Betreffenden verschwunden sind und es keinen Hinweis zu ihrem weiteren Verbleib gibt.

Durch akribische Ermittlungen, die in den meisten Fällen erfolgreich waren, ist aber dennoch ein verhältnismäßig umfassendes Bild der allgemeinen Struktur der Juristenschaft und des Schicksals ihrer Angehörigen jüdischer Herkunft im Potsdamer Landgerichtsbezirk entstanden. Das biographische Verzeichnis gewährt einen Einblick in die Situation jedes Einzelnen. Über die biographische Darstellung gelangt man aber auch zu weitergehenden Erkenntnissen über die Geschichte der verschiedenen Berufsstände und der Region.

2

Die Ausgangslage im Potsdamer Landgerichtsbezirk

Seit rund zweihundert Jahren lebten 1933 wieder Juden in Brandenburg, nachdem sie im 16. Jahrhundert vertrieben worden waren. Im 17. Jahrhundert und auch später bedeutete Immigrationspolitik vorrangig Wirtschaftsförderung. Waren die Niederländer noch mit einem eigenen Viertel empfangen worden, das von 1734 bis 1742 in Potsdam errichtet worden war, wurden schon die französischen Hugenotten nicht ganz so komfortabel aufgenommen. Für die Juden, eine weitere wichtige Einwanderergruppe, wurden allgemein für Preußen restriktive Vorschriften formuliert, als sich 1671 (nach der Vertreibung aus Wien) 50 Familien in der Provinz Brandenburg niederlassen wollten.[13] Anfang des 18. Jahrhunderts lebten Juden u.a. in Beelitz, Potsdam, Rathenow und Friesack.[14] Langsam entwickelten sich in diesen Städten stabile Gemeinden, doch immer noch wurde das Leben durch die Obrigkeit streng reglementiert. In der Regel war das Privileg der Niederlassung an die Person des Haushaltsvorstandes geknüpft, der z.B. Arzt war. Starb dieser, musste oft die Witwe mit den Kindern die Stadt verlassen. Dieses Schicksal drohte auch der Witwe des berühmten Philosophen und Neuerers der jüdischen Religion Moses Mendelssohn. Nach seinem Tod 1786 konnte nur durch Intervention einflussreicher Persönlichkeiten verhindert werden, dass sie mit den Kindern aus Berlin vertrieben wurde.

Moses Mendelssohn in einem zeitgenössischen Stich

In den brandenburgischen Städten wird man nicht ganz so rigide vorgegangen sein, doch auch dort durften Juden erst nach und nach Grundeigentum erwerben. Einen sicheren Hinweis dafür, dass sich die jüdische Bevölkerung, die meist vom Kleinhandel lebte, dauerhaft niedergelassen hatte, waren die Begräbnisplätze, die in den verschiedenen Orten ab dem 18. Jahrhundert eingerichtet wurden.

Die politischen Rahmenbedingungen, die Niederlage in den Napoleonischen Kriegen und die Rückeroberung hatten die absolutistische Herrschaft geschwächt, gleichzeitig erstarkte die bürgerliche Emanzipationsbewegung. Neue Rechte wurden beansprucht – und die für alle! 1848 war ein markanter Einschnitt, der seine Spuren auf allen Ebenen der Gesellschaft hinterließ. Auf den Barrikaden hatten Christen neben Juden gekämpft, mit dem Ziel, die politische Macht gerechter zu verteilen. Als Zugeständnis an diese starke Opposition, die mit militärischen Mitteln nicht mehr niederzuzwingen war, wurden parlamentarische Akzente gesetzt, ohne jedoch grundsätzlich die feudale Macht aufzugeben. Die bürgerliche Gesellschaft bildete sich erst im Verbund mit der industriellen Entwicklung heraus.

Die Kinder und Jugendlichen aus jüdischen Familien besuchten verstärkt die allgemeinen Schulen, so sie denn aufgenommen wurden. Im 19. Jahrhundert war auch der Weg an die Universitäten möglich geworden, wenn man sich die Ausbildung leisten konnte. In dieser Phase der wechselseitigen Annäherung und Abstoßung, Ausgrenzung und Einbindung mit einem vielfältigen juristischen Regelwerk war es nötig, die Regeln zu kennen. Häufig musste da auf fachkundige Hilfe zurückgegriffen werden. Dem Advokaten stand ein weites Arbeitsfeld offen. Gerade in der Zeit des Übergangs vom eigenständigen jüdischen Recht zur vollständigen Übernahme des Allgemeinen Preußischen Landrechts kam ihm eine wichtige Funktion zu. Welche Anforderungen mussten Heiratswillige erfüllen, welche wiederum Scheidungswillige? Welche Regeln waren im Todesfall zu beachten? Wie konnte die Hinterlassenschaft eindeutig fixiert werden, dass sie ohne Schwierigkeiten vererbt werden konnte? Der Advokat konnte helfen. Die verwickelte Rechtslage veranlasste viele, sich näher mit dem Recht zu befassen. So entwickelte sich ein immer wachsender Anteil von jüdischen Juristen.

Aber es dauerte einige Zeit, bis Juden auch in den öffentlichen Dienst eintreten konnten. So kam es 1862 zum Streit darüber, dass Assessoren jüdischer Religion nicht zu Richtern berufen wurden. Eine Berufung wurde ihnen mit dem Argument verwehrt, dass sie nicht die christliche Eidesformel sprechen und sie selbst keinen Eid abnehmen durften.[15] Zudem wurde auf das religiöse Arbeitsverbot am Sabbat verwiesen. Die damit befasste Petitionskommission hatte jedoch ihre Zweifel, ob wirklich Fürsorge hinter diesen Argumenten steckte, waren sie doch kein Hindernis beim Militärdienst oder beim Geschworenenamt gewesen. Und so formulierte sie, „ob es wohl glaublich sei, dass es zarte Rücksicht für ihre Religionsvorschriften ist, die die Königliche Staatsregierung verhindert, die nicht erzwungenen, sondern freiwillig angebotenen Dienste der Juden in Anspruch zu nehmen.“[16]

Mit dem Gesetz von 1869 wurden für das Gebiet des Norddeutschen Bundes alle bis dahin einschränkenden Regelungen bürgerlicher und staatsbürgerlicher Rechte für Juden aufgehoben. Das bedeutete die formale Gleichstellung der Juden. Informell jedoch blieben die Hindernisse noch weiter bestehen. Tatsächlich wurde erstmals 1870 ein Jurist jüdischen Glaubens, Jeremias Mai, in Beuthen zum Richter bestellt. Besonders tragisch mag das Schicksal Joseph Landsbergers erscheinen, der nach zwölf Jahren unbesoldeter (sic!) Assessorenzeit ebenfalls 1870 Kreisrichter in Trebnitz wurde und am Tag nach seinem Amtsantritt verstarb.[17]

Nicht nur in der Justiz, sondern auch beim Militär hielt die Diskrimierung, wenn auch nicht offen, an. Meist wurde Juden nahegelegt, sich taufen zu lassen, wenn sie irgendwelche Karriereambitionen hatten. Während einzelne sich darauf einließen, engagierten sich andere für eine höhere gesellschaftliche Anerkennung der Juden. Die Zeiten der Barrikaden waren vorbei, nun suchte man einen deutlichen, aber zugleich nicht auf Konfrontation angelegten Weg. Der 1893 gegründete *Centralverein deutscher Staatsbürger jüdischen Glaubens (C.V.)* wollte hierfür sowohl nach innen wie nach außen wirken: „...zur Wahrung der staatsbürgerlichen und gesellschaftlichen Gleichstellung der deutschen Juden, sowie zur Pflege deutscher Gesinnung.“[18] Wir wissen nicht, wie sich die Mitgliedschaft in der Provinz entwickelte. Doch es ist bekannt, dass dem *C.V.* in Potsdam die Brüder Raphael und Joseph Josephsohn, beide Rechtsanwälte, angehörten.[19] Das Engagement im *C.V.* ging einher mit einer über Generationen gewachsenen Verbundenheit zu Brandenburg und zu Preußen.

Parallel zur gesellschaftlichen Entwicklung öffneten sich auch die jüdischen Gemeinden. Neben die strengen religiösen Prinzipien traten liberalere Tendenzen. Dennoch ließen sich viele Mitglieder taufen. Die politischen Rahmenbedingungen wirkten sich stark auf die religiöse Orientierung aus. Die Diskriminierung war trotz aller gesetzlichen Veränderungen noch spürbar, so stark, dass die Einzelnen nicht auf die allgemeine gesellschaftliche Gleichberechtigung warten wollten. Das Emanzipationsedikt von 1812, das die zu diesem Zeitpunkt in Preußen lebenden Juden zu Untertanen machte[20], hatte längst nicht die kühnen Hoffnungen erfüllt, die manche hieran geknüpft hatten. So wählten sie den Weg der Abkehr von der orthodoxen Religion, die sie immer noch durch vielfältige Sonderregelungen gesellschaftlich stigmatisiert leben ließ. In den Gemeinden setzte ein Umdenken ein, eine Öffnung an die Umgebung wurde für notwendig erkannt. Im 18. Jahrhundert hatte es noch rigide Ordnungsstrafen innerhalb der Gemeinde gegeben, wenn nicht das jiddische Idiom gesprochen wurde oder deutsche Bücher gelesen wurden. Unzulässig war auch, dass die Männer sich rasierten. Diesem massiven inneren Druck wollten sich die Mitglieder im 19. Jahrhundert längst nicht mehr beugen. Das Trennende zur äußeren Umgebung war schwächer geworden, Juden hatten an den Befreiungskriegen teilgenommen. Preußen war zur Heimat geworden, das Diaspora-Bewusstsein schwand zusehends. Dieser Integrationsprozess bewirkte einen immer stärkeren Wandel der Gemeinden in Brandenburg in religiöser Hinsicht, aus ursprünglich eher orthodox orientierten wurden liberale, die als Körperschaften des öffentlichen Rechts schließlich ihre staatliche Anerkennung fanden.

Was die liberale Entwicklung konkret bedeutete, mag das Beispiel der Potsdamer Gemeinde erläutern: Im Zuge eines durchgreifenden Umbaus im Jahr 1903 war in die Synagoge eine Orgel, die seit der zweiten Hälfte des 19. Jahrhunderts ein Ausdruck modernen deutschen Judentums war[21], eingebaut worden. Doch gingen damals die reformerischen Ansätze nicht so weit, dass Frauen neben Männern hätten sitzen dürfen. Auch nach dem Umbau gab es noch zwei Emporen für Frauen, jedoch vermutlich ohne Sichtschutz.[22] Man wünschte sich eine moderate Erneuerung für den Tempel, zugleich sollte die spezifisch deutsche Ausprägung zum Ausdruck kommen. Um die ausgesprochene

Über dem sechseckigen Stern prangt der preußische Adler im Innenraum der Potsdamer Synagoge

Treue zum preußischen Staat und zum Haus der Hohenzollern unmittelbar in der Synagoge zu verdeutlichen, thronte über dem Altar der Preußische Adler.[23] Man bekannte sich zu Jahwe und zum Kaiser.

Die intensive Bindung an Deutschland machte es für die einzelnen zu einer selbstverständlichen Bürgerpflicht 1914 in den Krieg zu ziehen. Diese Einstellung lässt sich ganz konkret an den hier untersuchten Biographien nachweisen. Von 13 ist bekannt, dass sie als Soldaten im Ersten Weltkrieg kämpften, einige davon in den grauenvollen Schlachten bei Verdun. Sieben wurden für ihre Tapferkeit mit dem Eisernen Kreuz ausgezeichnet.[24]

Rechtsanwalt Herzfeld verlor sein einziges Kind bei den Kämpfen, der junge Joachim Herzfeld war als Leutnant im Alter von 21 Jahren gefallen. Den Verlust konnte seine Mutter nie verwinden, sie nahm sich schließlich aus Kummer das Leben. Zuvor war der Leichnam noch auf den Bornstedter Friedhof umgebettet worden. So schmerzvoll im Einzelfall der Krieg für die Betreffenden war, so wenig ließ er sie an ihrer Verbundenheit zu Deutschland zweifeln. So ging es wohl allen, gemeinsam hatten sie gekämpft, gemeinsam ging der Krieg verloren. Und für viele hatten die schrecklichen Erlebnisse die Einstellung zum Krieg grundlegend gewandelt. Aus den manchmal nach dem Notabitur mit Begeisterung eingerückten jungen Männern waren nachdenkliche Menschen geworden. Man zweifelte nicht an seiner Treue zu Deutschland, jedoch an der Sinnhaftigkeit dieses großen, grausamen Sterbens. Viele der Kriegsteilnehmer organisierten sich in der Folge in der *Liga für Menschenrechte*.[25]

Die bildungsbürgerliche Sozialisation der Juristen schlug sich in einer entsprechenden politischen Haltung nieder. Der überwiegende Teil war eher konservativ eingestellt, so war Staatsanwalt Stargardt Mitglied der Deutschnationalen Volkspartei (DNVP) gewesen, wenngleich er später die Anti-Hugenberg-Fraktion unterstützte, die sich einem Bündnis mit den Nationalsozialisten widersetzte. Drei Juristen hatten sich dem SPD-nahen *Reichsbanner Schwarz-Rot-Gold* angeschlossen. Engagiertes Mitglied der SPD war Ludwig Levy.

Noch näher der politischen Linken fühlte sich der Fabrikantensohn Ernst Nathan: Er hatte während des Referendariats auch eine zeitlang im Gefängnis Moabit Dienst gemacht. Diese Erfahrung soll ihm die schwierige Lage der Inhaftierten, die häufig aus ökonomischer Not straffällig geworden waren, verdeutlicht haben – so intensiv, dass er anschließend mit der Kommunistischen Partei sympathisiert hat.[26] Dieses Beispiel belegt, dass es das gesamte Spektrum – die Nationalsozialisten ausgenommen – der politischen Haltungen bei den Juristen gab, wenngleich der Schwerpunkt eher in der nationalkonservativen Richtung lag. Verschiedene der hier untersuchten Personen (Raphael Josephsohn, Ludwig Levy und Ernst Gumpert) bemühten sich als Stadtverordnete, Positives für ihre Stadt zu erreichen.

Wie beim Kriegseinsatz empfand man sich völlig selbstverständlich als Bürger dieses Gemeinwesens und wollte seinen Beitrag zu des-

Ernst Nathan (links stehend) um 1916 im Kreis seiner Familie

sen Wohlergehen leisten. Vielfach waren schon die Väter angesehene Mitglieder des Bürgertums, teilweise des gehobenen Bürgertums gewesen. Ernst Nathans Vater hatte sich in Nowawes kommunalpolitisch betätigt und maßgeblich am Bau des Teltow-Kanals mitgewirkt. Der Vater von

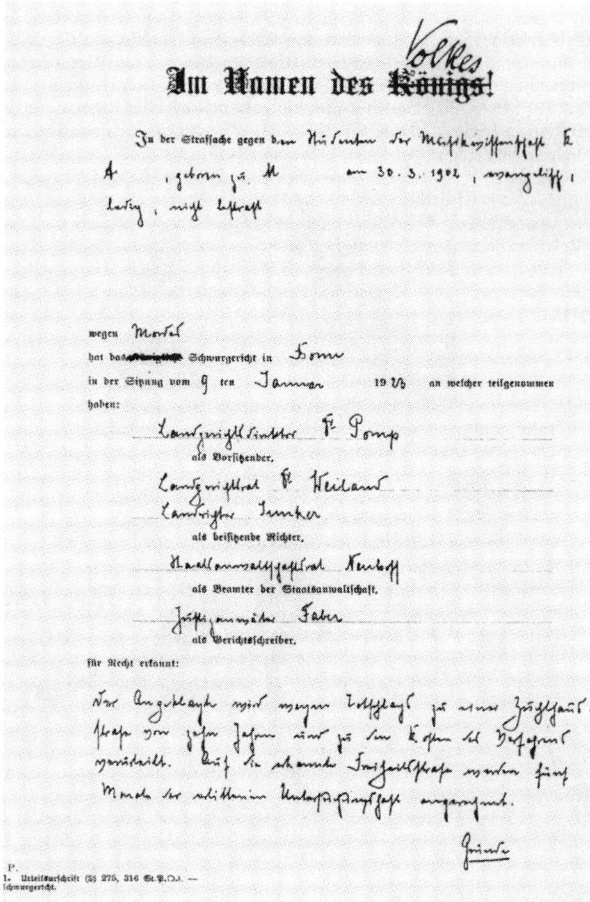

Im Namen des ~~Königs~~ Volkes!

In der Strafsache gegen ... am 30. 3. 1902 ...

wegen ...

hat das [redacted] Schwurgericht in ...

in der Sitzung vom 9 ten Januar 19 23 an welcher teilgenommen haben:

... Pomp
als Vorsitzender,

... Weiland
...
als beisitzende Richter,

...
als Beamter der Staatsanwaltschaft,

... Faber
als Gerichtsschreiber,

für Recht erkannt:

...

P.
1. Urteilsurschrift (§§ 275, 316 St.P.O.) — Schwurgericht.

Änderung der Formulare mit Beginn der Republik: Im Namen des Königs – Im Namen des Volkes

Ernst Gumpert war über sechzig Jahre Stadtverordneter in Brandenburg und wurde für seine Verdienste mit der Ehrenbürgerschaft geehrt. Meist kamen die hier untersuchten Personen aus Kaufmannsfamilien[27], wobei unter diese Berufsbezeichnung auch die Väter von Nathan als Fabrikbesitzer und von Hahlo und Gumpert als Bankier fallen. Aus Juristenfamilien stammten Ernst Kessel und Ernst Stargardt sowie Richard Josephsohn. Aber auch die übrigen entstammten fast ausschließlich dem gehobenen Bürgertum: Ernst Westphals Vater war Professor der Psychiatrie an der Berliner Charité, Otto Giesens Vater von Beruf Redakteur und Herbert Marcuses Vater Regierungs- und Baurat. Der Student Paul Schreiber war Sohn des Potsdamer Rabbiners. Lediglich Adolf Seimerts Vater hatte als Maurermeister keine akademische Ausbildung genossen, auch sonst keine höhere soziale Stellung inne.[28]

Manchmal wird das Ende des Kaiserreichs mit dem Ende Preußens, versinnbildlicht durch den Begriff „Potsdam", gleichgesetzt.[29] Doch tatsächlich war gerade die neue, republikanische Führung Preußens eine unentbehrliche Stütze der jungen Republik, obwohl in Militär und Bürokratie sich gewisse Kontinuitätslinien fortsetzten. Gerade Preußen stabilisierte die Republik und stellte nicht das entscheidende Hindernis für die demokratische Entwicklung dar.[30]

In den 20er Jahren des 20. Jahrhunderts war nicht mehr zu verdrängen, dass antisemitische Tendenzen an Stärke gewannen. Die Morde an Rosa Luxemburg (mit dem früheren Reichstagsabgeordneten des Wahlkreises Potsdam 7 - Osthavelland Karl Liebknecht), dem früheren Reichsfinanzminister Matthias Erzberger und Walter Rathenau, waren nicht allein Attentate, die sich gegen die Republik und die politischen Gegner wandten. Es waren immer zugleich Anschläge gegen jüdische Prominente.[31] Die unzureichende juristische Verfolgung der Täter durch die Justiz bekräftigte den Eindruck, dass sich Netzwerke der politischen Rechten, hier die „Organisation Consul", gebildet hatten, deren Verbindungen bis in die Justiz hinein reichten. Die Gewalt der politischen Rechten wurde viel milder geahndet als die der politischen Linken.[32] Trotz der Bemühungen auf vielen Ebenen, z.B. in der Verwaltung, der Demokratie im allgemeinen und der Republik im besonderen Anerkennung zu verschaffen, wandelte sich die Haltung nur langsam.[33] Die Republik stand für die Schmach von Versailles, die wirtschaftlichen

Schwierigkeiten wurden ihr angelastet. Mit den ersten Morden setzte eine „Blutspur einer staatlich lange geduldeten, juristisch vielfach begünstigten und gesellschaftlich weithin akzeptierten Politik der Gewalt von rechts [ein], an der die Republik von Weimar schließlich zugrunde gehen sollte.“[34]

Doch diese Bedrohung empfand die jüdische Bevölkerungsminderheit in Brandenburg nicht so stark, sie war integriert, wenn sie auch klein war (– was nichts an der antisemitischen Stimmung änderte). 1933 bekannten sich von 2.725.697 Menschen, die am 1. Juni 1933 in der Provinz Brandenburg lebten (davon 1.414.727 im Regierungsbezirk Potsdam), 7.616 Personen (0,28 %) zum jüdischen Glauben.[35] Demgegenüber waren über 90 % protestantischer Konfession. In Potsdam selbst lebten 299 jüdische Gemeindemitglieder. In der Stadt Brandenburg lebten 401 Angehörige und in den übrigen, hier untersuchten Städten lebten jeweils um die 100 Mitglieder: in Beelitz 109[36], in Luckenwalde 140[37] und in Rathenow 110[38].

Nach den Begrifflichkeiten der Nationalsozialisten war die Bevölkerungsgruppe, die als jüdisch oder „nichtarisch“ galt, deutlich größer als dies die Anzahl der Gemeindemitglieder widerspiegelte, denn hierzu gehörten auch diejenigen, die selbst ein christliches Bekenntnis vertraten oder ohne Religion waren, deren Eltern oder Großeltern noch der jüdischen Gemeinde angehört hatten. Nach diesen Kriterien lebten Anfang 1933 in Potsdam (einschließlich Bornim und Neu-Babelsberg) 16 Juristen jüdischer Herkunft, vier lebten in Luckenwalde, zwei in Brandenburg, zwei in Dahme, zwei in Beelitz, jeweils einer in Belzig, Friesack und Rathenow.[39]

Diese allgemeinen Angaben sollen nun im Hinblick auf die Verhältnisse in Potsdam und der weiteren Provinz untersucht werden, wohlbemerkt immer bezogen auf den Landgerichtsbezirk.[40]

Situation in Potsdam

Die Mitglieder des Potsdamer Bürgertums waren angesehen, man schätzte die klare gesellschaftliche Gliederung. Wenn man gewissenhaft, klug und nicht korrupt war, konnte man zu einigem Ansehen gelangen, selbst wenn man Jude war. In adlige Kreise fand man zwar nur Aufnahme, sofern eine gewisse wirtschaftliche Potenz hinzukam, doch das bürgerliche Bewusstsein war durchaus von solider Stärke. Man genoss die wohlgestaltete Umgebung, die weniger vom Intellekt als vom Streben nach Schönheit geprägt war. Denn in dieser Formung waren vor allem Regeln zu erkennen. Die Nähe zur königlichen Macht spielte dabei eine geringere Rolle. Der Staat, sein Aufbau und sein Erhalt schufen die Leitlinien. Man war eher konservativ eingestellt, kaum Wähler von Karl Liebknecht, zu dessen Wahlkreis Potsdam mit Spandau gehörte.

Das Ende des Kaiserreichs bedeutete für Potsdam einen Bedeutungsverlust, doch das Regelwerk blieb erhalten. Immer noch lebte es sich gut in Potsdam, es herrschte nicht die Hektik der nahen Großstadt Berlin, alles war überschaubar.

Manch einer zog es auch vor, in Potsdam oder Umgebung zu wohnen und in Berlin zu arbeiten, wie z.B. der Berliner Anwalt Bruno Blau, der in der Heinestraße in Nowawes lebte. Blau schätzte seinen Wohnort, bis sein Nachbar anfing, ihn zu schikanieren. Später schildert er, dass es seinem Nachbarn besonderen Spaß bereitete, wenn Blau im Liegestuhl im Garten lag, das Hetzlied zu singen mit der Zeile: „…wenn das Judenblut vom Messer tropft“.[41] 1936 muss Blau seine Kanzlei aufgeben: Er zieht nach Prag, wird dort 1942 verhaftet und zur Gestapo nach Berlin überstellt. In der Haft erkrankt er schwer. Im Jüdischen Krankenhaus, in dem u.a. der berüchtigte Dr. Lustig, der mit der Gestapo zusammenarbeitete, tätig war, diagnostiziert man bei ihm Krebs, der anschließend mit einer harten Therapie behandelt wird. Wie durch ein Wunder entgeht Blau allen Deportationsaufforderungen, so dass er später meint, die Nazis hätten ihn wohl vergessen. Die NS-Zeit überlebt er im Jüdischen Krankenhaus. Anfang der 50er Jahre publiziert er eine Sammlung antijüdischer Maßnahmen[42] und wandert noch in die USA aus. 1954 stirbt er mit 73 Jahren in Freiburg.[43]

Welch spezifischer „Geist von Potsdam" noch in den 20er Jahre herrschte, beschreibt 1928 der Verwaltungsjurist, Regierungs-Vizepräsident Dr. Karl Leopold Mayer, geboren 1880, und ungewöhnlich genug – Jude: „Der Geist von Potsdam ... liebt mit schmerzlicher Liebe das holde Formenspiel seiner Umwelt, aber es ist im Grunde nicht seine Form, er braucht überhaupt keine Gestalt – Gesetz genügt ihm, Dienstanweisung, Gebot des Gebietenden. Darin liegt unzweifelhaft sittliche Größe. Es ist nicht nötig, dass ich lebe, dass wir leben, dass die Stadt lebt, dass der König lebt – es ist nur nötig, dass der Staat lebt! Ein gewisser Trotz, ein Dennoch atmet aus dieser Gesinnung: je lockender die Schönheit der äußeren Welt sich darbietet, je notwendiger ist Selbstzucht, schlichte Einfachheit, innere Gradheit, Treue. Je wichtiger ist es, seine Pflicht zu tun. Seine streng begrenzte Pflicht um des Staates willen bis zum Äußersten zu erfüllen: das ist das Höchste. Der Staat als Ideal, als sittliche Forderung, das ist das oberste Gesetz des preußischen Geistes, das ist der wahre Geist Potsdams, ein Geist, der noch lebendig ist..."[44]. Diese strikte Beschränkung auf das Wesentliche postuliert Mayer anlässlich des Verfassungstages am 11. August 1928. Fünf Jahre später, 1933, verliert er seine Stelle und wird 1938, nach dem Novemberpogrom, verhaftet. Er kommt wieder frei und kann 1939 ins Ausland – nach Südamerika – fliehen. Mayers Aussagen sind übertragbar auf unzählige andere Bürger Preußens: selbst wenn man wohlhabend war, wäre es der Inbegriff der Nachlässigkeit und Selbstsucht gewesen, hätte man dies nach außen getragen. Diese Haltung unterstrich der Rabbiner Dr. Hermann Schreiber am 21. August 1928: „Der Potsdamer Geist, wie ihn die Potsdamer Juden erlebten, ist der Geist von Einfachheit und Strenge, Ordnung und Gesetzmäßigkeit, von Arbeit und Fleiß, Freude am Guten und Schönen."[45] Demonstrative Schlichtheit und ein Bekenntnis zur Treue verkörperten die Ideale, denen man auch im privaten Leben anhing. Die preußischen Prinzipien forderten nicht rigide Selbstkasteiung, sondern schufen einen Ehrenkodex, mit dem sich das Leben leichter bewältigen ließ. Die Starrheit der adlig dominierten Regeln war überwunden, die jetzt noch existierenden Grundsätze schenkten Sicherheit. Einem derart geläuterten Preußentum konnte man ruhigen Gewissens anhängen. Wie innig die Einzelnen an Potsdam und seiner Umgebung hingen, lässt sich am Beispiel Ernst Nathans erkennen. Er begann in den 20er Jahren antike Stätten in Italien zu fotografieren und diese Aufnahmen mit Potsdamer Bauten zu vergleichen, ob und in welcher Weise antike Einflüsse zu erkennen waren.[46] Die an klassischen Vorbildern orientierte bauliche und stadträumliche Gestaltung versah die Gegenwart für den, der es sehen wollte, mit dem Schimmer der edlen Vergangenheit.

In diese wohlgestaltete Umgebung waren sechs der Juristen hineingeboren worden. Fünf (die Mitglieder der Josephsohn-Familie, Ludwig Levy und Paul Schreiber) hatten das Viktoria-Gymnasium in Potsdam besucht.[47] Ernst Nathan, war nicht direkt in Potsdam, sondern in Nowawes (heute Babelsberg) geboren worden und hatte hier sein Abitur bestanden.

Von Ernst Westphal weiß seine Tochter aus Israel zu berichten, dass es vermutlich auf fami-

Aufmarsch am Wilhelmplatz. Im Eckgebäude befand sich die Kanzlei von Ernst Nathan.

liäre Verbindungen zurückzuführen war, dass ihr Vater auf die besonders angesehene Stelle als Richter am Landgericht Potsdam berufen wurde. Westphal war schon als Kind getauft worden, stammte mütterlicherseits aus der berühmten Familie Mendelssohn, die auf den bereits erwähnten jüdischen Erneuerer Moses Mendelssohn zurückging und der auch die Komponistin Fanny Hensel und ihr noch berühmterer Bruder Felix Mendelssohn-Bartholdy angehörten.[48] Seine Ehefrau Helene geb. Simon hatte sich vor der Hochzeit mit Ernst Westphal in der St. Matthäi-Kirche in Berlin taufen lassen. Sie war die Tochter von James Simon, der Kaufmann, wichtiger Mäzen der Berliner Museen und in dieser Funktion auch anerkannter Berater des Kaisers gewesen war.[49] Westphal war Deutscher, seine Herkunft spielte für ihn nur insofern eine Rolle, als seiner Familie herausragende Persönlichkeiten aus Kunst und Kultur angehörten, mit dem Judentum verband ihn nichts mehr.

Anders war es bei Alfred Wiener, geboren 1885 in Potsdam (gest. 1964 Oxford). Er hatte Theologie und orientalische Sprachen studiert,[50] sich aber in den 20er Jahren einen Namen als Autor gemacht. Schon als Abiturient hatte er dem damaligen Rabbiner Kaelter bei der Veröffentlichung von dessen „Geschichte der Jüdischen Gemeinde zu Potsdam" geholfen. Wiener war ein allseitig interessierter Mann. Bis zum Beginn des Ersten Weltkrieges arbeitete er drei Jahre lang als Sekretär des liberalen Politikers und Philantropen Paul Nathan (1857-1927). Nach dem Kriegsdienst wurde er Syndikus im *Centralverein der deutschen Staatsbürger jüdischen Glaubens (C.V.)*.[51] Über zehn Jahre hinweg (1923-1933) leitete Wiener dessen Zeitung, das zentrale Informationsblatt der überwiegenden Zahl der deutschen Juden, und war gleichzeitig stellvertretender Direktor des Philo-Verlages. Nebenbei gehörte er der Loge *Bnei Brith* und dem *Reichsverband jüdischer Frontsoldaten* an. Als er 1933 zuerst nach Amsterdam ging, baute er dort umgehend das *Jewish Central Information Office* auf, das unter anderem Dokumente der nationalsozialistischen Diskriminierung sammelte. 1939 konnte dieser Bestand durch die Verlagerung nach London vollständig gerettet werden und bildete damit das Herzstück der sog. Wiener-Library, die mittlerweile leider in mehrere Fragmente aufgesplittet worden ist.[52]

Wiener wird gut mit den Josephsohns bekannt gewesen sein. Sicher werden sie gemeinsam die nationale Idee des Zionismus abgelehnt haben. Sicher werden sie die Überzeugung Wieners geteilt haben, der 1927 schrieb: „Solange aber der Zionismus sich das Ziel steckt, aus der Heimstätte den künftigen jüdischen Nationalstaat allmählich zu formen, solange er alles darauf anlegt, in die nationale Heimstätte alle Juden der Welt politisch und hebräisch-kulturell einzubeziehen, oder – anders gewendet – solange der Zionismus auch den deutschen Juden als im Galuth, als in der Verbannung, in der Fremde anspricht, wird der jüdische Deutsche, aus heiligem Zwang handelnd, es weit von sich weisen müssen, den nationalen Palästinaaufbau zu fördern. Denn wir müssen vom Herzen und vom Willen aus Deutsche und Juden bleiben, weil wir nicht anders können. Reißen wir uns aus unserem deutschen Volke heraus, so geht uns unser Deutschtum und unser Judentum zugrunde.“[53]

Raphael Josephsohn engagierte sich im hohen Maße für die Gemeinschaft, unter anderem in der Jüdischen Gemeinde, so gehörte er seit 1891 dem Repräsentantenkollegium der Synagogengemeinde an, die ihre Anfänge 1730 genommen hatte.[54] Nach 1910 trat er die Nachfolge des verstorbenen Rechtsanwalts Sally Friedländer als Vorsitzender der Jüdischen Gemeinde in Potsdam an.[55] Doch war er auch als Stadtverordneter kommunalpolitisch tätig. Zugleich setzte er sich für die berufsständischen Interessen ein und war Mitglied des Vorstandes der Rechtsanwaltskammer, Anfang der 30er Jahre, möglicherweise schon früher, übernahm er den Vorsitz des Vorstandes der Kammer.

Gemeinsam mit seinem Bruder Joseph baute sich Raphael Josephsohn eine wohlsituierte Kanzlei Am Kanal 45 auf, in unmittelbarer Nähe des Wilhelmplatzes. Das war eine privilegierte Lage in der Stadt, vermutlich angemessen für die Klientel. Man legte Wert darauf, entweder in angenehmer Lage oder an einem gut erreichbaren Ort der Stadt ansässig zu sein. So befanden sich mehrere Kanzleien in der Nähe des Nauener Tors, fußläufig vom Amtsgericht in der Lindenstraße, aber auch dem Landgericht in der Kaiser-Wilhelm-Str. 8 (heute Hegelallee) entfernt.[56] In der Wahl des Kanzleiortes spiegelt sich die Stellung innerhalb der Gesellschaft wider. Es war nicht belanglos, an welchem Standort man sich niederließ, sondern es zeigte, welchen Rang man für sich und seine Mandanten beanspruchte. Hierfür war man durchaus auch bereit, eine hohe Miete zu entrichten. In der Regel lagen die Büroräume separat von den Wohnräumen. Das damals erst aufgekommene Telefon war im Prinzip bei allen hier untersuchten Anwälten vorhanden. Vermutlich werden die Büroräume eher repräsentativ ausgestattet gewesen sein. Doch hierüber ist nichts bekannt. Lediglich von Ernst Nathan weiß man, dass er in gestalterischer Hinsicht einen eigenen Stil entfalten wollte und seinen Freund Egon Eiermann[57] die Tische und Stühle seiner Kanzlei entwerfen ließ.[58]

Während Ernst Nathan seine Kanzlei aufbaute, gewann die nationalsozialistische Partei im gesamten Reich an Zulauf, wobei die Resonanz in protestantischen Regionen deutlich stärker war als in katholisch geprägten.[59] In Potsdam selbst errang die NSDAP 1932 in dem einen Wahlkreis immerhin 32 % und in dem anderen Wahlkreis sogar 36 % der Stimmen.[60] Doch stützte sich Potsdam immer noch auf ein stabiles Bürgertum mit durchaus liberalem Einschlag.[61]

Situation in der weiteren Provinz

Potsdam war nicht nur die Residenz des preußischen Königs gewesen, es verkörperte auch in den 20er Jahren noch den Kern der Provinz Brandenburg. Alle anderen Orte, in denen sich Amtsgerichte befanden, lagen auch im übertragenen Sinne „in der Provinz". Nur in wenigen dieser Städte, Beelitz, Brandenburg, Dahme, Friesack und Luckenwalde, hatten sich Juristen jüdischer Herkunft niedergelassen.

Eine besondere Stellung unter diesen Städten nahm Luckenwalde ein. Als Zentrum der deutschen Filz- und Hutproduktion war die Stadt zu einiger Größe und einem gewissen Wohlstand gelangt. In den 20er Jahren ging kein Erwachsener ohne Kopfbedeckung in die Öffentlichkeit. Für Männer gab es Hüte aus dünnem oder haarigem Filz, je nach Anlass – für Trauerfeiern oder Hochzeiten – setzte man sich auch einen Homburger, eine Melone oder gar einen Zylinder auf. Nur einfache Arbeiter trugen im alltäglichen Gebrauch Mützen, doch schon Facharbeiter dokumentierten ihren gesellschaftlichen Status mit einem Hut. Für Frauen war der Hut zum einen modisches Accessoire, zum anderen selbstverständliches Bekleidungsstück. Lediglich einfache Frauen trugen im Alltag ein Kopftuch. Für offizielle Termine wurde das Tuch gegen einen Hut gewechselt. Für das obligatorische Bekleidungsstück Hut gab es einen entsprechend großen Markt, und eines der deutschen Produktionszentren befand sich in Luckenwalde. Von einer dieser großen Fabriken, Fa. Friedrich Steinberg, Herrmann & Co., steht die Halle heute noch. Entworfen von einem der großen Architekten der ersten Hälfte des 20. Jahrhunderts, Erich Mendelsohn, erinnert die äußere Form an die Silhouette eines Hutes. In diesem Gebäude, heute ein Industriedenkmal ersten Ranges, waren zu Spitzenzeiten über 1.500 zum Teil hochqualifizierte Arbeiterinnen und Arbeiter tätig.[62] Der Schwiegersohn des Firmenbesitzers Steinberg war der Luckenwalder Rechtsanwalt Ernst Gumpert. In Luckenwalde herrschte ein offenes Klima. Gumpert selbst hatte sich taufen lassen, seine Ehefrau war evangelisch. Das Paar lebte in einer beeindruckenden Villa, man gehörte zur lokalen Prominenz, nahm an Festen teil und fühlte sich in der Stadt geborgen. So geborgen, dass Gumpert, der in der NS-Zeit zwar mit Berufsverbot belegt worden war, ansonsten die Zeit aber durch das Privileg mit einer „Arierin" verheiratet zu sein, scheinbar unbeschadet überstanden hat, in der Stadt weiter wohnen blieb. Luckenwalde war seine Heimat, dass sollte sich auch nicht durch die Umtriebe der Nazis nach 1933, die hier so brutal und unkontrolliert waren wie in anderen Kleinstädten, ändern. Gumpert war nach 1945 erst als Richter, dann wieder als Rechtsanwalt und Notar in Luckenwalde tätig, später trat er sogar in die SED ein.

Da Gumpert getauft war, spielte es für ihn keine Rolle mehr, dass die Luckenwalder Synagogengemeinde religiös liberal eingestellt war.

Allgemein dominierte in der Stadt die Sozialdemokratie, wie auch die Ergebnisse der Reichstagswahlen 1932 bezeugen: mit 8.737 Stimmen war die SPD eindeutig die stärkste Partei, obwohl sie 124 Stimmen im Vergleich zum Ergebnis der Landtagswahl von 1928 verloren hatte. Einer Arbeiterstadt entsprechend schnitt die KPD mit 2.414 Stimmen ebenfalls gut ab. Die NSDAP errang zwar 507 neue Stimmen im Vergleich zu der vorangegangenen Wahl, doch lag sie mit 4.424 Stimmen deutlich hinter der politischen Linken. Das Zentrum und die Deutsche Volkspartei spielten mit 364 bzw. 177 Stimmen eine eher nachrangige Rolle, ebenso die Wirtschaftspartei mit 398, die Staatspartei mit 324

Stimmen und die Christlich Sozialen mit 157 Stimmen. Lediglich die Deutschnationalen schnitten mit 739 Stimmen als Partei der rechten Mitte noch etwas besser ab, wenngleich sie 99 Stimmen verglichen mit der letzten Wahl abgeben musste.[63]

Diese eher linksliberale Tendenz scheint auch im Umfeld von Ernst Gumpert geherrscht zu haben. Doch der Eindruck der politisch gemäßigten Haltung in Luckenwalde zerfällt beim Beispiel Bruno Cohns. Er konnte nicht auf eine lange Familientradition in Luckenwalde verweisen, denn er hatte sich erst 1931 hier niedergelassen. Zwei Jahre später hetzen die Nationalsozialisten am 12. März 1933 ganz offen gegen ihn in ihrem lokalen „Tageblatt". Bezugnehmend auf einen Herrn Jacobi, der offensichtlich aus der Stadt vertrieben worden war, heißt es da: „Herr Cohn, wann reisen Sie eigentlich ab?" Diese Stimmung muss eine Grundlage auch schon vor 1933 gehabt haben. Tatsächlich wird Bruno Cohn später abreisen müssen, doch das war dann schon eine Flucht. Im Frühjahr 1933 wird ihm durch das angeordnete Vertretungsverbot die Existenzgrundlage entzogen, im Juni 1933 wird seine Zulassung am Amtsgericht Luckenwalde gelöscht. Es gelingt ihm, eine Stelle in der Hutfabrik Max Basch in Luckenwalde zu erhalten, für die er in erster Linie juristische Angelegenheiten bearbeitet. Bruno Cohn ist im Alter, in dem man eine Familie gründet: er heiratet 1934 und wird 1935 und 1938 Vater. Nach dem Pogrom 1938 wird er in Königsberg, wo er gerade auf Geschäftsreise war, verhaftet. Unter den Bedingungen, keine Ansprüche gegen den Staat zu erheben und Deutschland binnen zwei Monaten zu verlassen, kommt er wieder frei. Auf verschlungenen Wegen kann die Familie zersplittert noch ins Ausland gelangen. Die vierjährige Tochter fährt mit einem Kindertransport allein nach Großbritannien, die Eltern landen nach einer Odyssee (bezeichnenderweise auf dem Schiff Ulysses [Odysseus]) mit dem Sohn auf der kleinen Karibikinsel Bonaire, wo sie interniert werden und die keinen exotischen Reiz ausübte, sondern schon vom Klima her für die Flüchtlinge sehr strapaziös war. Hier wird dann ihr drittes Kind geboren. Erst 1947, also acht Jahre nach dem Abschied in Berlin, kommt die älteste Tochter wieder zu ihrer Familie. 1953 durfte die Familie dann in die USA einreisen und sich in Los Angeles niederlassen. Bruno Cohn nahm den Namen Carter an und schlug sich mit verschiedenen Jobs, als Schuhverkäufer und Fabrikarbeiter durchs Leben.

Ganz massiven Attacken waren die Juristen jüdischer Herkunft in Beelitz ausgesetzt. Hier herrschte eine gewisse antisemitische Grundstimmung, die von exponierten Persönlichkeiten angeführt wurde. So ist den Zeugnissen zu Alfred Fordon, Richter am Amtsgericht Beelitz und ohne Religion, aber jüdischer Herkunft, zu entnehmen, dass gegen ihn der Arzt am Städtischen Krankenhaus und Mitglied des Gemeindekirchenrates Kessel, der später nationalsozialistischer Bürgermeister der Stadt werden sollte, agitierte.[64] Gleiches erlebte der in Beelitz niedergelassene Anwalt Berthold Lehmann, auch er berichtet von antisemitischen Angriffen vor 1933.[65]

Über das ganze Ausmaß dieser manchmal nicht unmittelbar greifbaren Akte gibt es nur wenig Zeugnisse. So ist es teilweise nicht eindeutig bestimmbar, ob ein Richter nicht befördert wurde, weil er Jude war, oder Mängel in seiner Arbeitsleistung hierfür ausschlaggebend waren. Gleiches galt für Anwälte. Manchmal war der negative Ruf einer Rechtsanwaltspraxis auf unglückliche Verläufe von Prozessen zurückzuführen, manchmal war es gezielte Hetze, die einen schlechten Ruf entstehen ließ, an dem der Betreffende keinen Anteil hatte. Diese Entwicklung der verdeckten Diskriminierung wurde nach 1933 abgelöst von einer ganz offenen.

3

Die Anfänge von Verfolgung und Ausgrenzung

Die Republik hatte eine enorme Last zu tragen. Diese von außen herangetragenen Bürden wurden durch massive innere Auseinandersetzungen noch verstärkt. Von Schleicher[66] war keine Person gewesen, die zur Sammlung der Kräfte hätte beitragen können, und von Papen[67] hatte einen erheblichen Anteil an der Demontage der Demokratie. Mit einer Überzahl von Ministern, die nicht der NSDAP angehörten, und einem Reichspräsidenten Hindenburg glaubte man Hitler in einem Präsidialkabinett eingebunden zu haben und unter Kontrolle halten zu können. Doch das war nicht so: gestützt auf verschiedene wichtige Persönlichkeiten der Wirtschaft – so Emil Georg von Stauß von der Deutschen Bank und Hjalmar Schacht, bestärkt durch eine wild marodierende SA und toleriert vom Militär, gelang es ihm, seine Macht auszubauen und zu festigen.

Neben den zentralen Dienststellen der Verwaltung und der Polizei wurde eine eigenständige Parteibürokratie mit paramilitärischen Strukturen aufgebaut. Mit Terror versuchte man die politischen Gegner aufzuspalten und persönlich auszuschalten.

Terroristische Übergriffe und Willkürmaßnahmen

Der Reichstagsbrand Ende Februar war ein Fanal. Unmittelbar nach dem Reichstagsbrand setzte die Verhaftung der politisch Missliebigen ein (rund 4000 Menschen). In Berlin wurden die Rechtsanwälte Hans Litten, Ludwig Barbasch und Alfred Apfel verhaftet und in „Schutzhaft" genommen. Unter diesem Begriff verbarg sich die Verhaftung von Personen, ohne konkreten Schuldvorwurf und die Möglichkeit von Rechtsmitteln. Apfel wurde nach elf Tagen aus der Haft entlassen, Barbasch nach einem halben Jahr. Litten kam überhaupt nicht mehr frei. Er hatte sich den persönlichen Hass Hitlers zugezogen, als er ihn Anfang der 30er Jahre im Rahmen eines Prozesses als Zeugen hatte laden lassen. Hitler war bei der Befragung in Rage geraten und hatte einen eher peinlichen Eindruck hinterlassen. Nach der Verhaftung ihrer drei Mitglieder protestierte die Berliner Rechtsanwaltskammer dagegen. Doch wirklich erfolgreich war sie damit nicht. Litten durchlief verschiedene Ge-fängnisse und Konzentrationslager, bis er sich schließlich 1938 in Dachau zum Suizid entschloss.

Als Litten und andere Berliner Anwälte Anfang März 1933 festgenommen und inhaftiert wurden, erlebte auch Breslau, die Stadt mit der drittgrößten jüdischen Gemeinde Deutschlands, verschiedene Angriffe auf jüdische Juristen. Der gerade ins Amt beförderte kommissarische Polizeipräsident Edmund Heines[68] – „Reichstagsabgeordneter, verurteilter Fememörder, fanatischer Nationalsozialist"[69] – war mit größter Wahrscheinlichkeit maßgeblicher Organisator der Aktionen. Erster Höhepunkt war der 11. März 1933.

1. April 1933, München am Stachus: Die Kanzleischilder jüdischer Anwälte werden überklebt.

Einen Tag später berichtet die Frankfurter Zeitung von den dramatischen Ereignissen dieses Samstags, damals ein normaler Geschäftstag: „In Breslau ist heute (11. 3. 1933) mittag ein starker Trupp SA-Leute [mit hilfspolizeilichen Befugnissen versehen] in das Amts- und Landgerichtsgebäude eingedrungen. Unter den Rufen „Juden raus!“ wurden sämtliche Dienst- und Sitzungszimmer geöffnet, und die jüdischen Rechtsanwälte, Richter und Staatsanwälte wurden gezwungen, sofort das Gebäude zu verlassen. In den Gängen und Sälen spielten sich sehr erregte Szenen ab. Das Anwaltszimmer war innerhalb weniger Minuten geräumt, und die jüdischen Anwälte verliessen, zum Teil ohne ihre Garderobe mitnehmen zu können, das Justizgebäude.“[70] Dem anwesenden Rechtsanwalt Foerder schlägt ein SA-Mann zweimal mit einem „Totschläger“ auf den Kopf. Auch der 75-jährige Vorsitzende der schlesischen Anwaltskammer, Justizrat Adolf Heilberg, zugleich Vizepräsident des *Deutschen Anwaltvereins (DAV)*, wird persönlich attackiert.[71] Die Anwesenden fühlten sich an ein Pogrom erinnert. Als Reaktion auf diese Angriffe wurde vom 13. März (Montag) bis zum 15. März (Mittwoch) ein Stillstand der Rechtspflege, ein Justitium nach § 245 Zivilprozessordnung (ZPO), beschlossen. Diese einzigartige Vorgehensweise war der über die Institutionen hinweg artikulierte Protest gegen die Angriffe auf die unabhängige Justiz.

Heilberg versuchte, dem Treiben Einhalt zu gebieten, und reiste umgehend nach Berlin, um dort die zuständigen Stellen persönlich über die Vorgänge in Breslau zu informieren. Am 18./19. März berichtete er vor der Vereinigung der Anwaltskammervorstände, die mit einiger Bedrückung davon Kenntnis nahmen. Man kam einheitlich zu dem Ergebnis, dass man, trotz der gespannten Situation, nicht die Ämter in den Kammern niederlegen wollte.[72] Doch schon zwei Tage später, am 21. März, trat der Vorstand der schlesischen Kammer in Breslau, bei dessen Sitzung Heilberg nicht teilnehmen konnte, zurück. Zwangsläufig musste sich Heilberg diesem Beschluss beugen. Mittlerweile waren seine Wohnung und sein Büro von der Polizei durchsucht, seine Sekretärin für eine Nacht in „Schutzhaft“ genommen worden. Mit dem Abtreten des Vorstandes der Rechtsanwaltskammer war der Weg für die sogenannte Gleichschaltung frei. Wie in Breslau geschah es auch in anderen Städten. Inwieweit hier auf die einzelnen Mitglieder persönlich Druck ausgeübt worden war oder ob die einzelnen selbst wegen ihrer „Rassezugehörigkeit“ keine Belastung der Kammerarbeit erzeugen wollten, muss dahingestellt bleiben.

Auch in anderen Städten Deutschlands kam es in dieser Zeit zu massiven terroristischen Aktivitäten gegen jüdische Juristen: In München wurde der Rechtsanwalt Michael Siegel mit abgeschnittenen Hosenbeinen und einem Schild

„Ich werde mich nicht mehr bei der Polizei beschweren" durch die Stadt gejagt, weil er es gewagt hatte, bei der Polizei die Behandlung eines Mandanten zu monieren.[73]

Angesichts der überregionalen Berichterstattung und der ergänzenden persönlichen Informationen durch Justizrat Heilberg, war man auch im Potsdamer Landgerichtsbezirk über die Ereignisse informiert,[74] zumal es am 11. März 1933 auch in Potsdam zu ersten antisemitischen

Rechtsanwalt Michael Siegel wird nach einer Beschwerde bei der Polizei mit abgeschnittenen Hosenbeinen durch die Münchener Innenstadt geführt, März 1933.

Übergriffen gekommen war.[75]

Das Ausmaß der terroristischen Übergriffe war regional sehr unterschiedlich. Doch steht fest, dass sich die Lage bedrohlich zuspitzte und derweil immer noch vom Reichsjustizminister Gürtner falsch eingeschätzt wurde. Es handelte sich nicht um Einzelaktionen von SA und SS, die in brutaler und verbrecherischer Weise persönlich abrechneten. „Rechtlosigkeit und Gewalt [waren] nicht vorübergehende Erscheinungen der „nationalen Erhebung", sondern inhärente Mittel der nationalsozialistischen Herrschaft..., die auch beibehalten wurden, als die Bekämpfung der politischen Gegner aus den Händen der SA und regionaler Organe bei der SS- und Polizeiführung zentralisiert wurde."[76] Die systematische Durchsetzung der nationalsozialistischen Macht erfolgte, ohne wirklich abgestimmtes Vorgehen, auf allen gesellschaftlichen Ebenen.

Am 5. März 1933 wurde erneut für den Reichstag gewählt. Das war schon keine freie Wahl mehr. Gezielter Terror gegen die politischen Gegner erschütterte deren Zusammenhalt und Stärke: Schließlich wurde die NSDAP stärkste Fraktion im Reichstag, wenngleich das Votum mit 43,9% der Stimmen und 8% für die DNVP, trotz der massiven Stimmungsmache im Vorfeld, im Vergleich zum Ergebnis der Wahl von 1932 immer noch nicht die Mehrheit der Bevölkerung hatte umschwenken lassen.

Obwohl die Lage in Potsdam noch scheinbar ruhig war, geriet die Stadt mit dem sogenannte Tag von Potsdam am 21. März 1933 in den Blickpunkt der öffentlichen Beachtung. In der Garnisonkirche, Grabstätte Friedrichs II., wurde nicht nur mit einem festlichen Akt der neu gewählte Reichstag eröffnet, hier wurde vor allem Hitler die Ehre erwiesen, von Hindenburg ins Amt eingeführt zu werden. In Potsdam hatte sich Hitler ganz weltmännisch gegeben, erschien im Frack und akzeptierte scheinbar die Rollenverteilung zwischen dem Reichspräsidenten und dem Kanzler. Doch dieses Verhalten kann getrost als öffentliche Fassade bezeichnet werden.

Nur zwei Tage nach dem „Tag von Potsdam", am 23. März 1933, wurde im Reichstag das Ermächtigungsgesetz mit Hilfe der bürgerlichen Parteien verabschiedet, mit dem der autoritäre Staat, verkörpert durch die Funktion des Kanzlers Hitler, uneingeschränkte Macht erhielt. Für die Justiz wurde der vom bayerischen Reichskommissar Hans Frank vertretene Grundsatz „Recht ist, was dem deutschen Volke nützt" zur neuen Leitlinie.[77] Trotz unterschiedlicher Interessen und teilweise divergierender Vorgehensweisen, wurde bereits im ersten Vierteljahr 1933 das Fundament für die systematische Ausgrenzung und Entrechtung der deutschen Juden gelegt.

Dabei wurde von Seiten der Nationalsozialisten alles daran gesetzt, noch funktionierende Interessenverbände und Standesorganisationen aufzulösen. In der Wirtschaft übte man zum Beispiel auf die Mitglieder des Verbandes Deutscher Kauf- und Warenhäuser Druck aus, an einer Umgestaltung im nationalsozialistischen Sinne mitzuwirken und die jüdischen Mitglieder zu entlassen. Bei dem *Deutschen Anwaltsverein e.V.*[78] und dem *Deutschen Juristentag e.V.*[79] ging es ähnlich zu: von innen wie von außen wurde die Anpassung an die veränderte Situation angestrebt, wobei der *Deutsche Juristentag* sich in besonders exponierter Weise diesen Bestrebungen widersetzte, indem er ausdrücklich die Aufrechterhaltung der bestehenden Deputation (Vorstand) beschloss – und damit die jüdischen Mitglieder einschloss. Das waren freiwillige Berufsverbände, anders sah es bei den jeweiligen Rechtsanwaltskammern aus, die als Körperschaften des öffentlichen Rechts ein obligatorisches Organ der Selbstverwaltung waren – mit weitreichenden Kompetenzen bei der Zulassung und Gestaltung der anwaltlichen Praxis. Der Vorstand der Berliner Kammer trat am 28. März zurück[80] und setzte damit ein Zeichen für andere Kammern. Ob und in welcher Form persönlich auf die Vorstandsmitglieder eingewirkt worden war, muss offenbleiben.[81]

Gesetzliche und bürokratische Maßnahmen der Ausgrenzung

Die Stimmung war aufgeheizt. Sie wurde im preußischen Justizministerium noch zusätzlich angefacht durch die Aktivitäten des Preußischen Reichskommissars für das Justizwesen Hanns Kerrl[82], der am 29. März 1933 sein Amt übernommen hatte und wenig später Preußischer Justizminister werden sollte. Die teilweise brutalen antisemitischen Aktionen werden nach nationalsozialistischer Meinung wenig effektiv im Hinblick auf die systematische Ausgrenzung von Juden gewesen sein.

Das versuchte Hanns Kerrl am Freitag, dem 31. März 1933 um 20.37 Uhr mit folgendem Funkspruch zu ändern[83]:

„An sämtliche Justizbehörden in Preussen zur weiteren Bekanntgabe und Veranlassung.

Die Erregung des Volkes über das anmassende Auftreten amtierender jüdischer Rechtsanwälte und jüdischer Aerzte hat Ausmasse erreicht, die dazu zwingen, mit der Möglichkeit zu rechnen, dass besonders in der Zeit des berechtigten Abwehrkampfes des deutschen Volkes gegen die alljüdische Greuelpropaganda das Volk zur Selbsthilfe schreitet. Das würde eine Gefahr für die Aufrechterhaltung der Autorität der Rechtspflege darstellen. Es muss daher Pflicht aller zuständigen Behörden sein, dafür zu sorgen, dass spätestens mit dem Beginn des von der NSDAP geleiteten Abwehrboykotts die Ursache solcher Selbsthilfeaktionen beseitigt wird. Ich ersuche deshalb umgehend allen amtierenden jüdischen Richtern nahezulegen, sofort ihr Urlaubsgesuch einzureichen und diesem sofort stattzugeben. Ich ersuche ferner, die Kommisso-

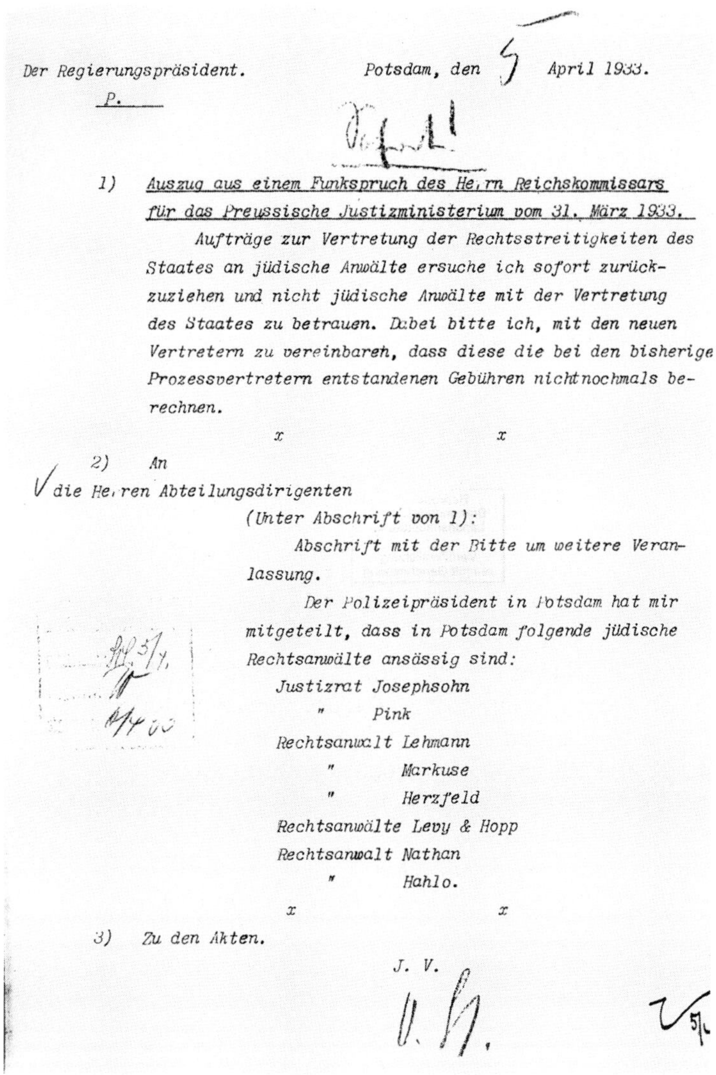

Der Regierungspräsident. Potsdam, den 5 April 1933.
P.

1) Auszug aus einem Funkspruch des Herrn Reichskommissars für das Preussische Justizministerium vom 31. März 1933.
Aufträge zur Vertretung der Rechtsstreitigkeiten des Staates an jüdische Anwälte ersuche ich sofort zurückzuziehen und nicht jüdische Anwälte mit der Vertretung des Staates zu betrauen. Dabei bitte ich, mit den neuen Vertretern zu vereinbaren, dass diese die bei den bisherige Prozessvertretern entstandenen Gebühren nichtnochmals berechnen.

x x

2) An
die Herren Abteilungsdirigenten
(Unter Abschrift von 1):
Abschrift mit der Bitte um weitere Veranlassung.
Der Polizeipräsident in Potsdam hat mir mitgeteilt, dass in Potsdam folgende jüdische Rechtsanwälte ansässig sind:
Justizrat Josephsohn
" Pink
Rechtsanwalt Lehmann
" Markuse
" Herzfeld
Rechtsanwälte Levy & Hopp
Rechtsanwalt Nathan
" Hahlo.

x x

3) Zu den Akten.

J. V.

Der Polizeipräsident in Potsdam meldet erste Namen von jüdischen Rechtsanwälten.

rien jüdischer Assessoren sofort zu widerrufen; in allen Fällen, in denen jüdische Richter sich weigern, ihr Urlaubsgesuch einzureichen, ersuche ich, diesen kraft Hausrechts das Betreten des Gerichtsgebäudes zu untersagen."

Weiter heißt es: „An sämtliche Justizbehörden in Preussen zur weiteren Bekanntmachung und Veranlassung. – Jüdische Laienrichter (Handelsrichter, Schöffen, Geschworene, Arbeitsrichter usw.) ersuche ich nicht mehr einzuberufen. Wo etwa hierdurch die Gefahr einer Stockung der Rechtssprechung (sic!) herbeigeführt wird, ersuche ich, sofort zu berichten. Jüdische Staatsanwälte und jüdische Beamte im Strafvollzug ersuche ich umgehend zu beurlauben. Besondere Erregung hat das anmassende Auftreten jüdischer Anwälte hervorgerufen; ich ersuche deshalb, mit den Anwaltskammern oder örtlichen Anwaltsvereinen oder sonstigen geeigneten Stellen noch heute zu vereinbaren, dass ab morgen früh 10 Uhr nur noch bestimmte jüdische Rechtsanwälte und zwar in einer Verhältniszahl, die dem Verhältnis der jüdischen Bevölkerung zur sonstigen Bevölkerung etwa entspricht, auftreten. Die danach zum Auftreten autorisierten Rechtsanwälte ersuche ich im Einvernehmen mit dem Gaurechtsstellenleiter der NSDAP oder dem Vorsitzenden der Gaugruppe des Bundes nationalsozialistischer deutscher Juristen auszuwählen und zu bestimmen …"

Dieser Funkspruch entbehrte jeder rechtlichen Grundlage. Die Dimension der Maßnahme wurde mit einer imaginären Erregung begründet, die stereotyp als Reaktion auf „anmassendes Auftreten" bezeichnet wird. Die Bedrohten wurden kurzerhand selbst zur Gefahr erklärt. Ein Hausverbot erging gegen jüdische Richter, auch jüdische Assessoren durften nicht mehr auftreten. Eine „Sollzahl" von Juristen sollte sich an dem Anteil der Juden an der Bevölkerung orientieren, ohne zahlenmäßige Grundlagen, ohne Beurteilungskriterien zu benennen. Worauf sollte sich dieser Anteil beziehen? Auf diejenigen, die der jüdischen Gemeinde angehörten (0,28 % der Bevölkerung der Provinz Brandenburg) oder die nach nationalsozialistischer Vorstellung „jüdisches Blut" in sich trugen? Wie hätte das ermittelt werden können? Reichskommissar Kerrl wollte ein Zeichen setzen, es war eine politische Vorgabe, keine rechtliche, und diese stand im Zusammenhang mit dem reichsweiten Boykott jüdischer Geschäfte, Warenhäuser, Ärzte und Rechtsanwälte, der nur einen Tag später, am 1. April von der NSDAP, SA und der SS inszeniert wurde. Hierdurch wurde ein quasi rechtsfreier Raum geschaffen, um gezielt gegen Juden vorzugehen.

Kerrl bewegte sich mit seiner Anordnung nicht nur außerhalb der Rechtsordnung, sondern auch außerhalb der Diskussion im Kabinett. Seine Absicht war es, eine einschneidende Maßnahme zu erlassen, durch die systematisch Juden aus der Rechtspflege gedrängt werden könnten. Der Staatssekretär im Reichsjustizministerium Franz Schlegelberger hatte am gleichen Tag, an dem Kerrl den Funkspruch veranlasste, mit den Zuständigen gesprochen und „wunschgemäß nur die Regelung neuer Zulassungen in Angriff nehmen lassen."[84] Das heißt, dass bei jedem Antrag auf Neuzulassung als Anwalt eine „Abstammungsüberprüfung" durchgeführt, an den bestehenden Verhältnissen jedoch vorerst nichts verändert werden sollte. Nach Meinung des Kabinetts, auch seiner Spitzen, sollte der Status quo aus vielen Gründen vorerst noch erhalten bleiben.[85] Doch nun, mit dem radikalen Vorpreschen von Kerrl am 31. März 1933, veränderte sich die Lage. Umgehend folgte der Bayerische Reichskommissar für das Justizwesen Hans Frank mit entsprechenden Anordnungen. Er wollte nicht durch Milde glänzen.[86]

Auf der Grundlage des Kerrl'schen Erlasses hatten die Präsidenten des Kammergerichts und der Landgerichte am 5. April 1933 eine Rundverfügung herausgeschickt, dass alle jüdischen Anwälte einen Antrag auf Zulassung zu stellen hätten, verbunden mit einem Bekenntnis zu der Regierung und den von ihr erlassenen Regelungen.[87]

Diese weitreichende Ausgrenzung ließ es für die Verantwortlichen in der Reichsregierung, hier in Person von Staatssekretär Schlegelberger, notwendig erscheinen, den Eindruck von Einheitlichkeit zu erwecken. Die nächste Kabinettsitzung war für Freitag, den 7. April 1933, festgesetzt. An diesem Tag wurde auch das in aller Schnelle entworfene „Gesetz zur Wiederherstellung des Berufsbeamtentums"[88] erlassen, das erste Gesetz, das den sogenannten Arierparagraph enthielt. Zwei Tage vorher hatte Reichspräsident Hindenburg an Hitler geschrieben und eine Sonderregelung für jüdische Frontkämpfer, die als Beamte des höheren Dienstes oder Anwälte tätig waren, gefordert. Dieser Aspekt war in dem Gesetz schließlich berücksichtigt worden. „Frontkämpfer" blieben (vorerst) von dem Berufsverbot ausgenommen, ebenso „Altbeamte", die bereits seit dem 1. August 1914 Beamte waren und Väter oder Söhne[89] von im Ersten Weltkrieg Gefallenen. Das Gesetz regelte nicht allein die Dienstverhältnisse der Angestellten und Beamten des öffentlichen Dienstes, also auch der Richter und Staatsanwälte, sondern gleichfalls auch die der Notare. Eigentlich wollte Hitler nur das Nötigste geregelt wissen. Hinter die radikalen Maßnahmen in Preußen und Bayern, die ohne gesetzliche Regelung ergangen waren, mochte man aber auch nicht zurückfallen. Das dortige Vorpreschen sollte gedeckt werden.

Am gleichen Tag (7. 4. 1933) sprach Justizminister Gürtner mit den zuständigen Justizressortleitern. Bei diesem Treffen wurde deutlich formuliert, dass die SA gegebenenfalls „auf eigene Faust solche [jüdischen] Anwälte aus dem Gerichtsgebäude herausholen würde."[90] Mit anderen Worten: Es wurde mit aggressiven Handlungen der SA gedroht, gegen die keine hoheitlichen Instanzen hätten wirksam eingesetzt werden können, da sie selbst mit hoheitlichen Befugnissen ausgestattet war. Mit organisierter

Gegenwehr der Bevölkerung wurde dabei nicht gerechnet.

Nach emsiger Wochenendarbeit veröffentlichte das Reichsjustizministerium am Montag, dem 10. April 1933, kurzerhand auf den 7. April rückdatiert, ein Gesetz: das „Gesetz über die Zulassung zur Rechtsanwaltschaft". Auf diese Weise wurde das von Kerrl veranlasste Vorgehen in Preußen nun nachträglich legitimiert.

Dieses Gesetz beinhaltete, analog zum Gesetz für Beamte, ein Berufsverbot für alle „nichtarischen" Anwälte, es sei denn, sie waren bereits vor dem 1. August 1914 zugelassen worden („Altanwälte"), hatten am Ersten Weltkrieg als „Frontkämpfer" teilgenommen oder waren Väter oder Söhne von gefallenen Weltkriegsteilnehmern. Ein wesentlicher Unterschied zwischen den beiden Gesetzen lag darin, dass die Ausschlussregelung für Beamte eine „Muß"-Vorschrift. die bei den Anwälten eine „Kann-Vorschrift" war. Doch dieser Ermessensspielraum bei den Anwälten wurde nach dem aktuellem Erkenntnisstand in Preußen fast nie genutzt.[91] Ansonsten wurde im Anwaltsgesetz auf die Regelung über „Nichtarier" im Beamtengesetz Bezug genommen. Und in der am 11. April 1933 erlassenen Ersten Verordnung zur Durchführung des „Gesetzes zur Wiederherstellung des Berufsbeamtentums"[92] wurde der Begriff des „Nichtariers" besonders rigide definiert. Danach reichte es aus, wenn ein Eltern- oder Großelternteil jüdischer Herkunft war. Wurden für die betroffenen Beamten unter bestimmten Voraussetzungen noch Pensionsansprüche gewährt[93], standen die Anwälte vor dem Ende ihrer Existenz.

Ebenso wurden Zwangsmaßnahmen gegen die amtierenden Handelsrichter ergriffen. Ihre Amtszeit, die regulär bis zum 31. Dezember 1934 gedauert hätte, wurde durch ein Gesetz, ebenfalls vom 7. April 1933, zum 30. Juni 1933 vorzeitig für beendet erklärt und zugleich im Einzelfall ihre Abberufung vor diesem Termin ermöglicht.[94] Auch wenn in dem Gesetzestext nicht explizit auf eine „nichtarische Abstammung" Bezug genommen wurde, zielte die Maßnahme faktisch auf die Handelsrichter jüdischer Herkunft, die von einer Neubestellung ausgeschlossen blieben.

Situation im Landgerichtsbezirk Potsdam

In Potsdam kam es am Mittwoch, dem 29. März 1933, zu einem Eklat. Der des Betrugs Angeklagte Hermann Sanitsch (in der Quelle teilweise Panitsch) lehnte in der Berufungsverhandlung den Beisitzer, Gerichtsassessor Löwenthal, wegen Befangenheit ab, da dieser jüdischer Konfession sei.[95] Mit dieser Begründung formulierte der Angeklagte, der sich als Nationalsozialist bezeichnete, Zweifel an dessen Unabhängigkeit. Das Gericht kam dem Antrag nach: Es lehnte den Gerichtsassessor als „befangen" ab, weil er jüdischer Konfession war. Als am Tag darauf Sanitsch verurteilt wurde, weil seine Handlungen unzweifelhaft kriminell gewesen waren, bemühten sich die zuständigen Parteistellen um Distanzierung mit der Begründung, Sanitsch habe eigentlich gar nicht dem Nationalsozialismus nahe gestanden.[96] Offensichtlich erschien eine Verbindung zu dem verurteilten Kriminellen nicht mehr opportun. Der Umstand der Ablehnung des jüdischen Assessors wurde jedoch nicht weiter problematisiert.

Über die Ereignisse des Boykott-Tages, nur zwei Tage nach dem Geschehen im Gerichtssaal, berichtet die Potsdamer Tageszeitung noch am gleichen Tag unter der Überschrift „Ruhiger Verlauf. Die Boykottaktion in Potsdam": „Die Boykottbewegung der NSDAP ist in Potsdam allgemein reibungslos verlaufen. Ein großes Aufgebot von SA und SS führte pünktlich den Aktionsplan durch. Auto- und Radfahrstreifen kontrollierten die Straßen. Besonders lebhaft, unter starken Menschenansammlungen, ging es in der Brandenburger und Nauener Straße [heute Friedrich-

Landgericht Potsdam (um 1930)

Ebert-Straße] zu. Vor den betreffenden Läden, den Haustüren von Rechtsanwälten und Ärzten standen SA-Posten, die hier und da von eifrigen Parteigenossen unterstützt wurden bei der Aufklärung des Publikums. Es kam verschiedentlich zu lebhaften Diskussionen und mancher Käufer ließ sich nicht abhalten, trotzdem den Laden zu betreten … Bis zum frühen Nachmittag ist die Aktion, wie uns die Polizei auf Anfrage mitteilt, ohne besondere Zwischenfälle verlaufen."[97]

An anderer Stelle meldet die Zeitung unter dem missverständlichen Titel „Der Boykott der Juden in der Justiz" (war doch damit gemeint, dass Juden boykottiert wurden) die im Kerrl'schen Erlass formulierte Anordnung zur Beurlaubung aller jüdischen Richter und Staatsanwälte und das Hausverbot jüdischer Anwälte bzw. ihre gezielte Einzelzulassung und meldet dezidiert: „…Die danach zum Auftreten autorisierten Rechtsanwälte sollen im Einvernehmen mit dem Gaurechtsstellen-Leiter der NSDAP oder dem Vorsitzenden der Gaugruppe des Bundes nationalsozialistischer deutscher Juristen bestimmt werden. Wo eine Vereinbarung infolge Obstruktion der jüdischen Rechtsanwälte nicht zu erzielen ist, soll ihnen das Betreten des Gerichtsgebäudes verboten werden. Auch die Beiordnung jüdischer Anwälte als Armenanwälte oder ihre Bestellung als Pflichtverteidiger, Konkursverwalter usw. darf nicht mehr erfolgen, da, wie es in der Anweisung heißt, solche Maßnahmen ein Vergehen gegen die Boykottpflicht des deutschen Volkes enthalten. Auch ist der Gesamtrücktritt des Vorstandes der Anwaltskammern herbeizuführen. Nach vollständiger Durchführung dieser Maßnahmen soll im verständnisvollen Zusammenwirken mit der Bevölkerung für die Aufrechterhaltung einer geordneten und würdigen Rechtspflege unter Einsatz aller geeigneten Mittel Sorge getragen werden. Wenn von den Gau- und Kreisleitungen der NSDAP der Wunsch geäußert wird, durch uniformierte Wachen die Sicherheit und Ordnung innerhalb des Gerichtsgebäudes zu überwachen, so soll diesem Wunsche Rechnung getragen werden."[98] Welche Verkehrung der Verhältnisse: es wurde der Eindruck erweckt, als wenn die NSDAP für Ordnung sorgen würde, dabei war allen Beteiligten klar, dass sie Motor von Verunsicherung und Terror war. Vor aller Augen wurde die freie Rechtspflege preisgegeben, die NSDAP riss, zugleich mit der Macht, die scheinbar geschützten Instrumentarien an sich.

Aus der Sicht der unmittelbar Betroffenen im Landgerichtsbezirk ist nur ein Bericht überliefert. Sally Cohn, Rechtsanwalt und Notar in Brandenburg, erinnerte sich später: „Am Tag des Boykotts der Juden, am 1. April 1933, standen zwei SA- und SS-Männer vor meinem Büro und verhinderten Arier beim Betreten. Plakate mit der Anzeige, das Aufsuchen meines Büros und meiner Wohnung (bedeute) Landesverrat, waren an meine Türen angeheftet. Der Aufsichtsrichter telefonierte mir, dass ich zur Vermeidung von Hausfriedensbruch, das Gericht nicht mehr betreten dürfe. Alles wurde in der lokalen Presse veröffentlicht."[99] Telefonisch sprach der zu-

Amtsgericht in Brandenburg a. H. (Aufnahme um 1990)

ständige Richter das Hausverbot für das Gerichtsgebäude gegen Anwalt Cohn aus und drohte bei Zuwiderhandlung mit einer Anzeige wegen Hausfriedensbruchs. Zugleich wurde Sally Cohn in der lokalen Presse als „Kommunistenverteidiger" diffamiert und angegriffen. Später, im Mai 1933 verhängte das Justizministerium ein (kurzzeitiges) Vertretungsverbot. Im Juli wurde Sally Cohn als Notar entlassen, im September 1933 entzog man ihm die Zulassung als Anwalt – ein halbes Jahr nach der Machtübernahme der Nationalsozialisten war er seines Berufs und seiner Existenz beraubt.

Zugleich muss es an diesem Tag in Potsdam zu Aktionen gegen die Synagoge gekommen sein, denn kurz darauf schrieb die Synagogengemeinde an den C.V., dass die Gemeinde das „Ereignis und die anschließenden Ausschreitungen" gut überstanden habe. Man bat jedoch den C.V. um Unterstützung bei weiteren derartigen Übergriffen.[100]

In Potsdam trat Anfang April der Vorstand der Potsdamer Rechtsanwaltskammer zurück –

wie in dem Rundschreiben formuliert und wie es bereits die Breslauer und die Berliner Kammer vollzogen hatten. Unter welchen Umständen der Rücktritt „herbeigeführt" wurde, ist heute leider nicht mehr zu ermitteln. An die Stelle des bisherigen Vorstandes trat ein „Kommissar". Alle Maßnahmen entbehrten jeder rechtlichen Grundlage.[101] Am 22. April sollte es dann zur Neuwahl des Vorstandes sowohl in Berlin wie in Potsdam kommen. Der langjährige Vorsitzende Raphael Josephsohn war Jude und stand daher nicht mehr zur Verfügung, stattdessen wurde Rechtsanwalt Burkhard von Bonin, Mitglied der NSDAP, zum neuen Vorstandsvorsitzenden der Potsdamer Rechtsanwaltskammer in einer durch Braunhemden dominierten Versammlung gewählt.[102] Von Bonin stimmte mit den Vorstellungen der Nationalsozialisten überein und empfand es als seine Aufgabe, die ideologischen Grundsätze umzusetzen. Er setzte die Vorgaben der Nationalsozialisten unnachgiebig um, wobei er auch keine Skrupel hatte, persönliche Animositäten in die Arbeit einfließen zu lassen.[103]

Situation der Richter und Staatsanwälte

„Vorübergehend beurlaubt" und damit an der weiteren Berufsausübung gehindert (bis zur Entscheidung über ihre Weiterbeschäftigung nach den Ausnahmeregelungen des „Gesetzes zur Wiederherstellung des Berufsbeamtentums") wurden entsprechend der Vorgaben des Justizministeriums die folgenden Richter und Staatsanwälte im Landgerichtsbezirk: Alfred Fordon in Beelitz, Herbert Loewy in Belzig, Fritz Hirschfeld, Günther Holberg, Ernst Stargardt und Ernst Westphal in Potsdam, Heinrich Simon in Luckenwalde und Friedrich Käckell in Dahme.

Besonders plastisch wird die Szene am Beispiel von Alfred Fordon: Er wurde am Boykott-Tag (1. 4. 1933) „von dem Bezirksleiter der NSDAP, dem Fabrikbesitzer Drenker, seines Amtes enthoben."[104] Ein derartiger Akt war auch damals schon skandalös und im eigentlichen Sinne rechtlich nicht wirksam: Ein Parteifunktionär „enthebt" einen Richter seines Amtes, und der Richter wird nicht durch die Justiz geschützt. Ganz im Gegenteil, um den Vorgang rechtlich unanfechtbar zu machen, wurde die formale „Beurlaubung" nachgeschoben, bis dann im März 1934 die endgültige Versetzung in den Ruhestand erfolgte. Eine wesentliche Rolle bei den Vorgängen spielte Dr. Kessel, Mitglied des Gemeindekirchenrates und Arzt am Städtischen Krankenhaus Beelitz, seit März 1933 als Nationalsozialist kommissarischer Bürgermeister. Fordon wurde nicht nur seines Amtes enthoben, sondern im Juni 1933 „wegen staatsfeindlicher Äußerungen" „in Schutzhaft genommen". Im Anschluss an die Haft erlitt der zwischenzeitlich im Juli 1933 mit Wirkung zum November in den Ruhestand Versetzte einen psychischen Zusammenbruch. Den Bescheid seiner Pensionierung kann er aber nicht mehr selbst entgegen nehmen, denn bis 1935 musste er sich mit kurzen Unterbrechungen in verschiedenen psychiatrischen Krankenhäusern behandeln lassen. Aus formalen Gründen wurde er dann erst im März 1934 in den Ruhestand versetzt.

Die unerwartete Suspendierung aller Richter jüdischer Herkunft missbilligte sogar am 5. April 1933 die Potsdamer Tageszeitung bezogen auf die Richter Holberg und Westphal. Dezidiert werden von beiden jeweils die verwandtschaftlichen Verhältnisse dargelegt, weiter heißt es: „Holberg selbst war Frontkämpfer vor Verdun. Wie bekannt, ist Amtsgerichtsrat Holberg ein tüchtiger und allgemein beliebter Richter.“[105]

In der Folge mussten alle Richter und Staatsanwälte, die nun als jüdisch galten, exakt nachweisen, ob sie schon vor dem 1. August 1914 zugelassen waren („Altbeamte“), im Ersten Weltkrieg an der Front gekämpft hatten („Frontkämpfer“) oder Angehörige von Gefallenen des Ersten Weltkriegs waren. Die „Atmosphäre ... einer unausgesetzten, amtlich geduldeten moralischen Diffamierung und Diskriminierung der Juden“[106] hatte sich nun verdichtet zu einem staatlichen Verfahren der Definition des Begriffs „Jude“ und einer darauf basierenden Ausgrenzung aus dem Beruf, losgelöst von allen bisher geltenden Maßstäben von Legitimität.

Die Religionszugehörigkeit spielte dabei überhaupt keine Rolle. So waren von den überprüften acht Richtern und Staatsanwälten fünf evangelischer Konfession, einer gehörte keiner Glaubensrichtung an (Dissident). Von den zwei übrigen Richtern konvertierte einer noch 1935 zum Katholizismus.

Die Überprüfungen zogen sich über mehrere Wochen, bei einigen über Monate hin.

Das Ergebnis mag für die Nationalsozialisten im Hinblick auf ihr Ziel, Beamte jüdischer Herkunft vom Staatsdienst auszuschließen, enttäuschend gewesen sein. Von den acht Beamten des höheren Justizdienstes, die sich im Landgerichtsbezirk Potsdam einer Überprüfung unterziehen mussten, konnten sechs als „Frontkämpfer“ (Stargardt, Hirschfeld, Holberg, Loewy, Käckell, Westphal) eine der Ausnahmeregelungen des Gesetzes geltend machen; sie wurden wieder zum Dienst zugelassen.

Ernst Westphal, dessen Überprüfung noch im Sommer nicht abgeschlossen war, suchte schließlich „auf eigenen Antrag“ um die Versetzung in den Ruhestand nach. Wie bei ihm wird es auch in anderen Regionen öfter passiert sein: um sich nicht demütigenden Untersuchungen auszusetzen, werden einzelne von sich aus ihr Amt zur Verfügung gestellt haben. Hinzu wird bei manchen die Erwägung gekommen sein, dass man im Falle des Verbleibens im Justizdienst die nationalsozialistisch geprägte Form von „Recht“ hätte mittragen müssen.

Für Richter Simon, der seit 1908 tätig war, hätte die besondere Regelung für „Altbeamte“ gegolten. Er wurde zum 1. Dezember 1933 dennoch „in den Ruhestand“ versetzt, unter Bezug auf den § 6 des „Gesetzes zur Wiederherstellung des Berufsbeamtentums“, der „zur Vereinfachung der Verwaltung“ oder „im Interesse des Dienstes“[107] eine solche Zwangspensionierung ermöglichte, wobei die frei werdende Stelle nur in Ausnahmefällen wieder besetzt werden durfte. Die genauen Hintergründe der Zwangsmaßnahme sind nicht bekannt. Möglicherweise war Simon zuvor bei einer besonderen Überprüfung erfasst worden: Im September 1933 hatte das Justizministerium erneut einen Bericht eingefordert, der Aufschluss darüber geben sollte, ob unter den nun wieder zugelassenen Beamten jüdischer Herkunft nicht einzelne seien, die bereits das 60. Lebensjahr überschritten hätten. In diesem Fall sollte den Betreffenden eine Versetzung in den Ruhestand empfohlen werden. Diese sollte aber nicht nach § 6 des Berufsbeamtengesetzes erfolgen, sondern auf der bereits 1931 erlassenen Zweiten preußischen Sparverordnung beruhen.[108] Über eine Umsetzung dieser „Empfehlung" liegen keine konkreten Informationen vor. Richter Simon, der noch nicht 60 Jahre alt war, wurde jedenfalls nicht unter Bezugnahme auf die Sparverordnung in den Ruhestand versetzt, sondern nach besagtem § 6 des Berufsbeamtengesetzes. Über sein weiteres Leben nach der zwangsweisen Pensionierung ist kaum etwas bekannt. Simon lebte weiter in Luckenwalde, wo er 1939 im Alter von nur 61 Jahren verstarb.

Im höheren Justizdienst des Landgerichtsbezirk Potsdam verblieben somit nach 1933 sechs Juristen jüdischer Herkunft. Doch auch in deren Berufsweg wurde durch zum Teil einschneidende Maßnahmen eingegriffen. Alle waren, unabhängig davon wie gut ihre dienstlichen Beurteilungen waren, von Beförderungen ausgeschlossen. Fritz Hirschfeld wurde von seiner Funktion als hauptamtlicher Vorsitzender des Arbeitsgerichts Potsdam entbunden. Er war fortan als einfacher Richter am Amtsgericht Potsdam tätig. Diese Maßnahme scheint mit der grundsätzlichen Umstrukturierung der Arbeitswelt durch die Nationalsozialisten zu tun zu haben. Nach der Zerschlagung der Gewerkschaften sollte die *Deutsche Arbeitsfront (DAF)* einen Teil der Konflikte mit Arbeitnehmern abpuffern, was auch Wirkungen bis in die anwaltliche Vertretung hinein zeitigte.[109] Es war der noch nicht lange im Amt befindliche Roland Freisler, damals Leiter der Personalabteilung im Preußischen Justizministerium, später Staatssekretär, der in einem Schreiben an den preußischen Finanzminister mitteilte, dass „verbleibende jüdische Richter von bestimmten Arbeitsgebieten – vor allem der Spruchrichtertätigkeit – ferngehalten werden."[110] Herbert Loewy musste das Gericht wechseln. Zum September 1933 wurde er vom Amtsgericht Belzig an das Amtsgericht Senftenberg versetzt. Es ist augenscheinlich, dass es für die Versetzung einen antisemitischen Hintergrund gegeben hat. Die Versetzung bedeutete einen Eingriff in die „wohlerworbenen Rechte" des Beamten und einen Angriff auf seine persönliche Unabhängigkeit.[111]

Zur gleichen Zeit wird der Gerichtsassessor Loewenthal, der am 29. März – wie bereits erwähnt – als befangen abgelehnt worden war, ebenfalls aus dem Dienst entlassen. Leider liegen über ihn keine Unterlagen vor, die näheren Aufschluss über die konkreten Vorgängen bieten. Die rechtlichen Voraussetzungen schufen jedoch mittlerweile die Möglichkeit, ihn aus rassistischen Gründen aus dem Dienst zu entlassen.

Referendar Alfred Lehmann, über den später noch zu berichten sein wird, durfte seine Ausbildung nicht beenden. Er musste sie abbrechen, weil er Jude war. Entsprechende Regelungen für Beamte im Vorbereitungsdienst wurden Anfang Mai 1933 verfügt.[112] Damit war innerhalb kürzester Zeit der größte Teil derjenigen, die Juden waren oder nun als Juden galten, ausgegrenzt. Für jeden einzelnen war die Situation bitter. Dem 25-jährigen Referendar Alfred Lehmann[113] wird es jedoch besonders hart vorgekommen sein, die zweite Stufe seiner Ausbildung nicht abschließen zu können.

Ebenfalls in einer frühen Phase seiner juristischen Karriere traf es den Studenten Paul Schreiber, den Sohn des Potsdamer Rabbiners Hermann Schreiber. 1911 in Potsdam geboren, studierte er in Freiburg (Breisgau) und Berlin Jura. Nachdem er noch im Dezember 1933 sein erstes Staatsexamen machen durfte,[114] kümmerte er sich in Potsdam um acht- bis fünfzehnjährige Kinder und Jugendliche. Paul Schreiber, der selbst aus der jüdischen Jugendbewegung kam, baute nun den *Bund deutsch-jüdischer Jugend* auf und besuchte 1935/36 gleichzeitig in Berlin das jüdische Lehrerseminar. Danach engagierte er sich in jüdischen Einrichtungen. 1938 wurde er für mehrere Wochen im KZ Sachsenhausen interniert. 1939 gelang es ihm, nach Schweden auszureisen. 1941 erhielt er ein Affidavit für die USA. 1948 bekam er eine Stelle an einer Universität, war aber gleichzeitig im öffentlichen Dienst tätig – „theoretisch Sozialwissenschaft und praktisch Sozialpolitik betreibend".[115]

Neben den „nichtarischen" Beamten, die keine der Ausnahmeregelungen des Gesetzes für sich in Anspruch nehmen konnten, wurden ebenso politisch unliebsame Beamte entlassen.[116] Betroffen waren Beamte, die nach dem 9. November 1918, dem Tag der Ausrufung der Republik, ohne die Laufbahnvoraussetzungen erfüllt zu haben, ernannt worden waren, und alle, „die nach ihrer bisherigen politischen Betätigung nicht die Gewähr dafür bieten, dass sie jederzeit rückhaltlos für den nationalen Staat eintreten" – so die Formulierung im § 4 des Gesetzes.

Für Disziplinarmaßnahmen und im schlimmsten Fall die Entlassung konnten schon abfällige Äußerungen über den NS-Staat und seine(n) Führer ausreichen. So wurde zu Mitte August 1933 der Richter Dr. Hans Eilhauer vom Amtsgericht in Königsberg/Neumark an das Amtsgericht Rathenow versetzt. Er hatte in der Öffentlichkeit geäußert, Hitler sei ein Rindsvieh und der größte Esel. Diese „Beleidigung des Führers" wurde nach einem regelrechten Disziplinarverfahren vor dem Kammergericht Berlin mit der strafweisen Versetzung und der Minderung der Dienstbezüge für die Dauer von sechs Monaten geahndet.[117]

Situation der Rechtsanwälte

Dem Kerrl'schen Erlaß vom 31. März und den terroristischen Übergriffen am 1. April war am 5. April 1933 eine Rundverfügung gefolgt,[118] derzufolge alle jüdischen Anwälte einen Antrag auf Zulassung zu stellen und sich dabei zur neuen Regierung und der von ihr erlassenen Regelungen zu bekennen hätten. Damit mussten die Betroffenen die Vorgaben entweder akzeptieren oder alle Ambitionen für eine weitere Tätigkeit aufgeben. Verschärfend wurden nach Erlass des „Gesetzes über die Zulassung zur Rechtsanwaltschaft" am 10. April auch noch Vertretungsverbote ausgesprochen, mit denen sich die Justizverwaltung eine nähere Prüfung vorbehielt. Die betroffenen Anwälte durften zwar noch Mandanten beraten, ihnen war es aber unmöglich, ihre Mandanten vor Gericht zu vertreten. Betroffen waren im Landgerichtsbezirk neun Anwälte: Bruno Cohn in Luckenwalde, Otto Giesen, Hermann Hahlo, Hans Hopp, Richard Josephsohn und Ludwig Levy in Potsdam, Ernst Hammerschlag in Rathenow, Berthold Lehmann in Beelitz und Willi Rheinhold in Friesack. Die verschiedenen Institutionen wirkten an diesem Ausgrenzungsverfahren mit. Von Polizeiseite wurden Erkenntnisse über „Abstammungsverhältnisse" geliefert[119], genauso wie aus den Unterlagen der Rechtsanwaltskammer.[120] Nun sollte es sich als äußerst nachteilig für die Betroffenen herausstellen, dass der alte Vorstand der Rechtsanwaltskammer nicht mehr im Amt war. Alle vorhandenen Personalakten standen dem Zugriff der kommissarisch eingesetzten Personen offen, die hier unter den geänderten Verhältnissen nach belastendem Material suchen konnten.

Im Falle von Sally Cohn, Hans Hopp, Ludwig Levy und Berthold Lehmann wurde bei den

Vertretungsverboten auf eine besondere Regelung zurückgegriffen. Alle vier waren sogenannte Frontkämpfer, ausgezeichnet mit dem Eisernen Kreuz II. Klasse, die schon aus diesem Grund hätten weiter zugelassen werden müssen. Cohn, Levy und Lehmann waren außerdem sogenannte Altanwälte. Ihnen wurde nun „Betätigung im kommunistischen Sinne" vorgeworfen. Mit dieser Begründung konnte in jedem Fall ein Vertretungsverbot verhängt werden. Zugleich verschärfte das Argument der „kommunistischen Betätigung" die Situation und erschwerte die Wiederzulassung.

Ludwig Levy, Rechtsanwalt und Stadtverordneter der SPD in Potsdam, vorher Mitglied der *Deutschen Demokratischen Partei (DDP)*, wurde im Mai 1933 mit einem Vertretungsverbot belegt. Unter dem Vorwurf „Betätigung im kommunistischen Sinne" war konkret die pauschale und unbewiesene Behauptung zu verstehen, er habe KPD-Anhänger in Prozessen vertreten und für die Rote Hilfe, der Prozess- und Gefangenenhilfsorganisation der KPD, gespendet. Ludwig Levy legte gegen das Vertretungsverbot Widerspruch ein. Kurz zuvor – am 25. April 1933 – hatte Kerrl eine Ausführungsvorschrift[121] erlassen, die die Oberlandesgerichtspräsidenten ermächtigte, über Polizeibehörden, Anwaltskammervorstände, Gauobleute und andere geeignet erscheinende Organisationen, Belege für die „kommunistische Betätigung" einzelner Anwälte einzuholen. Daneben wurde dem Justizministerium eine sehr weit gefasste Kompetenz eingeräumt, „Material zur Prüfung und Entscheidung der Frage, welche Rechtsanwälte sich in kommunistischem Sinne betätigt haben, auch auf anderem Wege zu sammeln." (§ 3). Diese Vorschrift war offensichtlich in vielen Fällen der Anstoß für Hausdurchsuchungen teilweise im Zusammenwirken mit der Gestapo (wie z.B. bei Berthold Lehmann). Im Fall von Ludwig Levy ist nicht bekannt, ob man auf das drastische Mittel der Hausdurchsuchung zurückgriff. Nach dem Widerspruch Levys wurde das Vertretungsverbot Ende Juni wieder aufgehoben. Zu diesem Zeit-

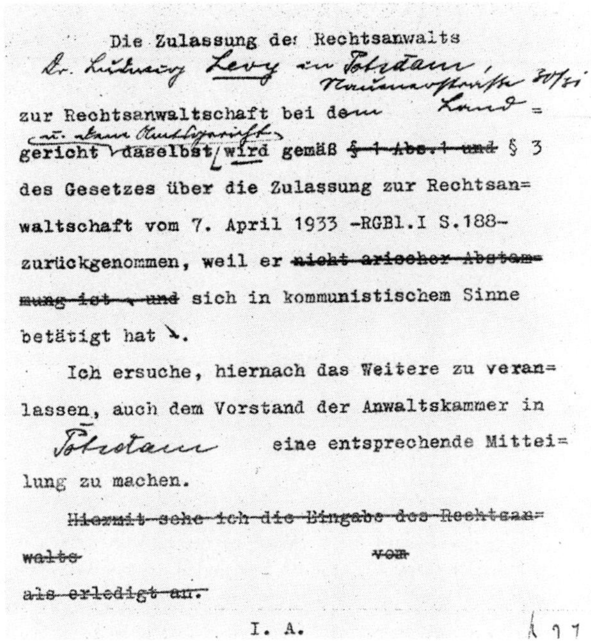

Die Zulassung des Rechtsanwalts
Dr. Ludwig Levy in Potsdam,
zur Rechtsanwaltschaft bei dem Land=
gericht ~~daselbst~~ wird gemäß ~~§ 1 Abs. 1 und~~ § 3
des Gesetzes über die Zulassung zur Rechtsan=
waltschaft vom 7. April 1933 -RGBl.I S.188-
zurückgenommen, weil er ~~nicht arischer Abstam=
mung ist, und~~ sich in kommunistischem Sinne
betätigt hat.

Ich ersuche, hiernach das Weitere zu veran=
lassen, auch dem Vorstand der Anwaltskammer in
Potsdam eine entsprechende Mittei=
lung zu machen.

~~Hiermit sehe ich die Eingabe des Rechtsan=
walts vom
als erledigt an.~~

I. A.

Rohschrift der Verfügung des Berufsverbots gegen Ludwig Levy

punkt war Ludwig Levy allerdings im KZ Oranienburg inhaftiert. Er war am 24. Juni verhaftet worden, wurde erst in das Polizeigefängnis Potsdam gebracht und vier Tage später in das KZ Oranienburg verschleppt.[122] Während seiner vierwöchigen Haftzeit – er wurde am 24. Juli entlassen – erteilte ihm das Preußische Justizministerium schließlich doch ein Berufsverbot mit der Begründung „Betätigung im kommunistischen Sinne". Den Unterlagen ist nicht zu entnehmen, auf welche Umstände sich das Berufsverbot stützte. Maßgeblich beteiligte sich daran der neue Vorsitzende der Rechtsanwaltskammer Potsdam, Burkhard von Bonin. Schon im Juni hatte er gegen die damals anstehende Aufhebung des Vertretungsverbots beim Ministerium protestiert und Levy mit üblen Anwürfen denunziert. Offensichtlich war hier § 5 der „Ausführung des Reichsgesetzes über die Zulassung zur Rechtsanwaltschaft“ zum Tragen gekommen, dass eine „Unbedenklichkeitsbescheinigung des Vorstandes der zuständigen Anwaltskammer“ (in dreifacher Ausfertigung) vom Betreffenden eingereicht werden müsse. Diese konnte nicht vorgelegt werden. Ganz im Gegenteil: Der Vorstandsvorsitzende von Bonin hatte sein Möglichstes getan, um die Wiederzulassung des bedrängten Kollegen zu verhindern. Ludwig Levy hatte wahrscheinlich nach der Haftzeit keine Kraft mehr, gegen das Berufsverbot vorzugehen, zumal ihm physisch demonstriert worden war, dass den Machthabern noch andere Instrumente zur Verfügung standen, Widerspruch zu unterbinden. Levy war nun der Beruf untersagt und damit die Existenzgrundlage entzogen worden. Aber die Zeit der Bedrohung war noch nicht zu Ende: Am 19. September 1933 wurde in der in London erscheinenden TIMES ein Artikel veröffentlicht, in dem ein junger Mann seine Erlebnisse als KZ-Häftling in Oranienburg schilderte. Er berichtete, dass insbesondere prominentere Häftlinge wie Levy Misshandlungen ausgesetzt seien. Für die zuständigen Stellen schien es eindeutig, dass es sich allein um Ludwig Levy bei der erwähnten Person gehandelt haben könne. Schon am 26. September äußerte er sich in einem Leserbrief mit einer Gegendarstellung. Er widersprach dem Bericht und betonte, dass er selbst nie misshandelt worden sei und auch keine Misshandlungen beobachtet habe.[123] Wir wissen nicht, unter welchen Umständen er dazu bewegt worden ist, eine Gegendarstellung zu verfassen. Die Vermutung liegt nahe, dass man ihn massiv unter Druck gesetzt hatte, um sich in dieser Form zu äußern. 1938 kam er noch einmal ins KZ, als im Anschluss an den Pogrom vom 9./10. November Tausende von Männern verhaftet wurden. Er, der inzwischen Angestellter in der Konservenfabrik Zinnert geworden war, kam wieder frei, nachdem er sich schriftlich verpflichtet hatte, ins Ausland zu gehen. Levy, dessen Familie seit drei Generationen in Potsdam lebte, beugte sich den Verhältnissen und ging sofort nach der Freilassung 1938 mit seiner Familie nach Palästina, für das er schon zuvor ein Visum beantragt hatte. 1946 siedelte er dann nach Sydney, Australien, über, wo er kurz nach Vollendung seines 83. Lebensjahres starb.

Erschwerend wird für Ludwig Levy der Umstand gewesen sein, dass auch sein Sozius Hans-Georg Hopp mit dem Vorwurf der „kommunistischen Betätigung“ konfrontiert und aus diesem Grund ebenfalls mit einem Vertretungsverbot belegt worden war. So war von der Sozietät niemand mehr in der Lage, die Mandanten vor Gericht zu vertreten. Hans-Georg Hopp war 1931 in den *Reichsbanner Schwarz-Rot-Gold* eingetreten, einer der SPD nahestehenden Organisation zur Verteidigung der Weimarer Republik. Die Politik der KPD hatte er strikt abgelehnt. Das Vertretungsverbot gegen ihn wurde erst Ende Juli wieder aufgehoben.

Über Hopps Erfahrungen in diesen Monaten berichtete sein Freund Ludwig Barbasch[124]: „Er war besonders enttäuscht über die Haltung der Kollegen und auch der Richterschaft ihm gegenüber, denen ja seine persönliche Einstellung zum Deutschtum bekannt war. Plötzlich wurde er zu einem zweitklassigen, degradierten Juden. Diese Einstellung war für ihn das Schlimmste, weil dies einen völligen Bruch mit und Zusammenbruch seiner Weltanschauung bedeutete. Am Schlimmsten traf ihn der Vorwurf, dass er für Kommunisten als Anwalt aufgetreten sei, und dass man seiner gegenteiligen Versicherung nicht ohne weiteres geglaubt hatte.“ Die Enttäuschung war bitter. Hopp resignierte und gab von sich aus im September 1933 seine Zulassung als Anwalt zurück. Er entschloss sich nach

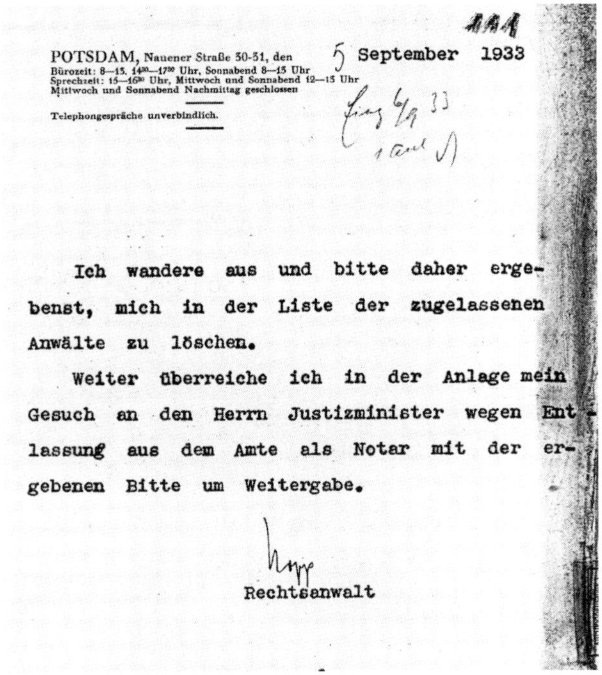

POTSDAM, Nauener Straße 30-31, den 5 September 1933
Bürozeit: 8–13, 14^{30}–17^{30} Uhr, Sonnabend 8–13 Uhr
Sprechzeit: 15–16^{30} Uhr, Mittwoch und Sonnabend 12–13 Uhr
Mittwoch und Sonnabend Nachmittag geschlossen

Telephongespräche unverbindlich.

Ich wandere aus und bitte daher ergebenst, mich in der Liste der zugelassenen Anwälte zu löschen.

Weiter überreiche ich in der Anlage mein Gesuch an den Herrn Justizminister wegen Entlassung aus dem Amte als Notar mit der ergebenen Bitte um Weitergabe.

Hopp
Rechtsanwalt

Schreiben von Hans Hopp, September 1933

Palästina zu gehen. Hier hatte er insbesondere mit den harten klimatischen Bedingungen zu kämpfen, Jahre später konnte er seinem früheren Sozius, Ludwig Levy, beim Aufbau einer neuen Existenz behilflich sein. Hopp starb 1954 im Alter von nur 63 Jahren in Jerusalem.

Alle Betroffenen waren es gewohnt, sich schriftlich auseinanderzusetzen. Die wenigsten hielten es für möglich, dass systematisch „ausgesondert" und dabei gezielt gegen einzelne vorgegangen wurde.

Ausführlich beschreibt Berthold Lehmann, Rechtsanwalt und Notar aus Beelitz, im Antrag auf Zulassung an den Landgerichtspräsidenten am 7. April 1933, dass er 44 Jahre alt sei, eine kranke Frau und drei Kinder im Alter von 13, 12 und 5 Jahren zu ernähren habe. Er selbst hatte über drei Jahre am Ersten Weltkrieg teilgenommen, dabei auch an der Schlacht bei Verdun und den dortigen Stellungskriegen. Für seine Verdienste war er mit dem Eisernen Kreuz ausgezeichnet worden. Bereits sein Großvater hatte für Deutschland gekämpft, damals in den Befreiungskriegen 1813-1815, diesem war für seine Verdienste gleichfalls das gerade erst vom König von Preußen gestiftete Eiserne Kreuz verliehen worden.[125] Doch auch bei Berthold Lehmann setzte seine Erklärung nur die Maschinerie in Gang, um Belege für eine „kommunistische Betätigung" zu sammeln. Der bereits erwähnte kommissarische Bürgermeister der Nationalsozialisten in Beelitz, Kessel, bemühte sich persönlich in das Haus der Lehmanns, um es mit mehreren Leuten zu durchsuchen. Als „belastendes" Material wurden Briefe von besorgten Verwandten aus den USA gefunden, denen Zeitungsausschnitte u.a. mit einer Hitler-Karikatur beigelegt waren. Es war klar, dass dieses Material wenig Greifbares hergab, dennoch wurde Lehmann ein Vertretungsverbot auferlegt. Er stand vor dem Nichts. In dieser Zeit versuchte er, sich mit seinem Kollegen Hahlo in Potsdam zusammenzutun. Doch dieser wiederum hatte keine Chance auf eine Zulassung, da für ihn keine der Ausnahmeregelungen galt. Damit schwanden die Aussichten auf eine Sozietät. Lehmann zog nach Berlin, um sich dort wieder als Anwalt niederzulassen, was er offensichtlich schon vorher geplant hatte, denn der Antrag auf Zulassung am Landgericht datiert vom März 1933. Da für ihn die Ausnahmeregelungen galten, hätte ihm das die Möglichkeit einer weiteren Tätigkeit in Berlin eröffnet. Doch mit einer, auch auf Berliner jüdische Anwälte häufig angewendeten Regelung im Zuge der Zusammenlegung der Berliner Landgerichte wurde sein Antrag abschlägig beschieden. Denn es gab jetzt in Berlin nur noch ein Landgericht von ursprünglich dreien. Aus diesem Grund wurde die Zahl der zugelassenen Anwälte beschränkt. Lehmann zog die Konsequenz aus diesen Schikanen und verließ mit seiner Familie Deutschland über die Grenze zur Tschechoslowakei. Dort blieb die Familie drei Monate lang, anschließend schafften sie es, ein Visum für Palästina zu bekommen. Im September 1933 reisten sie dorthin. Lehmann baute sich eine neue Existenz als Versicherungsvertreter auf. Er starb 1957.

In den überlieferten Personalakten finden sich wie im Fall von Berthold Lehmann bei fast allen Betroffenen zum Teil sehr ausführliche Darlegungen, mit denen erst die Wiederzulassung und dann die Rücknahme des Vertretungsverbotes beantragt wurde. Berief man sich auf die Ausnahmeregelung für „Frontkämpfer", musste teilweise erst vom Zentralnachweisamt in Spandau ein entsprechender Stammrollenauszug des Heeres über den Einsatz im Ersten Weltkrieg eingeholt werden. Doch hier war die Flut der Anfragen kaum zu bewältigen und in Einzelfällen kann es schon aufgrund der langsamen Bearbeitung zu Fristabläufen gekommen sein.[126] Nach der Ausführungsverordnung vom 25. April war den Rechtsanwälten eine Frist von knapp zehn Tagen für die Beschaffung der Belege gesetzt worden.[127]

Das Vorgehen war also zweistufig: Erst wurde gegen diejenigen, die als junge Anwälte oder „Kommunisten" galten, ein Vertretungsverbot erlassen,[128] derweil prüfte man eingehend die Anträge aller jüdischen Anwälte auf Wiederzulassung, um schließlich ein dauerhaftes Berufsverbot auszusprechen.

Es waren nicht allein die formalen Vorgänge, die die einzelnen verzweifeln ließen. Die Fälle von Sally Cohn, Hans-Georg Hopp, Ludwig Levy und Berthold Lehmann veranschaulichen, wie schwierig es selbst für Weltkriegsteilnehmer war, eine Wiederzulassung zu erhalten und welche tiefen Verletzungen die Erfahrung von Rechtlosigkeit und Ohnmacht verursachten. Noch schwieriger war es für diejenigen, die nicht davon ausgehen konnten, als „Frontkämpfer" oder „Altanwälte" anerkannt zu werden, obwohl an ihrer patriotischen Haltung für Deutschland keine Zweifel bestehen konnten.

Man kann sich vorstellen, wie sich einzelne gefühlt haben, die sich freiwillig zum Kriegsdienst gemeldet hatten, aus gesundheitlichen Gründen aber als nicht tauglich ausgemustert wurden. So war es im Fall von Richard Josephsohn, dem Sohn von Raphael Josephsohn. Er

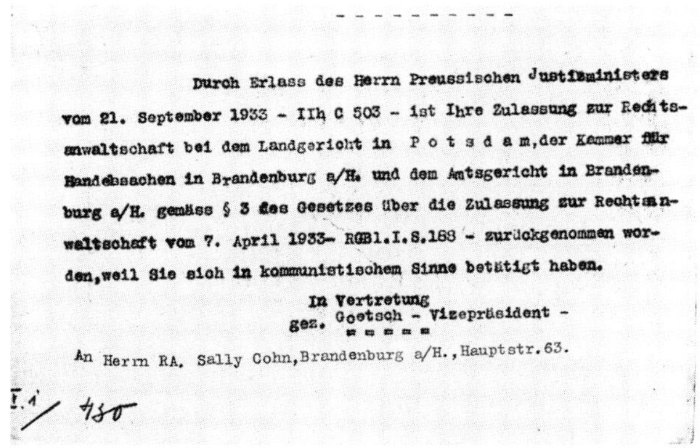
- - - - - - - - - - -

Durch Erlass des Herrn Preussischen Justizministers vom 21. September 1933 - IIh C 503 - ist Ihre Zulassung zur Rechtsanwaltschaft bei dem Landgericht in P o t s d a m, der Kammer für Handelssachen in Brandenburg a/H. und dem Amtsgericht in Brandenburg a/H. gemäss § 3 des Gesetzes über die Zulassung zur Rechtsanwaltschaft vom 7. April 1933- RGBl.I.S.188 - zurückgenommen worden, weil Sie sich in kommunistischem Sinne betätigt haben.

In Vertretung
gez. Goetsch - Vizepräsident -

An Herrn RA. Sally Cohn, Brandenburg a/H., Hauptstr.63.

I.1/ 430

Verfügung des Berufsverbots gegen Sally Cohn

war nicht als „felddienstfähig" erklärt worden, hatte sich jedoch als freiwilliger Krankenpfleger gemeldet. Bis Ende 1915 in Feldlazarettzügen in Russland und Galizien eingesetzt, diente er anschließend bei nicht kämpfenden Heereseinheiten. Zurückgekehrt absolvierte er seine juristische Ausbildung und trat im Frühjahr 1928 in die Kanzlei seines Vaters und seines Onkels ein, die beide fast 70 Jahre alt waren und in ihm ihren Nachfolger sahen. Diese Absicht wurde durch die veränderten politischen Verhältnisse nach 1933 vereitelt: Im Mai 1933 erging erst ein Vertretungsverbot, wenig später gefolgt vom Berufsverbot. Richard Josephsohn wird vermutlich weiter in der Kanzlei geholfen haben, doch das durfte nicht bekannt werden. 1934 starb sein

Vater, und sein Onkel gab die Kanzlei auf. 1938 wurde Richard Josephsohn nach dem Novempogrom nach Sachsenhausen verschleppt. Nach fünfwöchiger Haft kam er wieder frei, nachdem er eine Verpflichtungserklärung unterschrieben hatte Deutschland zu verlassen. Die zynisch als „Sühneleistung“ deklarierte Konfiszierung des Vermögens von Juden traf auch Richard Josephsohn: Er musste 10.000 RM entrichten. 1939 wurde er noch stellvertretendes Vorstandsmitglied der Potsdamer Synagogengemeinde, die nun zwangsweise ihren Tempel mit dem Grundstück verkaufte. Wenig später emigrierte Josephsohn nach Großbritannien, seine Mutter Martha blieb zurück und wurde 1942 nach Theresienstadt deportiert, wo sie 1944 ums Leben kam.

Richard Josephsohn ist ein Beispiel dafür, dass insbesondere für die Jüngeren 1933 die juristische Tätigkeit endete: Sie alle wurden erst mit einem Vertretungsverbot, dann mit dem endgültigen Berufsverbot belegt. Das war im gesamten Reich so.

Gleichfalls traf es jüdische Rechtsanwältinnen[129], die nicht weiterarbeiten durften. Sie konnten nicht die Ausnahmebestimmung für „Altanwälte“ beanspruchen, da sie erst in den 20er Jahren ihren Abschluss als Juristin machen durften. Auch ist bislang nicht bekannt, dass die schonende Vorschrift für Hinterbliebene eines Weltkriegsteilnehmers bei jüdischen Anwältinnen zur Anwendung kam.[130] Doch im Potsdamer Landgerichtsbezirk gab es ohnehin keine Anwältinnen.

Die Sachlage war für Richter und Staatsanwälte aufgrund der gesetzlichen Bestimmungen anders als für Rechtsanwälte. Während für die Anwälte das „Gesetz über die Zulassung zur Rechtsanwaltschaft“ griff, war es bei den Angehörigen des höheren Staatsdienstes das „Gesetz zur Wiederherstellung des Berufsbeamtentums“. Lediglich, wenn ein Anwalt gleichzeitig Notar war, wurde auf diese Betätigung das

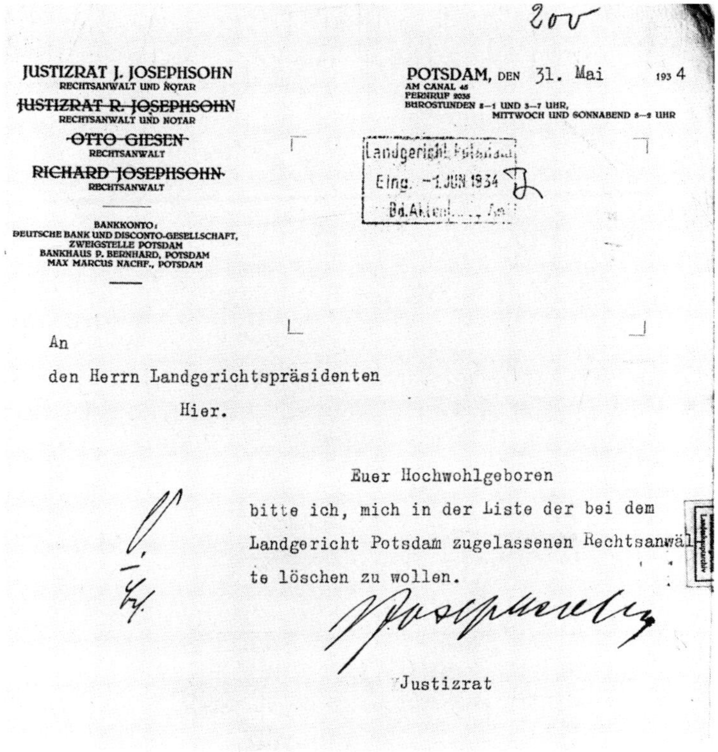
200

JUSTIZRAT J. JOSEPHSOHN
RECHTSANWALT UND NOTAR
~~JUSTIZRAT R. JOSEPHSOHN~~
RECHTSANWALT UND NOTAR
~~OTTO GIESEN~~
RECHTSANWALT
~~RICHARD JOSEPHSOHN~~
RECHTSANWALT

BANKKONTO:
DEUTSCHE BANK UND DISCONTO-GESELLSCHAFT, ZWEIGSTELLE POTSDAM
BANKHAUS P. BERNHARD, POTSDAM
MAX MARCUS NACHF., POTSDAM

POTSDAM, DEN 31. Mai 1934
AM CANAL 45
FERNRUF 2036
BÜROSTUNDEN 8–1 UND 3–7 UHR, MITTWOCH UND SONNABEND 8–2 UHR

Landgericht Potsdam
Eing. -1. JUN 1934

An

den Herrn Landgerichtspräsidenten

Hier.

Euer Hochwohlgeboren

bitte ich, mich in der Liste der bei dem Landgericht Potsdam zugelassenen Rechtsanwälte löschen zu wollen.

Josephsohn

Justizrat

Joseph Jospehsohn löst als letzter die Sozietät auf.

Beamtenrecht angewendet. Ein wesentlicher Unterschied zwischen den beiden Gesetzen lag, wie bereits erwähnt, darin, dass das Berufsverbot für „nichtarische“ Beamte eine „Muss“-Vorschrift, die bei den Anwälten eine „Kann“-Vorschrift war. Doch in Preußen wurde von diesem Spielraum so gut wie nie Gebrauch gemacht.[131]

Letztendlich erhielten neun von den ursprünglich 21 Rechtsanwälten jüdischer Herkunft bis zum 30. September 1933 Berufsverbot (drei von ihnen wurden zugleich als Notar entlassen), zwölf konnten ihren Beruf weiter ausüben. Das war mehr als die Hälfte der ursprünglich Zugelassenen. Bei den meisten war die Ausnahmeregelung für „Frontkämpfer“ zum Tragen gekommen. Aber vier von ihnen wurde das Notariat, das eine sichere Einnahmequelle bedeutete, im Sommer 1933 entzogen. Vier Notare wurden noch im Amt belassen.

Offensichtlich hatten die Nazis nicht mit dieser hohen Zahl von „Frontkämpfern" gerechnet. Sie hatten die sozialen und historischen Gegebenheiten völlig verkannt und allein auf ihre ideologisch geprägten Vorurteile gebaut, wobei die Sonderbestimmung für „Frontkämpfer" ohnehin nur auf Druck des Reichspräsidenten Hindenburg zustande gekommen war. Nun bemühten sich offensichtlich einzelne, besonders Eifrige durch Sondervorschriften oder gezielte Anwürfe Personen die Wiederzulassung unmöglich zu machen, die eigentlich hätten zugelassen werden müssen. Bedenkt man die Zielvorgabe, jüdische Anwälten nur im Verhältnis zum Bevölkerungsanteil zuzulassen, so wären lediglich zwei Personen im Landgerichtsbezirk Potsdam in Frage gekommen, die jüdischer Herkunft hätten sein dürfen. Was diese Maßnahmen für den Fortgang der Rechtspflege bedeutet hätten, dass in einzelnen Gegenden eine deutliche Behinderung hätte entstehen können, blieb anscheinend unberücksichtigt. Zumindest liegen hierüber keine näheren Erkenntnisse vor.[132]

Im nahen Berlin hatte man den Eindruck, dass alles mit größerer Heftigkeit vor sich ging, weil hier die absoluten Zahlen sehr eindrucksvoll waren. Im Herbst 1933 waren von 1.835 Anwälten jüdischer Herkunft (Anfang 1933) rund 1.200, also knapp zwei Drittel, wieder zugelassen worden.[133] Im Landgerichtsbezirk Potsdam wurde demgegenüber faktisch weitaus massiver eingegriffen: so wurden von den 21 Anwälten jüdischer Herkunft in Folge der Durchführung des Gesetzes vom 7. April 1933 neun (zwei Fünftel) ihrer Zulassung beraubt. In vielen Fällen wird aber schon durch die lange Zeit des Vertretungsverbotes erreicht worden sein, dass die Betroffenen ihre Kanzlei aufgeben mussten, da sie es sich nicht erlauben konnten, über Monate hinweg, keine prozessuale Vertretung übernehmen zu können.

Wie wirr die Verhältnisse waren, mag ein Beispiel eines Anwalts, Siegfried Neumann, aus einem anderen Teil des Regierungsbezirks Potsdam erläutern, von dem aufschlussreiche Erinnerungen vorliegen.[134] Nach dem mehrmonatigen Vertretungsverbot schildert er seine erste Verhandlung, bei der auf der gegnerischen Seite ein Kollege auftrat, den Neumann noch kurz zuvor bei einem Spottlied über das nationalsozialistische Engagement eines dritten Kollegen auf dem Klavier begleitet hatte:

„In der ersten Verhandlung erklärte ausgerechnet der Kollege, der sich damals bei uns über das Nazitum lustig gemacht hatte, er müsse es ablehnen, mit mir zu verhandeln, ich hätte noch kein Recht, hier aufzutreten. Ich erklärte, darüber habe er nicht zu entscheiden, und wenn er nicht verhandeln wolle, werde ich Versäumnisurteil gegen seine Partei beantragen. Er erwiderte, ich könne mich telefonisch beim Ministerium erkundigen. Ich lehnte das ab, da eine klare Verordnung vorliege. Möglich war ja, dass das Ministerium hintenherum wieder aufheben wollte, was es notgedrungen öffentlich hatte zugestehen müssen. Der „Kollege" versuchte nun, den Prozessrichter, einen jungen Assessor, einzuschüchtern, Dieser ließ mich für diese Sitzung zu und gab mir auf, binnen einer Woche den Nachweis der Wiederzulassung zu führen. Alles das spielte sich in öffentlicher Sitzung vor den Augen des Publikums ab. Niemand ergriff für den Kollegen Partei, auch keiner der anderen Anwälte. Einer der christlichen Kollegen sagte mir nachher, dass Mandanten von ihm, die dabei waren, das Verhalten des Kollegen empörend gefunden hatten … Einige Tage später hielt mich derselbe Kollege an, als wir vom Gericht kamen. Er fragte, was meine Frau und meine Kinder machten. Ich sagte, ich müsse mich sehr wundern, da er mir erst das Verhandeln vor Gericht habe streitig machen wollen und jetzt nach dem Ergehen meiner Familie frage. Er erwiderte, man werde schon von allem so verrückt, dass man gar nicht mehr wisse, was man tue, ich solle ihm das nicht übel nehmen."

Der nichtjüdische Kollege hatte es für opportun gehalten, seinen diskriminierten Kollegen in der Öffentlichkeit bloßzustellen. Wenn dieser nicht so besonnen reagiert hätte oder er nicht durch den maßgeblichen Assessor unterstützt worden wäre, hätte dieses Verfahren auch mit einem Versäumnisurteil gegen Neumanns Mandanten enden können. Man kann sich vorstellen, dass die Tragweite der Angriffe gegen die jüdischen Anwälte sich nicht allein auf die formale Ebene beschränkte, sondern die Verunsicherung ein ganz wesentliches Moment darstellte.

Hinzu kamen ganz formale Beschränkungen. So wurde die Bildung von Sozietäten von „nichtarischen" und „arischen" Rechtsanwälten verboten, bereits bestehende, nach September 1930 begründete Bürogemeinschaften und Sozietäten von jüdischen und nichtjüdischen Partnern mussten sich trennen.[135] Außerdem wurden jüdische Anwälte, wie schon erwähnt, von Armenrechtsmandaten weitgehend ausgeschlossen, zum Teil selbst in Fällen, in denen sie selbst die Klageschrift gefertigt und die Bewilligung des Armenrechts durchgesetzt hatten.[136] Desweiteren wurden jüdische Anwälte von der Übertragung von gerichtlichen Gutachten ausgenommen und es wurden ihnen keine Pflichtverteidigungen übertragen.

Aus dem Kreis der nichtjüdischen Anwälte regte sich wenig Widerstand gegen die Ausgrenzung der Kollegen. Es muss offen bleiben, ob sie sich von den bisherigen Maßnahmen hatten einschüchtern lassen oder ob sie nicht eher aus wirtschaftlichen Erwägungen den Wegfall der Konkurrenz begrüßt hatten. Die Rechtspflege kam nicht zum Erliegen. Für die Machthaber stellte sich ein einziges Problem: das der von Entlassung bedrohten Angestellten der jüdischen Anwälte. Insgesamt ging man von einer sehr hohen Zahl von Angestellten aus, deren plötzliche Arbeitslosigkeit einen wirtschaftlich bedeutsamen Faktor dargestellt hätte. Durch die Wiederzulassung eines Teils der jüdischen Anwälte ließen sich die Arbeitsverhältnisse für den größten Teil der Angestellten (vorerst) aufrechterhalten. Über die Lage der Rechtsanwalts- und Notariatsangestellten im gesamten Deutschen Reich berichtete auch die Potsdamer Tageszeitung, wonach durch das Vorgehen gegen die jüdischen Rechtsanwälte rund 20.000 von ihnen durch Arbeitslosigkeit bedroht seien.[137] Nur wenige Tage später wurde gemeldet, dass über eine zentrale Erfassung aller arbeitslos gewordenen Rechtsanwaltsangestellten eine längere Arbeitslosigkeit vermieden werden sollte. Auf die Ursache des Problems, das Berufsverbot für Anwälte, wurde nicht eingegangen.[138]

Dabei wurden vom preußischen Justizministerium zwei Ziele verfolgt: die Juristenschaft in jüdisch und nichtjüdisch, zugleich aber auch die Mandantschaft in „arische" und „nichtarische" auseinander zu dividieren. Mit dieser dauerhaften Stigmatisierung wurde die gewachsene Struktur der Justiz aufgebrochen. Es gab nicht mehr das „Recht" als verbindendes Element, stattdessen dominierte die „Rasse" die Gruppenzugehörigkeit.

Exkurs: Das Referendarlager Hanns Kerrl in Jüterbog

Justizminister Hanns Kerrl besucht im August 1933 das Referendarlager

Das Schicksal der jüdischen Juristen im Landgerichtsbezirk Potsdam steht im Mittelpunkt dieser Untersuchung. Der massenhafte Ausschluß von Juristen jüdischer Herkunft aus dem Justizdienst und der Anwaltschaft stellte die Nationalsozialisten vor die Frage, wie sie in ihrem Sinne zuverlässigen Nachwuchs gewinnen konnten. Eine der Einrichtungen, die dafür sorgen sollte, das Fehlen der jüdischen Juristen umgehend durch ideologisch geprägte junge Personen auszugleichen, war das *Referendarlager Hanns Kerrl.* Da diese Einrichtung im Juni 1933 in das bis dahin von der Reichswehr genutzte Lager (Neues Lager) bei Jüterbog einzog, damit im unmittelbaren räumlichen Untersuchungsgebiet liegt, soll auch hierauf eingegangen werden.

Das *Referendarlager Hanns Kerrl* besaß regionale und überregionale Bedeutung. Hier wurde ein sechswöchiges (später achtwöchiges) Training aller deutschen Referendare veranstaltet. Zwischen den schriftlichen und mündlichen Examensprüfungen sollten sie eine militärähnliche, auf körperliche Ertüchtigung angelegte, aber auch ideologische Schulung erfahren.[139] Dieses zentrale Lager war schon zur Zeit seines Bestehens nicht unumstritten, doch finden sich verschiedene positive Bewertungen, so auch die des früheren Vizepräsidenten des Preußischen Landesprüfungsamtes, Otto Palandt, der später Präsident des Reichsprüfungsamtes wurde und einer der bedeutenden Kommentatoren des Bürgerlichen Gesetzbuches war.[140] Hanns Kerrl plante die Justiz grundlegend umzustrukturieren, dafür war ein neuer Typus Jurist erforderlich. Und der sollte seine letzte Formung im Referendarlager erhalten. Der durch die Ausgrenzung der jüdischen Juristen entstandene Mangel an geeigneten Personen sollte zügig abgebaut werden. Das Referendarlager sollte hier im Sinne der Nationalsozialisten einen wichtigen Beitrag leisten. Die Studienanfängerzahlen im Fach Rechts-

Ansichtskarte vom Referendarlager, hier der Sportplatz

wissenschaften waren kontinuierlich zurückgegangen: im Jahr 1932 hatten sich noch 3.611 Erstsemester eingeschrieben, bis zum Jahr 1936 sank die Zahl auf 750. In diesen Zahlen spiegelten sich die geburtenschwachen Jahrgänge der Kriegsjahre wider, aber sicher auch die Unsicherheit nach 1933. 1937 setzte dann eine Trendwende ein und 1938 war die Zahl auf 1.553 gestiegen, wobei ca. 150 Jurastudenten der hinzugekommenen österreichischen Gebiete miteingerechnet sind.[141] Eingedenk der Tatsache, dass die Nationalsozialisten Juristen grundsätzlich zu „Rechtswahrern" degradieren wollten[142], scheint es doch wahrscheinlich, dass der Rückgang der Studienanfängerzahlen ein kaum wünschenswertes Phänomen war. Bedeutete es doch einen strukturellen Mangel an Personen, die formal dem nationalsozialistischen Recht hätten dienen können.

Entsprechend der nationalsozialistischen Idee waren „Nichtarier" von der Teilnahme ausgeschlossen (ihre Ausbildung konnten Juden ohnehin nur in Ausnahmefällen überhaupt noch zu Ende führen). Gleichfalls waren Frauen, die sich kurz vor dem juristischen Abschluss befanden, hier nicht vorgesehen.[143] 1935, mit der „Verreichlichung" der Justiz wurde es das zentrale Lager für ganz Deutschland.

Es ist dabei ein merkwürdiges Zusammentreffen, dass es in Jüterbog mit seinem Amtsgericht selbst vor 1933 keinen Juristen jüdischer Herkunft gegeben hat. Das schon vom August 1933 überlieferte Foto Kerrls, auf dem er mit einem am Galgen hängenden Paragraphen zu sehen ist, veranschaulicht, welche Idee vom Recht die Lagerleitung und die Referendare vertraten. Man versuchte sich das Image einer jungen „Kameradschaft" zu geben.[144] Grundsätzlich sollte das Jura-Studium entintellektualisiert werden. Man brauchte nur noch Diener am Recht, die unkritisch alle Normen akzeptierten und anwendeten. Durch die einseitig rezipierenden Repetitorien wurde ein blindes Befolgen von Grundsätzen gefördert. Maßgeblich waren das Führerprinzip und die „Gefolgschaftstreue".

Gleichzeitig leisteten in dem Referendarlager Landsknechtmanieren roher Gewalt Vorschub. Einzelne Ausbilder taten sich dabei besonders hervor. So der als „Säufer und Schläger" bekannte Obertruppführer Kunze, genannt „Knüppelkunze". Die Übergriffe gingen so weit,

Referendare bei einer Marschübung

dass Referendare sich bei übergeordneten Stellen beschwerten. Ihre Berichte legen beredtes Zeugnis ab, dass es infolge übermäßigen Alkoholkonsums häufiger zu gewalttätigen Ausschreitungen in Jüterbog und dem nahegelegenen Örtchen Jessen kam.[145]

Die Bedeutung des Referendarlagers lag besonders im überregionalen Bereich: Das nationalsozialistische System musste sich seinen eigenen Nachwuchs an Juristen schaffen. Dabei versuchte es, die Einzelnen schlicht als Werkzeuge zu instrumentalisieren. In dem Moment, in dem sich die Juristen beugten, förderten sie die Struktur des Systems.[146]

4

Die Entwicklung bis zu den allgemeinen Berufsverboten

Verlust der ökonomischen Basis der Rechtsanwälte

Die Gesellschaft hatte sich nach der Machtübernahme der Nationalsozialisten in vielen Bereichen und in einem atemberaubenden Tempo grundlegend gewandelt, Ende 1933 schien sich die Lage zu beruhigen. Manche meinten, die ärgste Welle der diskriminierenden Ausgrenzung sei überstanden. Es war eine trügerische Ruhe: es gab keine unabhängigen politischen Parteien mehr, keine Gewerkschaften, keine freie Presse. Parallel zur gesetzten Bürokratie entwickelte sich der Parteiapparat, der mit undurchsichtigen Strukturen einem wilden Kompetenzgerangel Vorschub leistete. Die bestehenden Divergenzen innerhalb der NSDAP, um die weitere Ausrichtung der „nationalen Revolution“ eskalierten Mitte 1934.[147] Unter dem fingierten Vorwurf einen Putsch geplant zu haben, wurden SA-Stabschef Ernst Röhm und andere hohe Führer der SA auf Anordnung Hitlers erschossen,[148] ebenso bürgerliche Politiker wie Kurt von Schleicher, der zusammen mit seiner Ehefrau übrigens in Babelsberg ermordet wurde. Insgesamt dürften dem Blutbad vom 30. Juni bis zum 2. Juli 1934 mehr als 200 Menschen zum Opfer gefallen sein. Die Morde dieser Tage wurden am 3. Juli durch ein Gesetz als „Staatsnotwehr“ für „rechtens“ erklärt. In einer Rede vor dem Reichstag rechtfertigte sich Hitler, dass er als „oberster Gerichtsherr“ über den Gesetzen steht. Hiermit war endgültig klargestellt, dass der Machtanspruch Hitlers und seiner Führungsgruppe kaum gefahrlos angezweifelt werden durfte. Das KZ Oranienburg und die anderen KZ-Lager wurden ausgebaut. Die „Schutzhaft“ war ein weiterhin angewendetes Instrument, jegliche Gegnerschaft zu unterdrücken.

Zu dieser Zeit hatte schon mit großem Aufwand in Leipzig ein Treffen der nationalsozialistisch gesinnten Juristen unter dem Namen „Deutscher Juristentag“ stattgefunden. Dafür hatte man kurzerhand den Namen des renommierten Vereins gleichen Namens usurpiert. Es war zu einer Propagandaveranstaltung unter reger Anteilnahme der einschlägigen Presse gekommen. Auch einzelne Prominente wie Carl Schmitt sahen wichtige Dinge unter völlig neuem Blickwinkel, wandten sich von den mühsam entwickelten Grundsätzen der juristischen Dogmatik ab und meinten, „jede Auslegung muss eine Auslegung im nationalsozialistischen Sinne sein…“ und noch weitergehend: das „gesamte heutige deutsche Recht … muß ausschließlich und allein vom Geist des Nationalsozialismus beherrscht sein.“[149] Auch der Schmitt-Schüler Ernst Forsthoff oder der junge Karl Larenz, die später in der Bundesrepublik ihre Karriere als Rechtswissenschaftler fortsetzen konnten, wandten sich mit Verve den jetzt herrschenden Lehren zu und trieben sie zugleich mit ihren Ansätzen voran. In der Mischung von bekannten und aufstrebenden Wissenschaftlern, die dem System die nötige theoretische Unterfütterung verliehen, wurde zugleich deren Einbindung in das Regime und dessen Stützung erreicht. Anerkannte Persönlichkeiten, die aus politischen oder rassistischen Gründen ihre Stellung und ihr Ansehen verloren hatten, wurden an den Universitäten ihrer Ämter enthoben. So ging die Umstrukturierung des Rechts und seiner Prinzipien auf allen Ebenen vor sich.

In dieser gesamtgesellschaftlichen Atmosphäre von permanenter Unterdrückung und Ausnutzung von Macht wurde im Herbst 1933 für Berlin eine Liste der noch zugelassenen Anwälte veröffentlicht, der allgemein nicht zu entnehmen war, wer als jüdisch galt und wer nicht. Doch in einer separaten Version für „Behörden" waren kleine Sterne vor den Namen der Personen vermerkt, die jüdisch waren – ohne dass es in einer Legende erläutert worden wäre.[150] Für das übrige Reich ist ein „Verzeichnis nichtarischer Rechtsanwälte" von diesen selbst 1934 herausgegeben worden.[151] Im Landgerichtsbezirk Potsdam sind hier noch sechs Anwälte verzeichnet, davon fünf in Potsdam selbst (Gustav Herzfeld, Siegfried Lehmann, Herbert Marcuse, Ernst Nathan und Louis Pink) sowie Bernhard Meyer in Brandenburg.

Sicher kämpften die betroffenen Anwälte um ihr ökonomisches Überleben. Im Frühjahr 1933 hatten sie für manchen Mandaten ihre Verlässlichkeit eingebüßt, indem sie durch Vertretungsverbote handlungsunfähig geworden waren. Danach versuchten sie, sofern sie weiter zugelassen waren, ihre Arbeit so normal wie möglich fortzusetzen und mit besonderer Energie die Einbuße von mehreren Monaten auszugleichen. Doch mussten sie feststellen, dass mit der zunehmenden Diskriminierung als „jüdischer Anwalt" eine Konsultation bei ihnen für nichtjüdische Mandanten schon fast zum politischen Bekenntnis geriet. Ein Mandant musste seinem Anwalt vertrauen, dass der ihm die bestmögliche Unterstützung auf allen Ebenen bieten konnte. Schwand dieses Vertrauen, entschieden sich zahlreiche Mandanten für einen „arischen" Anwalt. Hinzu kam eine zunehmende Verlagerung von juristischen Streitfeldern, so hatten die Arbeitsgerichte mit den „rassisch" begründeten Kündigungen verstärkt zu tun. Durch die steigende Zahl der Emigrationen kam es zu zahlreichen zivilrechtlichen Vorgängen. Da mussten nicht nur der Hausrat, sondern auch Kunstwerke und Immobilien verkauft werden. Die Veränderung der allgemeinen gesellschaftlichen Verhältnisse schlug sich in privaten Auseinandersetzungen nieder, so bekamen manchmal Nachbarstreitigkeiten eine ganz neue Dynamik, wenn einer den anderen rassistisch begründeter Übergriffe bezichtigte.

Für den Betrieb einer Kanzlei war es in dieser Zeit umso notwendiger, auf angestammtes Personal zu vertrauen. Welch starke Bindungen zwischen Anwalt und Angestellten herrschten, beweist die öffentliche Traueranzeige der Mitarbeiter von Raphael Josephsohn nach dessen Tod im Jahr 1934.[152] In einer Zeit, in der Josephsohn schon diskriminiert war, bekannten sich die Mitarbeiter offen zu ihm. Sein Bruder und sein Sohn, die gemeinsam mit dem jungen Otto Giesen seine Sozii waren, sahen keine Perspektive mehr: Giesen und Richard Josephsohn waren mit Berufsverbot belegt worden, lediglich Joseph Josephsohn hätte noch weiterarbeiten dürfen, unter dieser Konstellation hätte sich die Kanzlei nicht mehr getragen. Angesichts der schlechten ökonomischen Aussichten entschloss sich Joseph Josephsohn Anfang 1934, seine Zulassung als Notar zurückzugeben, im Mai 1934 gab er auch die Zulassung als Rechtsanwalt auf.

Hatte in der Kanzlei Josephsohn, Josephsohn, Josephsohn und Giesen offensichtlich ein gutes Klima geherrscht, machten sich in anderen Praxen sicherlich auch die veränderten politischen Einflüsse bemerkbar. Da jedoch aus dem Landgerichtsbezirk Potsdam keine entsprechenden Informationen überliefert sind, sollen als Beispiel noch einmal die Erinnerungen des Küstriner Anwalts Siegfried Neumann herangezogen werden. „Eines Tages erschien in meinem Büro der mir bekannte Kriminalbeamte unserer Polizeibehörde mit einem Nazi in Zivil, einem Fuhrhalter, der mich mit seiner Taxe schon manchmal gefahren hatte, als ich noch keinen Wagen besaß. Jetzt nahm er im Büroraum mit feierlicher Amtsmiene Platz. Der Kriminalbeamte kam in mein Sprechzimmer und erklärt, er habe den Auftrag, eine Hausdurchsuchung zu machen. Ich sage: »Bitte.« Also verlangte er eine

Akte: Demokratische Partei. Ich drückte auf eine Klingel und ließ das Lehrfräulein die gewünschte Akte bringen. Ich merkte, wie erstaunt er darüber war, dass diese Akten ganz offen und jedem zugänglich im Büro lagen. Dann verlangte er eine Akte: Liga für Menschenrechte. Sie wurde in derselben Weise gebracht. »Etwas dünn«, meinte er lächelnd. Sie enthielt nur ein Blatt mit einigen Postabschnitten über Beiträge. »Dann sollen Sie da eine Akte ‚Boykott Blaukreuz' haben.« Ich geriet jetzt doch in Erstaunen und erklärte, dass ich solche Akte nicht kenne. Mir schwebten Gedanken an Blausäuregasgranaten durch den Sinn. So nannte man im Krieg diese Granaten: Blaukreuz. Wollte man mir derartiges in die Schuhe schieben? Ich fragte, was denn diese Akte für einen Inhalt haben solle. Der Kriminalbeamte zuckte die Achsen. »Fragen Sie mal Ihren Bürovorsteher, der wird es wissen.« Ich ließ den Bürovorsteher kommen, der schon fünf Jahre bei mir war. Er sah abwechselnd blaß und rot aus. »Das ist doch die Akte, wo die Boykottverfügungen drin sind. Da wir keine Bezeichnung dafür haben, hat Fräulein K. ein blaues Kreuz auf den Aktenschwanz gemacht. Daher nennen wir die Akte im Büro immer: Boykott Blaukreuz«, sagte der Bürovorsteher. Ich ließ die Akte bringen. Sie enthielt lediglich die amtlichen Schreiben und meine Gesuche auf Wiederzulassung. Der Beamte sagte weiter: »Dann sollen Sie ein Theaterstück geschrieben haben, worin Sozialdemokraten auf Nationalsozialisten schießen.« Ich erklärte: »So einen Unsinn habe ich nie geschrieben. Aber es ist wohl das aufgeführte Stück gemeint. Das habe ich der Anwaltskammer auch schon vorlegen müssen, aber wieder zurück bekommen.« »Na, dann wird es das wohl sein«, meinte er, »dann geben Sie das man her.« Ich erwiderte, das sei leider in meiner Privatwohnung. Er wollte es sich dort abholen. Ich wandte ein, dass meine Frau sicher einen Todschreck bekommen werde, wenn plötzlich die Kriminalpolizei erscheint. Ich wollte es selbst holen. Er: (mit einem Kopfnicken zum anderen Zimmer, wo der Nazi saß): »Nein, bleiben Sie lieber hier. Sie wissen ja, was die dann vielleicht gleich wieder denken. Können Sie nicht ihre Frau anrufen und jemand vom Personal schicken?« Ich tat, wie er gesagt hatte. Als er dann das Stück hatte, entfernte er sich mit dem Nazi. Das Personal war inzwischen zu Tisch gegangen. Als ich dann auch gehen wollte und das Vorzimmer passierte, sah ich meinen Bürovorsteher die Akten im Aktenregal kontrollieren. Er hatte um diese Zeit im Büro nichts mehr zu suchen. Er hatte eine Akte in der Hand, die meinen Briefwechsel mit meinen Verlegern [wegen eines anderen Theaterstücks, das Neumann noch rechtzeitig verbrannt hatte] enthielt. Alles, was sich auf das verbrannte Theaterstück über die psychologischen Ursachen der Nazibewegung bezog, hatte ich bereits daraus entfernt."[153]

Die Polizei konnte nichts Belastendes finden. In diesem Fall hatte der Bürovorsteher persönlich seinen Chef denunziert, doch dieser zögerte, ihn hinauszuwerfen, da sich hieran noch ärgere Konsequenzen knüpfen konnten. Als wenig später der Bürovorsteher innerhalb der Kanzlei intrigierte, kündigte ihm der Anwalt doch.

Andere Anwälte standen vor dem Dilemma, ihre Mitarbeiter halten zu wollen, aber ihnen aus ökonomischen Gründen doch kündigen zu müssen.[154] Das bedeutete ganz konkret: Die festen Ausgaben waren nur bedingt zu senken, denn die Angestellten mussten bezahlt werden. Genau auf diesen Punkt hatten ja die gesetzlichen Regelungen für die Mitarbeiter der Kanzleien abgezielt. Auch Telefongebühren und Miete waren pünktlich zu entrichten, sonst bestand die Gefahr, dass die Kanzleiräume gekündigt wurden. Bei konstanten Kosten reduzierten sich gleichzeitig die laufenden Einnahmen. Der Verlust des Notariats bei vier der noch zugelassenen

Anwälte hatte ohnehin zu empfindlichen Einbußen geführt, doch wenn nun auch die Mandanten fortblieben, ging die gesamte ökonomische Basis verloren. Die monatliche Abrechnung geriet für manchen zur Katastrophe. Mancher Anwalt, wie Justizrat Bernhard Meyer, sah sich gezwungen, seine Kanzlei in seine Wohnung zu verlegen. Gleiches tat Louis Pink in Potsdam, auch er praktizierte ab Januar 1935 in seiner Privatwohnung. Doch wahrscheinlich handelte es sich eher um die Abwicklung der Kanzlei, denn im Februar 1935 gibt er seine Zulassung gänzlich zurück. Wenig später zieht er nach Berlin, wo er 76-jährig stirbt.

Der Küstriner Anwalt Siegfried Neumann äußerte sich zugespitzt: „Die Rassenfrage hatte sich zur Kassenfrage entpuppt."[155]

Eine sehr eigene Rolle bei der Verfolgung und Ausgrenzung spielte der *Bund nationalsozialistischer deutscher Juristen (BNSDJ)*. Diese war die parteibezogene berufsständische Organisation aller Juristen, die die Entwicklung eines nationalsozialistischen Rechtssystems anstrebte.[156] 1936 wurde er in den NS-Rechtswahrerbund übergeführt. Von diesen Organisationen wurden Empfehlungen veröffentlicht, um den Besuch „arischer" Rechtsanwälte zu fördern. Zugleich sollten jene „nichtarischer" Herkunft diskriminiert werden. Das machte sich ganz konkret im Alltag bemerkbar. Wenn der jüdische Anwalt, z.B. wegen paralleler Termine oder wegen Krankheit verhindert war, übernahm kaum ein „arischer" Kollege seine Vertretung. Ein sonst völlig selbstverständlicher Akt, der vor Gericht innerhalb von kürzester Zeit geregelt wird, wurde nun zu einem komplizierten Vorgang, der der aufwändigen Abstimmung bedurfte.

Verschiedene, bereits vom Berufsverbot betroffene Anwälte versuchten in dieser Phase zumindest als Rechtsberater, die aber einen minderen Status hatten, anerkannt zu werden[157], um sich weiter mit juristischen Fragen zu befassen.[158] „Wer jetzt noch Rechtsbeistand sein wollte, brauchte eine Erlaubnis, die wiederum voraussetzte, dass er Mitglied im NS-Rechtswahrerbund war, nicht bereits eine ausreichende Anzahl von Anwälten am Ort zugelassen war und er neben fachlicher Eignung auch die politische Eignung im Sinne des NS-Staates besaß."[159] Häufig wurden die bedrängten ehemaligen Anwälte dennoch von nichtjüdischen Kollegen angezeigt, auf diese Weise sollte ihnen jegliche juristische Tätigkeit untersagt werden. Im Potsdamer Landgerichtsbezirk besaß dieses Problem nach den vorliegenden Informationen allerdings keine Relevanz.

Hier bemühten sich die noch zugelassenen „nichtarischen" Anwälte, weiter ihren Aufgaben nachzukommen. Waren viele Anwälte, wie Ernst Gumpert in Luckenwalde, schon 1933 ihres Notariats verlustig gegangen, wurde 1935 – nach Erlass der Rassegesetze – auch den letzten Notaren die Zulassung entzogen. Das traf 1935 konkret Herbert Marcuse. Der Berliner Anwalt aus Babelsberg, Bruno Blau, vermerkte in seinen Erinnerungen: „…[danach] wurde den jüdischen Notaren am 1. Oktober 1935, ohne vorherige Ankündigung und ohne eine gesetzliche Grundlage die Ausübung ihres Amts von dem Minister untersagt. Wir wurden aufgefordert, unsere Siegel, Register und sonstigen amtlichen Schriftstücke sofort abzuliefern."[160]

Aus den völlig überstürzt aus Anlass des Parteitages im September 1935 in Nürnberg erlassenen Rassegesetzen ergab sich die Notwendigkeit weiterer Regelungen. In der Ersten Verordnung zum Reichsbürgergesetz (14. 11. 1935)[161] wurde formuliert, dass „Juden kein öffentliches Amt mehr bekleiden durften und jüdische Beamte mit Ablauf des Jahres 1935 in den Ruhestand versetzt werden mussten; waren sie „Frontkämpfer" gewesen, bekamen sie bis zur Erreichung der Altersgrenze die zuletzt bezogenen ruhegehaltsfähigen Dienstbezüge. Damit waren die Ausnahmebestimmungen des Berufsbeamtengesetzes für jüdische Beamte aufgehoben."[162] Zu diesem Termin wurden nun die noch verbliebenen sogenannten Altbeamten oder Frontkämpfer unter den Beamten, die nach den Rassegesetzen als Juden galten, aus dem Dienst entlassen.[163] Auch die Notare wurden nun endgültig ihrer Zulassung beraubt.

Ernst Gumpert, der nach den neuen Regelungen nun als in „privilegierter Mischehe" lebend galt, gab auf. Er sah sich wegen der anhaltenden Hetze der Nationalsozialisten und dem Boykott seiner Praxis gezwungen, diese zu schließen, und beantragte die Löschung seiner Anwaltszulassung. Eine entsprechende Entscheidung fällte der Potsdamer Anwalt Ernst Nathan: er verkaufte noch seine Kanzlei an den Rechtsanwalt Heinecke – zu welchem Preis muss offen bleiben – und verließ 1936 das Land.

Justizrat Meyer, Anwalt und Notar in Brandenburg, wäre von der neuen Regelung ebenfalls betroffen gewesen und hätte das Notariat aufgeben müssen. Im September wurden die Rassegesetze erlassen, es war nur eine Frage der Zeit, wann die Umsetzung im jeweiligen Einzelfall erfolgen würde. Bernhard Meyer wollte das nicht abwarten. Er entschied für sich, dass es genug des Kampfes sei. Am 7. Oktober 1935 unternahm er einen Suizidversuch als Ausweg aus seiner verzweifelten Lage, an dessen Folgen er verstarb. Meyer war unverheiratet. Es gibt keine Erkenntnisse über die näheren Umstände.

„Entfernung" aller jüdischen Beamten aus dem Amt

Die neuen gesetzlichen Regelungen, die im September 1935 im Rahmen des Nürnberger Parteitages verkündet wurden, spalteten die Bevölkerung in jüdisch und nichtjüdisch. Dabei wurden den Juden die Bürgerrechte aberkannt. Auf dieser Grundlage beruhte auch eine Ausführungsverordnung, die die Beamtenverhältnisse nun noch einmal schärfer fasste. Alle noch im Amt verbliebenen Beamten, die als jüdisch galten, verloren ihre Stelle. Zugleich wurden nun alle „Abstammungsverhältnisse" der Beamten, aber auch ihrer Ehepartner unter die Lupe genommen.[164] Bislang gibt es keinen Hinweis, dass im Landgerichtsbezirk ein Angehöriger des Justizdienstes aus diesem Grund Nachteile in seinem Beruf hatte.

Die Regelungen der Rassegesetze sahen nun ebenso eine klar differenzierte Behandlung von „Volljuden" und „Mischlingen" vor. War bislang für alle antisemitischen Ausgrenzungsmaßnahmen eine umfassende Definition von „nicht-

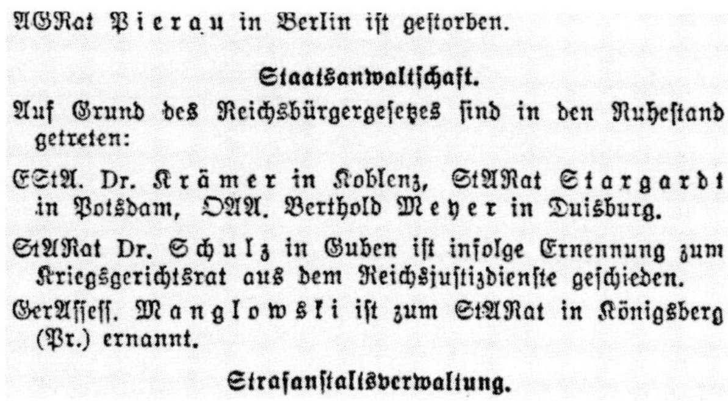

AGRat Pierau in Berlin ist gestorben.

Staatsanwaltschaft.

Auf Grund des Reichsbürgergesetzes sind in den Ruhestand getreten:

EStA. Dr. Krämer in Koblenz, StARat Stargardt in Potsdam, OA. Berthold Meyer in Duisburg.

StARat Dr. Schulz in Guben ist infolge Ernennung zum Kriegsgerichtsrat aus dem Reichsjustizdienste geschieden.

GerAssess. Manglowski ist zum StARat in Königsberg (Pr.) ernannt.

Strafanstaltsverwaltung.

Veröffentlichung des Berufsverbots gegen Ernst Stargardt in der „Deutschen Justiz", Januar 1936 arisch" zugrunde gelegt worden, blieben die „Mischlinge" von der nun folgenden systematischen Entrechtung und Verfolgung der „Volljuden" ausgenommen.[165] Für sie galten andere Bestimmungen. Das soll nicht bedeuten, dass die Ausgrenzung nach 1935 milder geworden war, sie setzte nur eindeutiger die Prioritäten der Diskriminierung fest.

Weiterhin wurden alle Äußerungen, die auf eine politisch oppositionelle Haltung schließen ließen, scharf kontrolliert. So wurde im November 1935 nach „erneuter Beleidigung des Führers und der nationalsozialistischen Bewegung" der Richter Dr. Hans Eilhauer zum 14. November 1935 aus dem Dienst entlassen.[166] Näheres ist über diesen Vorgang nicht bekannt.

Die Stimmung war angespannt. Die Wirkungen der Rassegesetze machten sich umgehend bemerkbar. Amtsgerichtsrat Herbert Loewy war 1933 nach Senftenberg versetzt und dort abweisend aufgenommen worden. Rechtsanwalt Hausten, Obmann des BNSDJ im Landgerichtsbezirk Cottbus, zu dem das Amtsgericht Senftenberg gehörte, sah in der Versetzung Loewys ein Risiko, das er den Justizbehörden vortrug: Loewy könnte gemeinsam mit den in Senftenberg niedergelassenen jüdischen Rechtsanwälten Dr. Reyersbach und Samulon eine „jüdische Zelle" bilden und die staatliche Ordnung untergraben. Allein auf Grundlage der antisemitischen Ideologie wird Herbert Loewy unterstellt, seine richterliche Unabhängigkeit zu verletzen. Über seine Verfahrensführung in Senftenberg lässt sich nichts Näheres sagen. Aus anderen Erinnerungen[167] ist jedoch überliefert, dass jüdische Richter tatsächlich unter dem Druck standen besonders „neutral" zu entscheiden. Dabei ließen sie sich manchmal durchaus beeinflussen, allerdings genau in die gegenteilige Richtung, indem sie eher jüdische Prozessparteien benachteiligten, um nicht den Eindruck einer parteiischen Entscheidung aufkommen zu lassen. Diese „übertriebene Objektivität" ist ein kaum fassbares Phänomen, das jedoch psychologisch nur allzu erklärlich wäre. Die dienstliche Beurteilung Loewys von 1934 war wieder positiv ausgefallen: „Amtsgerichtsrat Loewy arbeitet fleißig, pünktlich, mit Verständnis und Interesse. Seine Kenntnisse, Fähigkeiten und Leistungen entsprechen dem guten Durchschnitt. Gegen seine Charaktereigenschaften und seine Einstellung zum neuen Staat haben sich Bedenken nicht ergeben. Die Führung ist tadellos und der Gesundheitszustand unbedenklich." Wenn auch die Bewertung „guter Durchschnitt" nicht ganz uneingeschränkt war, so dokumentiert doch die explizite Aussage „gegen...seine Einstellung zum neuen Staat haben sich Bedenken nicht ergeben," den Zwiespalt, in dem er sich befunden haben muss. Gewiss war der überwiegende Teil der Fälle normales Tagesgeschäft eines Amtsgerichts, in dem sich nicht durchgängig die Problematik der antijüdischen Diskriminierung widerspiegelte. Es wird aber auch andere Fälle gegeben haben. Ob sich der Richter dort als befangen erklärt hat, wissen wir nicht. Loewy wurde im Oktober 1935 „bis auf weiteres" beurlaubt, zum 1. Januar 1936 „in den Ruhestand versetzt".[168] Allein seine „Rasse" ließ ihn nun zu einem verzichtbaren Mitglied im Justiz- und Staatsdienst werden. Das galt für alle Juden.

Wie Loewy musste zum 1. Januar 1936 auch Fritz Hirschfeld zwangsweise „in den Ruhestand treten". Zwar bezog er eine Pension als Beamter (die für die Beamten jüdischer Herkunft allerdings gemindert war), war aber mit 49 Jahren zur beruflichen Untätigkeit gezwungen.[169]

Ebenso ereilte das Berufsverbot 1935 Staatsanwalt Ernst Stargardt, der am Landgericht Potsdam seit 1922 tätig gewesen war. Es ist wenig darüber bekannt, wie er auf seine zwangsweise Versetzung in den Ruhestand reagierte. Stargardt war „Frontkämpfer" gewesen und politisch als Mitglied der DNVP (vor 1933) deutsch-national eingestellt. Durch sein Engagement für die „Anti-Hugenberg-Gruppe" (einem Zusammenschluss, der sich gegen ein Bündnis mit den Nationalsozialisten einsetzte) mag er bereits als oppositionell gegolten haben. Ab 1934 schloss er sich der Bekennenden Kirche an und übernahm informell hier die juristische Beratung: „Ich war insbesondere geheim juristisch tätig für die von der Naziregierung verfolgten Geistlichen und Laien (Heimtückegesetz, Kanzelparagraph, Sammlungsgesetz usw.)," berichtete er 1949 im Rückblick.[170]

Dieses Engagement wird nicht gänzlich verborgen geblieben sein, denn faktisch stand Stargardt unter der Aufsicht der Gestapo. Er wurde mehrmals vorgeladen und bedroht, man konfiszierte Teile seines Eigentums ersatzlos. Ein wesentlicher Schutz vor weiterer Bedrohung war der Umstand, dass er mit einer als „arisch" geltenden Frau verheiratet war und sie gemeinsame Kinder hatten. Demzufolge wurde die Ehe als „privilegiert" angesehen. Wie schlecht es der fünfköpfigen Familie aber finanziell gegangen sein muss, mag der Umstand veranschaulichen, dass Stargardt 1942/43 private Nachhilfestunden in Latein gab. Auf die Begrüßung „Heil Hitler" habe Stargardt unwirsch reagiert: „Lass den Quatsch!" Diese Haltung hat er durch abfällige Äußerungen über Hitler und die Nazis bekräftigt – ein enormes Risiko angesichts seiner ohnehin schon bedrohten Lage.[171]

Ab 1936 waren im Landgerichtsbezirk Potsdam von den Richtern oder Staatsanwälten jüdischer Herkunft, nur noch diejenigen im Amt, die als „Mischlinge zweiten Grades" galten.

Allgemeines Berufsverbot für jüdische Rechtsanwälte 1938

Von den elf ab Herbst 1933 im Landgerichtsbezirk Potsdam noch tätigen Rechtsanwälten jüdischer Herkunft waren Anfang 1938 noch acht am Leben. Raphael Josephsohn war 1934 gestorben, Bernhard Meyer hatte im Oktober 1935 einen Suizidversuch unternommen, an dessen Folgen er verstarb, Louis Pink starb ein Jahr nach Aufgabe seiner Kanzlei 1936 in Berlin. Ebenso hatten Ernst Gumpert, Joseph Josephsohn und Ernst Nathan aus ökonomischen Gründen ihre Kanzlei aufgegeben.

Auf „kaltem Wege"[172] war innerhalb von fünf Jahren eine weitgehende Reduzierung der Anwaltschaft jüdischer Herkunft im Landgerichtsbezirk Potsdam erreicht worden: von ehemals 21 Anwälten waren Anfang 1938 noch fünf aktiv – Herbert Marcuse, Siegfried Lehmann, Gustav Herzfeld, Adolf Seimert und Ernst Kessel. Wobei die Rechtsanwälte Seimert, Luckenwalde, und Kessel, Dahme, von dieser Gruppe einen besonderen Status hatten: Sie galten zwar als „Nichtarier", aber als „Mischlinge". Das sollte 1938 besonders bedeutsam werden.

Bis zu diesem Zeitpunkt war die Aufrüstung auf Hochtouren vorangetrieben worden. Durch die Kriegsvorbereitung hatte sich die Wirtschaft kurzfristig erholt. Doch Juden waren weitgehend ausgesondert worden, mittlerweile konnte auf sie auch als Wirtschaftssubjekte verzichtet werden. Eigentum und Besitz waren im großen Maßstab umverteilt worden und hatten die wirtschaftliche Lage der Nichtjuden deutlich verbessert.[173] Von 1937 an gingen die strukturellen Vorbereitungen verstärkt in die Richtung einer vollständigen „Entjudung“ aller Lebensbereiche. Doch es waren noch gewisse außenpolitische Rücksichten zu nehmen. Bei der Münchener Konferenz (29./30. September 1938) wurde die Angliederung des Sudetenlandes an das Deutsche Reich, die Hitler zuvor ultimativ gefordert hatte, von Frankreich und Großbritannien akzeptiert. Nur zwei Tage zuvor war das allgemeine Berufsverbot jüdischer Anwälte mit Wirkung zum 30. November 1938 beschlossen worden.[174] Veröffentlicht wurde es aber erst nach Abschluss des Münchener Abkommens. Das war dann das Ende der beruflichen Existenz der noch verbliebenen jüdischen Anwälte im Landgerichtsbezirk Potsdam.

Doch diese Anwälte arbeiteten bis zum letzten Moment. Im Rückblick erscheint der Fall, der am 9. November 1938 vor der 2. Strafkammer des Landgerichts Potsdam verhandelt wurde, besonders dramatisch: Es ging um „Rassenschande“, ein Delikt, das von Amts wegen verfolgt werden musste, wenn die Staatsanwaltschaft davon Kenntnis erlangt hatte.[175] Der Angeklagte in Potsdam war ein Jurist. Es war der 30-jährige Alfred Lehmann, der fünf Jahre zuvor die zweite Stufe seiner Ausbildung, das Referendariat, nicht hatte zum Abschluss bringen können, weil er Jude war. Er wurde vertreten von Rechtsanwalt Herbert Marcuse. Lehmann hatte sich öfter mit einem Mädchen verabredet, das nicht jüdisch war. Rechtsanwalt Marcuse führte die Verteidigung „sachlich und auch in der Form einwandfrei“, wie es der Vorsitzende der 2. Strafkammer, Landgerichtsdirektor Stracke, beschrieb.[176] Das sollte an dem Urteil nur wenig ändern: es lautete auf zweieinhalb Jahre Zuchthaus wegen „schwerer Rassenschande“.[177] Dem Angeklagten Lehmann wurden seine juristischen Vorkenntnisse besonders nachteilig angerechnet. Lehmann kam ins Zuchthaus Brandenburg. Doch auch sein Anwalt Herbert Marcuse wurde am nächsten Tag verhaftet. Der 9. November war der Tag des reichsweiten Pogroms, das von Horden der NSDAP und ihren Untergliederungen „in Räuberzivil“ veranstaltet wurde. Die Ereignisse hatten sich überstürzt, Ende Oktober waren rund 17.000 Juden polnischer Staatsangehörigkeit aus Deutschland ausgewiesen und an die polnische Grenze transportiert worden. Zehn Tage später tötete Herschel Grynszpan in Paris den Legationsrat vom Rath. Goebbels ordnete ein reichsweites Pogrom durch die NSDAP und die SA an, zugleich wurde ein Einschreiten der Polizei untersagt. Die Bilanz: „91 Ermordete, zahlreiche Verletzte, Misshandelte und Vergewaltigte, 191 durch Brandstiftung zerstörte Synagogen; rund 7.500 zerstörte (und geplünderte) jüdische

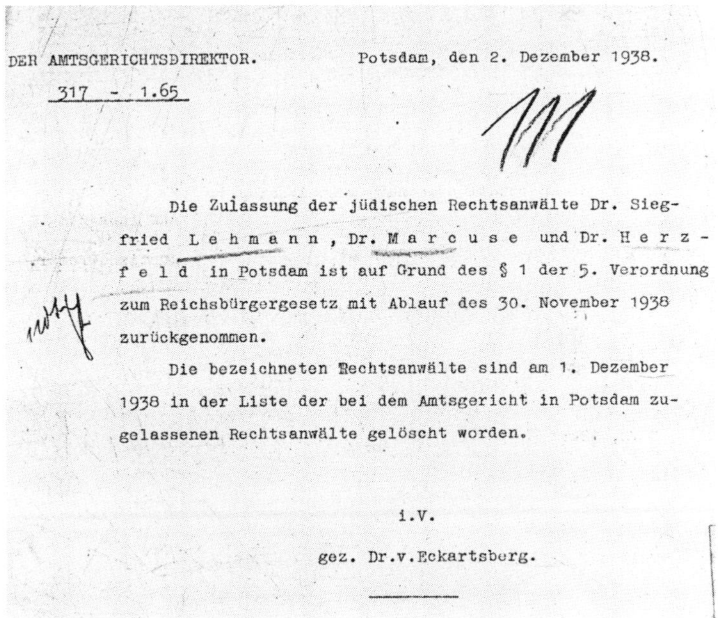

DER AMTSGERICHTSDIREKTOR. Potsdam, den 2. Dezember 1938.

317 - 1.65

Die Zulassung der jüdischen Rechtsanwälte Dr. Siegfried Lehmann, Dr. Marcuse und Dr. Herzfeld in Potsdam ist auf Grund des § 1 der 5. Verordnung zum Reichsbürgergesetz mit Ablauf des 30. November 1938 zurückgenommen.

Die bezeichneten Rechtsanwälte sind am 1. Dezember 1938 in der Liste der bei dem Amtsgericht in Potsdam zugelassenen Rechtsanwälte gelöscht worden.

i.V.

gez. Dr.v.Eckartsberg.

Bekanntgabe des Berufsverbots für die Rechtsanwälte Lehmann, Marcuse und Herzfeld

Geschäfte: Verwüstung vieler jüdischer Wohnungen und fast aller Friedhöfe. Sachschaden mindestens 25 Mill. RM. 30.000 Juden werden in KZ-

Haft genommen. Am 12. November wird den deutschen Juden eine Sondersteuer über 1,12 Mrd. RM auferlegt. Außerdem beschlagnahmt der Staat die Versicherungsleistungen für die Schäden.“[178]

Auch Herbert Marcuse war einer der 30.000, die verhaftet wurden. Er wird in das KZ Sachsenhausen verschleppt, kommt aber nach einigen Wochen wieder frei. Eigentlich hatte er weiter als Jurist arbeiten wollen, wobei er sich – nach der Regelung der 5. Verordnung zum Reichsbürgergesetz – nach dem 30. November 1938 lediglich als „Konsulent“ hätte betätigen können. Ein „Konsulent“ war als Jude allein für die juristische Beratung und Vertretung von Juden zugelassen, wobei er vor dem Berufsverbot als Anwalt gearbeitet haben musste. Zwei Tage vor seiner Inhaftierung, am 7. November 1938, hatte Herbert Marcuse einen Antrag auf Zulassung als „Konsulent“ beim Präsidenten des Kammergerichts gestellt.[179] In seiner Personalakte finden sich nun verschiedene Stellungnahmen zu seiner Eignung als „Konsulent“. Landgerichtsdirektor Stracke und Amtsgerichtsrat Scholz können nichts Nachteiliges über Herbert Marcuse berichten. Doch der Amtsgerichtsrat Wetzel, der zugleich Sachbearbeiter des Rassenpolitischen Amtes der NSDAP war, erklärt schriftlich, dass Marcuses „Auftreten vor Gericht typisch jüdisch-arrogant“[180] gewesen sei. Auch Marcuses Engagement im Reichsbanner vor 1933 wird negativ vermerkt. Wetzel war Referendar gewesen, als er Marcuse kennenlernte. Worauf seine tiefe persönliche Abneigung beruhte, bleibt unbekannt.

Marcuse wird nicht als „Konsulent“ zugelassen. Er wird, wie auch die anderen, die aus der Haft freikamen, eine Verpflichtungserklärung unterschrieben haben, Deutschland zu verlassen. Im Februar 1939 verläßt er mit seiner Familie Potsdam. Er will nach Uruguay flüchten, die Einreise wird ihm verweigert. Er findet schließlich Zuflucht in Großbritannien.

Es wird überhaupt kein Anwalt jüdischer Herkunft aus dem Potsdamer Landgerichtsbezirk als „Konsulent“ zugelassen. Diese Tatsache ist erstaunlich, gab es doch immer noch so viele Angelegenheiten, die der juristischen Unterstützung bedurften. Schließlich sollte die „Entjudung“ der deutschen Wirtschaft, verbunden mit der systematischen Ausplünderung der Betroffenen, in einem scheinbar legalen Rahmen stattfinden. Hierfür wurden ihnen Rechtsvertreter zugestanden, die jedoch meist die Funktion der Mittlertätigkeit zwischen den rechtlichen Gegebenheiten und der faktischen Ohnmacht der Betroffenen zu erfüllen hatten. Für diese Aufgaben, so würde man vermuten, wären in den jeweiligen Orten bekannte und mit den örtlichen Gegebenheiten vertraute Personen am besten geeignet gewesen. Warum es keinem ansässigen Anwalt zugestanden wurde, sich weiter als „Konsulent“ zu betätigen, war nicht abschließend zu klären.[181] Alle drei noch bis zum 30. November 1938 zugelassenen jüdischen Anwälte waren angesehene Persönlichkeiten Potsdams. Fest steht, dass die Berliner Anwälte Robert Schlesinger und Robert Tiktin für den Potsdamer Landgerichtsbezirk als „Konsulenten“ zugelassen wurden.[182] Über ihre Tätigkeit in Potsdam ist nicht Näheres bekannt. Schlesinger wurde 1942 nach Theresienstadt, später nach Auschwitz deportiert, er gilt seitdem als verschollen.[183] Tiktin gelang es, 1940 nach Uruguay zu emigrieren.[184]

Die besondere Situation der „Mischlinge“

Nach dem allgemeinen Berufsverbot gab es die „Konsulenten“, die als jüdische Juristen weiterarbeiten durften, daneben besaßen die sogenannten Mischlinge einen Sonderstatus, der es ihnen erlaubte, weiter als Anwalt tätig zu sein. „Jüdischer Herkunft“ bedeutete nicht gleichzeitig Zugehörigkeit zur jüdischen Gemeinde. Von den hier untersuchten 32 Personen[185] waren acht evangelischer Konfession. Wie schon erwähnt spielte die religiöse Orientierung, die eigentlich in der freien Entscheidung eines jeden einzelnen steht, für die Nationalsozialisten bei der Klassifizierung als „nichtarisch“ keine Rolle. Sie diente aber dennoch als Anhaltspunkt für die Kategorisierung der „Abstammung“. Die NS-Kategorien waren in sich unstimmig, da sie die „blutsmäßige“ Abstammung mit der formalen Religionszugehörigkeit vermischten. Ausschlaggebend wurde nun die Konfession der Eltern und der Großeltern. Sie wurde spätestens mit der Volkszählung von 1939 erfasst – und zwar für alle vier Großelternteile. Für den Status als „Arier“ mussten vier als nichtjüdisch geltende Großelternteile nachgewiesen werden.

Die Gruppe der „Nichtarier“ war in verschiedene Untergruppen aufgesplittet[186]: Als „Mischling ersten Grades“ galt, wer nicht jüdischen Glaubens war und dessen Eltern sich aus einem jüdischen und einem nichtjüdischen Partner zusammensetzten, bei dem also entsprechend zwei jüdische Großelternteile vorhanden waren; als „Mischling zweiten Grades“ dementsprechend jemand mit einem jüdischen Großelternteil.

In den „Abstammungsverhältnissen“ gab es zahlreiche Varianten, so war z.B. Ernst Westphal, von Geburt an Christ, nach den Kriterien der Nationalsozialisten wegen der jüdischen Konfession seiner Großeltern mütterlicherseits eigentlich „Mischling ersten Grades“. Durch die Ehe mit seiner als „Volljüdin“ geltenden Frau erhielt er jedoch selbst wieder den Status eines „Volljuden“.[187] Westphal versuchte nicht die rechtlichen Gegebenheiten überprüfen zu lassen, er gab gleich 1933 seine berufliche Tätigkeit auf – was unter den gegebenen Umständen kaum als „freie“ Entscheidung zu bewerten ist.

Unter den Juristen im Landgerichtsbezirk Potsdam waren insbesondere die Regelungen für „Mischlinge zweiten Grades“ von Belang. Sie wurden auf einen Anwalt und drei Richter angewendet. Grundsätzlich waren bereits 1933 die „Abstammungsverhältnisse“ der einzelnen überprüft worden. Bei Anhaltspunkten für eine „nichtarische“ Herkunft wurden die betroffenen Beamten bis zur Klärung, ob sie unter eine der Ausnahmeregelungen fielen, vom Dienst suspendiert.

Amtsgericht Potsdam, Lindenstraße

Dies war auch bei Günther Holberg, Richter am Amtsgericht Potsdam, der Fall. Da er „Frontkämpfer“ war, wurde die „Beurlaubung“

wieder aufgehoben. Er konnte weiter im Amt verbleiben, auch nach dem Berufsverbot für jüdische Beamte von 1935, von dem die „Mischlinge“ ausgenommen wurden. Er blieb am Amtsgericht, fiel allerdings aus der laufenden Beförderung heraus[188], bis er im Oktober 1944 plötzlich zur Zwangsarbeit in der Rüstungsproduktion verpflichtet wurde.[189] Im Januar 1945 erhielt er die Einberufung zum „Volkssturm“, dem letzten Aufgebot gegen die Alliierten. Auf Drängen seiner Ehefrau, Potsdam zu verlassen, ging er mit einem Teil seiner Familie nach Parchim in Mecklenburg. Dort erlebte er das Kriegsende. Im Sommer 1945 kehrte die Familie nach Potsdam zurück. In diesem Fall wurde dem Betreffenden bis zur Zwangsverpflichtung die Ausübung seines Berufs zugestanden. Unter welchen Bedingungen er seinen Beruf ausgeübt hat, ist nicht bekannt.

Auch ein anderer Richter, Friedrich Käckell vom Amtsgericht Dahme, konnte als „Mischling“ weiter im Amt verbleiben, blieb aber gleichfalls von Beförderungen ausgenommen. Er war als „Frontkämpfer“ unter die Ausnahmeregelungen des Gesetzes von 1933 gefallen. Im Oktober 1933 wechselte er an das Landgericht Kiel. Über die Gründe für den Wechsel des Dienstortes ist nichts Näheres bekannt. Im April 1942 wurde er als Marineoffizier zur Wehrmacht einberufen[190] und geriet im Frühjahr 1944 in sowjetische Kriegsgefangenschaft. Dort verstarb er im Dezember 1944. Seine Witwe strengte in einem Wiedergutmachungsverfahren einen Ausgleich für die unterbliebene Beförderung, trotz durchgängig positiver dienstlicher Beurteilungen, an. Dieses Verfahren wurde in ihrem Sinne entschieden. Rückwirkend wurde dem Verstorbenen der Titel eines Landgerichtsdirektors verliehen.[191]

Ein weiterer Richter, Heinrich Simon aus Luckenwalde, der als „Mischling zweiten Grades“ galt, wurde bereits 1933 in den Ruhestand versetzt. Als „Altbeamter“ hätte er nach der Überprüfung der Abstammung im Dienst verbleiben können, wurde aber mit Rückgriff auf eine Regelung zur Verwaltungsvereinfachung oder „im Interesse des Dienstes“ zwangspensioniert. Die Vermutung liegt nahe, dass bei dieser Entscheidung seine „nichtarische“ Herkunft maßgeblich war. Die Maßnahme zeigt, dass die NS-Behörden sich vieler Mittel zu bedienen wussten, um ihnen unliebsame Beamte aus dem Dienst zu entfernen.

Als „Mischling zweiten Grades“ galt auch der Rechtsanwalt Adolf Seimert in Luckenwalde. Da seine Personalakte nicht überliefert ist, gibt es keine Informationen über seine Überprüfung im Frühjahr 1933. Er war zumindest bis 1935 weiter als Rechtsanwalt tätig. Eine Einschränkung seiner beruflichen Tätigkeit ließ sich nicht feststellen. Unklar bleibt, ob es eine negative Stimmung ihm gegenüber in der Stadt gegeben hat.

Unter der antisemitischen Stimmung hatte ein anderer Rechtsanwalt, Ernst Kessel in Dahme, zu leiden. Er galt als „Halbjude“. Ihm wurde – nach eigenen Angaben – die Bestellung zum Notar verweigert und seine Kanzlei boykottiert. 1939 verzog er nach Cottbus, in der Hoffnung in der größeren Stadt seine Existenzgrundlage sichern zu können. In der Bundesrepublik arbeitete Kessel später als Richter im baden-württembergischen Justizdienst.

„Mischlinge“ wurden gesondert erfasst und waren 1933 in der ersten Ausgrenzungswelle von Vertretungsverboten, Zwangsurlaub und Berufsverboten betroffen. Potenziell waren sie, insbesondere die „Mischlinge ersten Grades“, von einer weitergehenden Verfolgung bedroht.[192] Dass dennoch die berufliche Tätigkeit scheinbar ungehindert ausgeübt werden konnte, deutet darauf hin, dass spätestens seit Kriegsbeginn ein erheblicher Mangel an Juristen herrschte. Dieser Mangel scheint den weiteren Einsatz von „Nichtariern“ notwendig gemacht zu haben, um die Rechtspflege aufrecht zu erhalten.

5

Das weitere Schicksal

Die Verfolgung der Juden in Deutschland vollzog sich in verschiedenen Phasen. Richtete sie sich 1933 noch eher gegen personifizierte Gegner des Nationalsozialismus, die politisch in Erscheinung getreten waren, so wandelte sich das Bild spätestens ab 1935. Die eingeführte Differenzierung in Juden und Nichtjuden wurde mit den Rassegesetzen, die den Verlust der Bürgerrechte für Juden zur Folge hatten, allgemeingültig normiert. 1936 bekräftigte das Reichsgericht, dass die Juden längst den „bürgerlichen Tod“ erlitten hätten.[193] Das sollte sich bald, soweit noch nicht geschehen, für jeden Einzelnen bemerkbar machen. Erst musste 1938 dem Namen ein eindeutig als jüdisch identifizierbarer Teil hinzugefügt werden, meist war es bei Männern „Israel“ und bei Frauen „Sarah“, dann musste 1941 ein gelber Stern an die äußere Bekleidung genäht werden. Und dazwischen gab es eine Vielzahl von Beschränkungen und Auflagen: Es mussten Rundfunkgeräte abgegeben, Telefone abgemeldet werden, es durften keine Haustiere mehr gehalten werden – die Liste der Bestimmungen war lang.[194] Auf diese Weise wurden Juden mit rechtlichen Mitteln ausgegrenzt und vereinzelt. Daneben gab es noch Maßnahmen, die außerhalb des normativen Rahmens lagen.[195]

Einschneidend werden Inhaftierungen für die betroffenen Juristen gewesen sein. Es gab – wie dargestellt – verschiedene Fälle von „Inschutzhaftnahme“ bereits 1933. Jeder hat diese dramatische Situation unterschiedlich verarbeitet. Während Alfred Fordon einen psychischen Zusammenbruch erlitt, sind von Ludwig Levy keine Hinweise auf weitergehende Folgen bekannt. Das heißt nicht, dass er die Haftzeit unbeschadet überstanden hat, doch fehlen nähere Angaben.

Wenn hier von Haft die Rede ist, muss noch einmal nachdrücklich unterstrichen werden, dass die einzige Grundlage für die Inhaftierung der Umstand war, dass der Betreffende Jude war. Auch Verurteilungen wegen sogenannter Rassenschande war eine Kriminalisierung auf der Basis von rassistischen Ideen. Diese Situation mag auf den heutigen Betrachter wie ein Gruppenschicksal wirken, doch hat es damals jeder für sich allein überstehen müssen. Das gilt insbesondere für die Verhaftungen im Zuge des Pogroms vom 9./10. November 1938. Die Familienangehörigen hatten Angst, empfanden aber auch teilweise Scham vor den Nachbarn. Kinder waren zutiefst beunruhigt, wenn die Väter plötzlich „abgeholt“ wurden. Niemand wusste, wie lange die Haft dauern und welchen Ausgang sie nehmen würde. Bei Sally Cohn kam es 1938 zu einer Hausdurchsuchung, er selbst entging der Verhaftung nur, weil er sich gerade in Berlin aufhielt.

Von den jüdischen Juristen des Potsdamer Landgerichtsbezirks wurde Bruno Cohn in Königsberg verhaftet und vier Wochen lang im Gefängnis festgehalten. Ernst Gumpert kam „für kurze Zeit“[196] ins Gefängnis. Fritz Hirschfeld wurde drei Wochen lang im Polizeigefängnis Potsdam festgehalten.[197]

Neben dieser Gefängnishaft wurde ein großer Teil der männlichen jüdischen Bevölkerung zwischen 20 und 60 Jahre, insgesamt mehr als 30.000, in den bereits existierenden Konzentrationslagern inhaftiert, für den Berliner und Brandenburger Raum im KZ Sachsenhausen bei Oranienburg. Hierher wurden Richard Josephsohn, Ludwig Levy, Herbert Marcuse und der ehemalige Student Paul Schreiber sowie sein Vater Hermann Schreiber verschleppt.[198]

Wir wissen von diesen Personen nicht, unter welchen Umständen sie festgenommen worden sind und wie sie die Erfahrungen der Haftzeit in ihrem Leben verarbeitet haben. Ein Bericht eines Luckenwalders schildert die demütigende Behandlung bei der Ankunft im KZ: „Gleich bei unserem Empfang mussten wir in Reihen antreten. Der kleine Potsdamer Rabbiner [Hermann Schreiber] musste vortreten und mit verschiedenen Schildern vor uns auf und ab paradieren. Auf den Schildern stand zum Beispiel: »Wir sind die Mörder des vom Rath«, »Wir sind die Rasseschänder deutscher Frauen«, »Wir sind das Unglück des deutschen Volkes«. Das schlimmste aber war die Behandlung durch die SS-Wachen, die unter hysterischem Anschreien Fußtritte und Ohrfeigen austeilten und besonders brutal gegen die schwächeren und besonders »jüdisch« aussehenden Männer vorgingen."[199] Die Demütigungen waren ein bewusst eingesetztes Instrument, um Persönlichkeiten zu brechen. In einigen Fällen ist das sicher gelungen. Viele konnten sich auch später nicht darüber äußern – doch manchmal nicht aus Scham über das, was ihnen zugefügt worden war, sondern aus Scham über die unzivilisierte Haltung der Täter. Einer, der wahrscheinlich mit einer gefestigten Persönlichkeit die Haft überstanden hat, war Rechtsanwalt Siegfried Neumann aus Küstrin. Er hat nach 1945 sehr plastisch seine Erinnerungen notiert: Neumann hatte wegen eines familiären Todesfalles kein Radio gehört und wurde deswegen völlig ahnungslos von den Ereignissen des 9. November erfasst. Er hatte – in Vorbereitung der Auswanderung – Englischunterricht in der Synagoge organisiert, der an diesem Abend stattgefunden hatte. Anschließend saß man noch in lockerer Runde bei Neumanns zu Hause, die gleich neben der Synagoge wohnten. Später in der Nacht hörten sie den Ruf: „Feuer!" Die Synagoge brannte.[200] Da Neumann noch den Schlüssel hatte, und er am Abend für die Veranstaltung verantwortlich gewesen war, eilte er hin, um zu sehen, ob vielleicht Glut aus einem Ofen das Feuer entfacht hätte. Der Platz vor der Synagoge war leer bis auf einige SA-Männer, das Feuer brannte lichterloh, es bestand die Gefahr, die umstehenden Häuser könnten ebenfalls Feuer fangen. Auf einer nicht weit entfernt befindlichen Dachpappenfabrik standen

Die Potsdamer Synagoge nach der Pogromnacht, 10. November 1938

SS- und Feuerwehrleute, löschten aber nicht. Langsam versammelten sich immer mehr Menschen. Neumanns Frau und die zwölf- und sechsjährigen Kinder standen in sicherem Abstand vor dem vom Funkenflug bedrohten Haus. „Plötzlich kam mit langen Schritten ein SS-Mann zu uns auf den Hof, den Revolver in der Hand. Mit den Worten »Da ist ja der Jude!« trat er auf mich zu und drängte mich vor den Augen von Frau und Kindern in die hintere Ecke des Hofes. Ich hatte das Gefühl, dass er mich hier etwas mehr außer Sicht der auf der Straße stehenden Menschenmasse … abknallen wollte. Im Bruchteil einer Sekunde lief ich hinter unser Haus und sprang über den etwa anderthalb Meter hohen Drahtzaun…Die Nacht war durch Mondschein und das Flammenmeer der Tempels sehr hell…Ich wollte so, um das Haus herum, auf die Straße flüchten und mich in die Menschenmenge hinein retten. Als ich vom Garten unmittelbar neben der Straßenpforte über den Zaun sprang, der dort den Garten von unserem Haus trennte, wurde ich von drei Personen, darunter einem SA-Mann, gepackt und auf die Straße geschleppt. Mit dem Ruf »Schmeißt den Juden ins Feuer« schleifte man mich auf dem Bürgersteig vor der die Straße Kopf an Kopf füllenden Menschenmenge, die in völligem Schweigen verharrte, und an dem einzigen vorhandenen Polizisten vorbei zum Eingang des Synagogenplatzes, eine Strecke von etwa 30 Metern. Dabei wurde mir wiederholt auf den Kopf und ins Gesicht getreten. Vor dem Eingang des lichterloh brennenden Tempels stellte man mich noch einmal auf die Beine.

Jetzt kam der SS-Mann hinzu, der vorher auf unser Grundstück eingedrungen war und offenbar die Aktion leitete. Er fuhr mich an: »Du weißt ja wohl, weshalb das alles ist: Wegen Herrschel Grünspan.« Ich: »Was können wir dafür, wenn einer im Ausland wahnsinnig wird. Unsere Religion verabscheut jede Gewalttat und überhaupt den Mord.« Er: »Auf einmal.« Da kam mir ein Gedanke. Ich öffnete meinen Mantel und zeigte auf die Abzeichen des Eisernen Kreuzes und des Ehrenkreuzes für Frontkämpfer, die ich an meinem Jakett trug. Ich sagte: »Übrigens bin ich Kriegsfreiwilliger und Frontkämpfer und habe das Eiserne Kreuz.« Er: »Na, das ist Ihr Glück. Versuchen Sie, ob sie sich über die Mauer retten können. Dann werden Sie ja wohl noch einen Funken von Deutschtum in sich haben.« (So ähnlich drückte er sich aus.) Damit wies er auf die etwa drei Meter hohe glatte Ziegelmauer, die den Synagogenplatz von meinem eigenen Grundstück trennte.“[201] Neumann schaffte es nicht über diese Mauer zu gelangen, doch konnte er zur anderen Seite fliehen und sich in ein Haus flüchten, in dem er früher einmal gewohnt hatte. Dort versteckte er sich in der Küche der Portierswohnung. Als ihn die Portiersfrau entdeckt, hilft sie ihm, sich zu verbergen. Neumann: „…Wie ein verfolgter Verbrecher kam ich mir vor. Und das einzige Verbrechen bestand doch nur darin, Jude zu sein.“[202] Als Neumann am nächsten Tag wieder nach Hause zurückkommt, wird er bald darauf von Polizisten festgenommen, nachdem er im Krankenhaus verbunden worden war. Er hofft im Polizeigefängnis vor der SS sicher zu sein. Dort eröffnet ihm der Hauptmann: „Ihr kommt alle ins Konzertlager. Von da könnt ihr direkt auswandern. Hierher zurück gibt es nicht mehr.“[203] (Die verniedlichend gemeinte Bezeichnung „Konzertlager“ hatte wenig mit den realen Bedingungen gemein.) Neumann kam wie viele andere in das Konzentrationslager Sachsenhausen bei Oranienburg. Dort wurde er, während manche gestreiftes Flanellzeug erhielten, mit einer feldgrauen Uniform versehen. „So trug man sie, die einst im Weltkriege ein Ehrenkleid war, jetzt als Häftlingsanzug. Von unseren warmen Sachen, die wir uns noch besorgt hatten, sahen wir nichts. Mütze und Mantel empfingen wir nicht.“[204] 150 bis 300 Mann waren in ungeheizten Barracken – es war November und sollte Dezember werden – untergebracht. Tagsüber wurden die Inhaftierten zu Straßenbau- oder Räumarbeiten an allen Tagen der Woche herangezogen. Verschiedentlich kam es zu Folterungen, Misshandlungen und Bedrohungen. Neumann kam wie auch die Juristen des Potsdamer Landgerichtsbezirks nach einigen Wochen frei – unter der Bedingung, Deutschland zu verlassen. Die Rückkehr zu seiner Familie fiel unerwartet aus: „Die Kinder konnten ihre Freude nicht so zeigen. Die Kleine hatte sogar eine gewisse Scheu. Später sagte sie mir: weil ich solch einen kahlgeschorenen Kopf hatte…“[205] Siegfried Neumann hatte sich verändert, so sehr, dass seine Kinder vor ihm Angst hatten. Dabei scheint er noch einer der Gefestigten gewesen zu sein. Wie mag es den Familien ergangen sein, in denen der Vater völlig gebrochen nach Hause kam?

Veranschaulicht man sich die Etappen der Ausgrenzung, war der Anstoß für die Flucht aus

Deutschland bis zum Pogrom von 1938 vorrangig im beruflichen Schicksal zu suchen, eine Inhaftierung gab dann den letzten Impuls. Bei der beruflichen Ausgrenzung waren das erste Berufsverbot 1933, das Ausscheiden der jüdischen Beamten 1935 und das allgemeine Berufsverbot für die Anwälte 1938 die entscheidenden Zäsuren. Durch die stufenweisen Ausgrenzung scheint, bei allen massiven Bedrängnissen, aber auch immer wieder Hoffnung aufgekeimt zu sein, dass es „irgendwie schon weitergehen würde“. Doch als die Berufsverbote im jeweiligen Einzelfall endgültig waren, bot sich den meisten kaum mehr eine Perspektive in Deutschland.

Für alle galt, dass sie reife Persönlichkeiten waren, mit entsprechenden Werten, familiär hier gebunden. Sollten sie ihre alten Eltern allein lassen und woanders neu anfangen und das ohne größeres Kapital, denn bekanntermaßen wurde bei der Ausreise das noch verbliebene Vermögen fast vollständig requiriert?[206] Die bisherige Qualifikation wurde in der Regel in keinem anderen Land anerkannt. Durch die humanistische Schulausbildung waren auch die Fertigkeiten in modernen Sprachen nicht besonders ausgebildet. Keiner verließ freiwillig seine Heimat. Bis 1938 waren vier der verfolgten Juristen aus dem Landgerichtsbezirk in die Fremde gegangen. Nach dem Pogrom und dem allgemeinen Berufsverbot 1938 ergriffen neun die Flucht. Je älter die einzelnen waren, umso eher entschieden sie sich für einen Verbleib im Land. Es war jedoch nicht so, dass die Gefahr des Verbleibens unterschätzt wurde, in vielen Fällen wollten die Betroffenen den Nationalsozialisten nicht den Triumph gönnen, sie aus der Heimat vertrieben zu haben. Und so setzte erst sukzessiv der Wegzug ein.

In welcher Weise das Leben für die einzelnen neben ihrem beruflichen Schicksal als Juristen weiterging, soll im Folgenden dargestellt werden. Für nahezu alle 32 betroffenen Juristen konnte das weitere Schicksal ermittelt werden. Zu bedenken ist dabei noch einmal, das grundlegend unterschiedliche Schicksal der Juden (und derjenigen, die für die Nationalsozialisten als Juden galten) und der „Mischlinge ersten Grades und zweiten Grades“. Hatten, wie schon dargestellt, 1933 die Ausgrenzungsmaßnahmen noch unterschiedslos für alle „Nichtarier“ gegolten, war mit den Nürnberger Gesetzen die Differenzierung der deutschen Bevölkerung in Juden, „Mischlinge“ und „Arier“ gesetzlich normiert worden. Die „Mischlinge“, insbesondere die „Mischlinge ersten Grades“, blieben in vielfältiger Weise gesellschaftlich diskriminiert, waren bedroht, viele wurden ab 1944 zur Zwangsarbeit „dienstverpflichtet“. Sie blieben jedoch von der systematischen Entrechtung, der Ausplünderung, Vertreibung, den Deportationen und vom Massenmord, die die Juden zu erleiden hatten, ausgenommen. Vor diesem Hintergrund ergibt sich für die betroffenen Juristen aus dem Landgerichtsbezirk Potsdam folgendes Gesamtbild:

- Fünf wurden deportiert und kamen in den Lagern ums Leben,
- einer starb an den Folgen eines Suizidversuchs,
- vier starben eines „natürlichen Todes“,
- einer durch Kriegseinwirkung;
- sechs überlebten die NS-Zeit in Deutschland, davon „tauchte“ ein Betroffener in Berlin unter, zwei entgingen in sogenannten „privilegierten Mischehen“ der Deportation und überlebten in Deutschland, drei überstanden als „Mischlinge“ die NS-Zeit, ohne – nach den bislang vorliegenden Informationen – direkten Verfolgungsmaßnahmen ausgesetzt worden zu sein;
- dreizehn Personen fanden Zuflucht im Exil, von ihnen kehrte einer wieder zurück;
- für zwei Betroffene – Willy Rheinhold und den Gerichtsassessor Loewenthal liegen keine Informationen über ihr weiteres Schicksal vor.

„Ums Leben gekommen"

Als 1933 die Nationalsozialisten an die Macht kamen, hätte niemand die Gewaltspirale, die sukzessive ihre Wirkung entfaltete, für möglich gehalten. Doch im Oktober 1941, also nur acht Jahre nach der Machtübernahme, setzten die Deportationen im Berliner Raum ein. Von den hier dargestellten Juristen waren fünf betroffen, wobei ihre Situation sich deutlich voneinander unterschied.

Alfred Fordon ist bereits erwähnt worden. Er hatte schon im Anschluss an die Haft im Jahre 1933 einen Zusammenbruch erlitten, der eine dauerhafte, wenngleich mit Unterbrechungen, psychiatrische Behandlung notwendig machte. Er geriet in ein „Rassenschandeverfahren" und wurde aus diesem Grund erneut kriminalisiert. Aus der Haft wurde er Mitte 1939 entlassen. Zwei Jahre später, im Juni 1941 wurde er in das KZ Sachsenhausen verschleppt. Nach drei Monaten kommt Alfred Fordon in Sachsenhausen ums Leben. Die genauen Umstände seines Todes sind nicht bekannt.

Gleichfalls wegen „Rassenschande" wurde Alfred Lehmann verurteilt. Er musste Ende 1938 die Haft antreten und hätte im Frühjahr 1941 wieder freikommen müssen. Doch tatsächlich wurde er am 5. April 1941, wahrscheinlich unmittelbar nach Verbüßung der Haft, direkt vom Zuchthaus Brandenburg in das KZ Sachsenhausen verbracht.[207] Von hier aus wurde er im August 1941 in das KZ Groß-Rosen bei Breslau überstellt, wo er nach wenigen Wochen am 9. September 1941 zu Tode kommt.[208] Die genauen Umstände seines Todes sind ebenfalls nicht bekannt.

Gustav Herzfeld hatte sicher gehofft, dass ihm das Schlimmste erspart bleiben würde. Er hatte verschiedene Schicksalsschläge einstecken müssen. Sein Sohn war im Ersten Weltkrieg gefallen, seine Frau hatte sich aus Kummer hierüber das Leben genommen. Dennoch hatte er sich eine stetige Freundlichkeit seinen Mitmenschen gegenüber bewahrt. Er musste als alter Mann einen demütigenden Weg gehen. Erst sah er sich gezwungen, sein Haus zu verkaufen, dann musste er in ein „Judenhaus" in Babelsberg ziehen, unterschrieb einen sogenannten „Heimeinkaufvertrag" für Theresienstadt, der den zur Deportation vorgesehenen Juden gegen Zahlung eine bescheidene Wohnung in Aussicht stellte. Er verknüpfte aber keine wirkliche Hoffnung mit diesem Kauf und entschloss sich zum Suizid, der jedoch scheiterte. Im St. Joseph-Krankenhaus wurde Herzfeld wieder gepflegt. Nachdem es ihm wieder besser ging, wurde er am 4. Oktober 1942 nach Theresienstadt deportiert und verstarb dort wenige Wochen später.

Fritz Hirschfeld (2. v. l.) nach der Flucht in Sluis, Holland

Fritz Hirschfeld flüchtete im Februar 1939 nach Holland, von dort versuchte er Europa zu verlassen, doch wurde ihm wegen seines Alters ein Visum für Brasilien verweigert. So geriet er in die deutsche Verfolgungsmaschinerie: in den

Niederlanden wurde er von den Verfolgern eingeholt. Seine Tochter war im Mai 1939 mit einem Kindertransport nach Großbritannien geschickt worden, seine Ehefrau blieb schwer erkrankt in Babelsberg zurück und verstarb im April 1941 in Berlin. Hirschfeld und seine Tochter wurden im Oktober 1941 vom Deutschen Reich ausgebürgert. 1942 wurde er in das KZ Westerbork verschleppt, von hier zunächst nach Theresienstadt, dann im Oktober 1944 nach Auschwitz deportiert. Damit verliert sich Hirschfelds Spur.

Der fast gleichaltrige Herbert Loewy war nach dem Berufsverbot als Richter Ende 1935 von Senftenberg in das nahe Berlin gegangen. Hier wurde er als Transportarbeiter zur Zwangsarbeit herangezogen, bis er im März 1943 von Berlin aus nach Auschwitz deportiert worden ist. Er gilt als verschollen. Es ist nicht näher bestimmbar, auf welchem Wege er zu Tode gekommen ist. Es ist jedoch unstrittig, dass er – wie die anderen, in den Gedenkbüchern als „verschollen“ vermerkten Verfolgten – dem Massenmord zum Opfer gefallen ist.

Vier der fünf Ermordeten waren über fünfzig Jahre alt, Gustav Herzfeld sogar schon achtzig Jahre. Lediglich Alfred Lehmann war noch deutlich jünger gewesen als er in ein Konzentrationslager kam. Für alle war offensichtlich die Verbundenheit zu Deutschland so groß, dass es außerhalb ihres Vorstellungshorizonts lag, woanders Zuflucht zu suchen. Und wo hätte das sein können? Für diejenigen, die erst spät zu der Erkenntnis gelangten, dass die Nationalsozialisten die sogenannten Umsiedelungen zur Verschleierung dafür nutzten, Menschen „verschwinden“ zu lassen, bot sich in der Regel kein Ausweg mehr. Meistens waren die Betreffenden aber so in ihrem Weltbild erschüttert, dass sie nicht mehr die Kraft hatten, sich zu widersetzen. Die größten Anstrengungen konzentrierten sich bei den meisten darauf, die Kinder zu retten, wie es auch Fritz Hirschfeld tat. In acht Jahren hatte

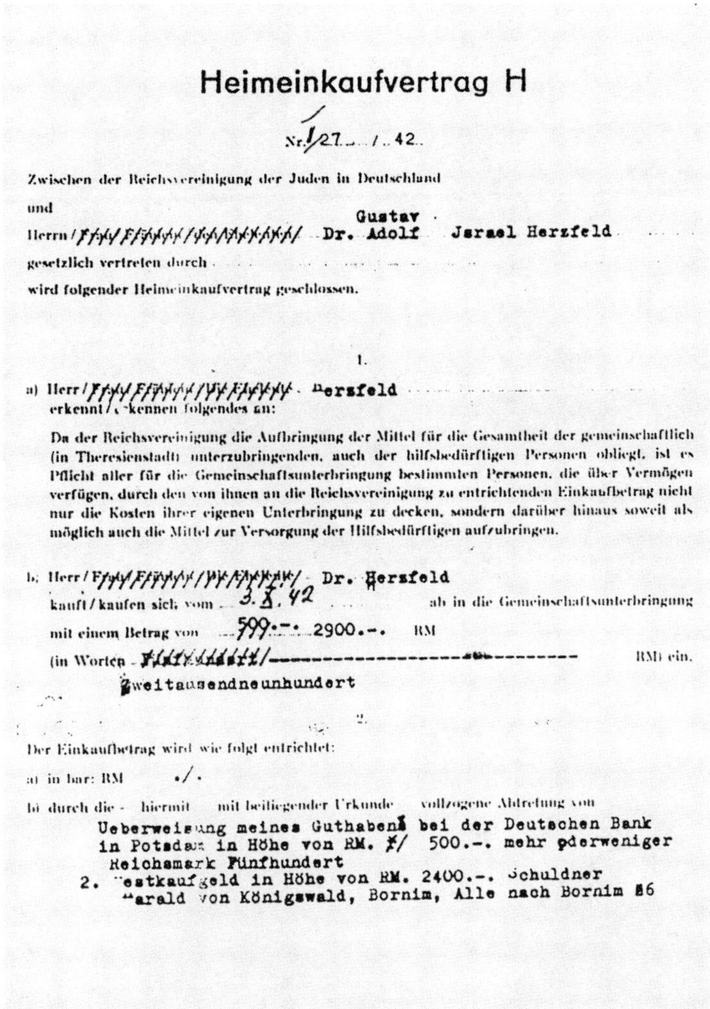
Heimeinkaufvertrag H

Nr. 1/27 / 42

Zwischen der Reichsvereinigung der Juden in Deutschland

und

Herrn / Dr. Gustav Adolf Jsrael Herzfeld

gesetzlich vertreten durch

wird folgender Heimeinkaufvertrag geschlossen.

1.

a) Herr / Herzfeld
erkennt / erkennen folgendes an:

Da der Reichsvereinigung die Aufbringung der Mittel für die Gesamtheit der gemeinschaftlich (in Theresienstadt) unterzubringenden, auch der hilfsbedürftigen Personen obliegt, ist es Pflicht aller für die Gemeinschaftsunterbringung bestimmten Personen, die über Vermögen verfügen, durch den von ihnen an die Reichsvereinigung zu entrichtenden Einkaufbetrag nicht nur die Kosten ihrer eigenen Unterbringung zu decken, sondern darüber hinaus soweit als möglich auch die Mittel zur Versorgung der Hilfsbedürftigen aufzubringen.

b) Herr / Dr. Herzfeld
kauft / kaufen sich vom 3. X. 42 ab in die Gemeinschaftsunterbringung
mit einem Betrag von 2900.-. RM
(in Worten Zweitausendneunhundert RM) ein.

2.

Der Einkaufbetrag wird wie folgt entrichtet:

a) in bar: RM ./.

b) durch die – hiermit – mit beiliegender Urkunde – vollzogene Abtretung von

Ueberweisung meines Guthabens bei der Deutschen Bank in Potsdam in Höhe von RM. 500.-. mehr oderweniger Reichsmark Fünfhundert

2. Restkaufgeld in Höhe von RM. 2400.-. Schuldner Harald von Königswald, Bornim, Alle nach Bornim 86

Der Vertrag von Gustav Herzfeld über Wohnraum in Theresienstadt

die systematische Ausgrenzung aus dem Gemeinwesen zu einer isolierten Situation geführt, die keine Rettung mehr zuließ. Und selbst Rettungsversuche wie bei Hirschfeld scheiterten. Er hatte versucht, mit Hilfe von Freunden zu fliehen, wurde aber von den Verfolgern eingeholt. Die lückenlose Erfassung jeder einzelnen Person, an der unzählige Stellen mit unzähligen beteiligten Helfern mitwirkten, ermöglichte erst den Massenmord.

Diesem langen Prozess entging Justizrat Berthold Meyer in der Stadt Brandenburg, der für sich 1935 die Entscheidung gefällt hatte, selbst seinem Leben ein Ende zu setzen. Ein Suizidversuch scheiterte, er verstarb an dessen Folgen. Er hatte damals, so kann man vermuten, angesichts der immer massiver werdenden Einschränkungen dem Suizid den Vorzug vor weiterer Beschränkung, Demütigung und Verfolgung gegeben. Auch er ist ein Opfer der Verfolgung durch die Nationalsozialisten.

„Natürlicher Tod“

Der Altersdurchschnitt der Juristen jüdischer Herkunft im Landgerichtsbezirk Potsdam entsprach dem allgemeinen von Juristen. Der jüngste Betroffene war der Student Paul Schreiber. „Volljuristen“ konnten 1933 kaum jünger als 27 Jahre alt sein, da ein jahrelanges Studium, die langwierigen Examina und die Referendarzeit die Voraussetzung für den Beruf waren. Von den als jüdisch geltenden Juristen ist es nicht überraschend, dass zwei, Raphael Josephsohn im Alter von 73 Jahren und Louis Pink im Alter von 76 Jahren, eines natürlichen Todes gestorben sind. Siegfried Lehmann verstarb im Februar 1943 in Berlin im Alter von 69 Jahren zu einer Zeit, als ständig Deportationszüge die Stadt verließen. Angesichts der Umstände – Lehmann war mit seiner Frau Ende 1942 von Potsdam zur Deportation nach Berlin gebracht worden – lässt sich nicht vollkommen ausschließen, dass auch in diesen Fällen ein Zusammenhang mit der allgemeinen gesellschaftlichen Atmosphäre der Ausgrenzung und der unmittelbaren Bedrohung bestand. Sei es, dass es sich in Wahrheit um einen Suizid gehandelt hat, sei es, dass die beklemmende Situation Auslöser für den Tod gewesen ist. Verschiedentlich wurde dies durch die Formulierung bekräftigt, dass einzelne „an gebrochenem Herzen“ gestorben seien.[209] Eine Todesursache, die in keinem Totenschein vorkommt, häufig aber die Situation am treffendsten umreißt. Auch der Tod des in den Ruhestand versetzten Richters Heinrich Simon in Luckenwalde, der 1939 im Alter von 62 Jahren starb, läßt Zweifel aufkommen, ob tatsächlich ein „natürlicher Tod“ vorlag.

„Tod durch Kriegseinwirkung“

Ein Todesfall steht eindeutig im Zusammenhang mit den Kriegsereignissen. Friedrich Käckell, der als „Mischling zweiten Grades“ noch als „wehrwürdig“ galt, war im April 1942 zur Wehrmacht einberufen worden. 1944 geriet er in sowjetische Kriegsgefangenschaft, in der er im Dezember 1944 verstarb.

Überleben in Deutschland

Spätestens ab 1941, als im großen Maßstab die Deportationen einsetzten, war für jeden, der als Jude galt, nur noch eines sicher: die Ungewissheit. Das Leben verlief nicht mehr in planbaren Bahnen. Doch man versuchte, zumindest der ärgsten Gefahr zu entgehen.

Ernst Westphal gab alles in Potsdam auf. Im Herbst 1933 zog er nach Berlin-Dahlem.[210] Nach dem Pogrom 1938 bemühte er sich, mit seiner Frau Deutschland zu verlassen. Ihr Sohn hatte ihnen eine Einreiserlaubnis für Südafrika beschaffen können. Die Papiere erreichten Berlin aber erst nach dem Beginn des Zweiten Weltkrieges. Das Ehepaar konnte Deutschland nicht mehr verlassen.[211] Mitte 1940 mussten sie das Haus in Dahlem verkaufen, um einer Zwangsveräußerung zuvorzukommen. Ihre neuen Wohnungen wurden zweimal ausgebombt. Schließlich fanden sie eine Bleibe im Bezirk Tiergarten. Dort gaben sie sich als „Mischlingsehepaar“ aus. Dieser Status war zum einen wichtig, um vor Deportationen geschützt zu sein, zum anderen, um Lebensmittelkarten im gewissen Rahmen zu erhalten. Es kann vermutet werden, dass beiden von unterschiedlichen Personen geholfen wurde, die äußerst bedrohliche Zeit in Berlin zu überleben.

Nach den damaligen Kriterien wäre die Form des offenen, aber mit gefälschtem Status versehenen Lebens als „illegal“ erachtet worden. Aber es gibt kein illegales Überleben. Vermutlich kann sich niemand in die Lage des ehemaligen preußischen Staatsdieners versetzen, der gezwungen war, zu lügen oder etwas den Vorschriften zuwider zu tun, um sich und seiner Frau das Leben zu retten.

In seiner Heimatstadt Luckenwalde überlebte Ernst Gumpert.[212] Später berichtet er: „Ich und meine arische Frau wurden unter Sicherheitsanordnung gestellt und den üblichen Quälereien ausgesetzt.“[213] Mehr gibt er nicht preis. Er spricht nicht von der realen Bedrohung, der er ausgesetzt war, denn er war nur geschützt, weil er in einer sogenannten privilegierten Mischehe lebte. Hätte sich seine Frau von ihm getrennt oder wäre sie gestorben, wäre er der gleichen scharfen Verfolgung ausgesetzt gewesen wie alle anderen, die als „Volljuden“ galten. So ähnlich – wie bei Gumpert – sehen viele Entschädigungsanträge aus. Mit einer äußerst reduzierten Sprache und ohne jeglichen Vorwurf wird ganz beschränkt der Verlust beklagt, der erlitten wurde: „Ich habe fast mein ganzes Vermögen verloren, habe nach dem Pariser Attentat 1938 eine Buße von 27.000 RM zahlen müssen, meine Wertpapiere wurden beschlagnahmt und durch wertlose Reichsanleihe ersetzt.“[214] Es waren aber vor allem familiäre Verluste: „Drei meiner Geschwister haben ihr Leben durch die Naziverfolgung eingebüßt, darunter ist meine Schwester Frieda Ruß mit der Familie (Tochter, Schwiegersohn und Enkeln) ausgehoben worden und seitdem verschollen.“[215]

Anders war es im Beispiel von Günther Holberg:[216] Er blieb bis Anfang 1945 in seinem Haus in der Ruinenbergstraße in der Jägervorstadt wohnen. Als „Mischling zweiten Grades“ konnte er weiterhin am Amtsgericht Potsdam tätig sein. Als er zum „Volkssturm“ eingezogen werden sollte, riet ihm seine Frau, nach Mecklenburg zu gehen. Die ganze Familie erlebte dort das Kriegsende. Derartige Wechsel waren in dem vom Krieg verwüsteten Land durchaus üblich, zugleich bestand laufend die Gefahr, als „Nichtarier“ in irgendeiner Form bemerkt zu werden und Einzelmaßnahmen zum Opfer zu fallen.

Von den Juristen jüdischer Herkunft des Potsdamer Landgerichtsbezirks konnten insgesamt sechs Personen (Gumpert, Holberg, Kessel, Seimert, Stargardt, Westphal) in Deutschland überleben. Eine gewisse „Privilegierung“, sei es als „Mischling“, sei es als Partner in einer „privilegierten Mischehe“, erleichterte ihnen das Überleben. Ernst Westphal überlebte, indem er sich als „Mischling“ ausgab.

Emigration und Flucht

Die Emigration der deutschen Staatsbürger jüdischer Herkunft folgte keinem festen Schema.[217] Das gilt auch für die Juristen jüdischer Herkunft aus dem Potsdamer Landgerichtsbezirk. Abhängig von der jeweiligen Lebenssituation war es für keinen ein leichter Entschluss, aus der feindlich und perspektivlos gewordenen Heimat wegzugehen. Selbst Ludwig Levy, der in Schutzhaft genommen und anschließend unter Druck gesetzt worden war, versuchte so lange wie möglich in Potsdam zu bleiben. Spätestens nach dem Pogrom vom November 1938 war es auch keine geregelte Ausreise mehr, sondern eine Flucht, auf die sich die einzelnen begaben. Die sich verändernde Einstellung zu der Frage „weggehen oder bleiben" lässt sich an der zeitlichen Abfolge der Ausreisen der Juristen des Potsdamer Landgerichtsbezirks nachvollziehen. Lediglich Hahlo, Berthold Lehmann, Hopp und Nathan gingen in der Zeit zwischen den ersten Berufsverboten 1933 und dem allgemeinen Ausschluss aus der Anwaltschaft 1938 weg. Der größte Teil verließ Deutschland erst nach dem Pogrom 1938.

Oft werden es besondere Gründe gewesen sein, die die einzelnen veranlassten, eine Entscheidung in die eine oder andere Richtung zu fällen.

Bei Richard Josephsohn kann dieser Augenblick gekommen sein, als er 1939 gezwungen wurde, die Synagoge in Potsdam in seiner Funktion als Vorstandsmitglied der Gemeinde an die Post zu einem Preis von 67.000 RM zu verkaufen.[218] Nach der Schändung ein Jahr zuvor, die mit der Beschädigung des Andachtsraumes auf dem Friedhof einher ging, bedeutete der Verkauf des Tempels das Ende der räumlichen Manifestation jüdischer Kultur im Stadtraum. Lediglich der Friedhof blieb noch erhalten.[219]

Alfred Fordon, der ebenfalls schon 1933 inhaftiert worden war, suchte die Nähe zu seiner Familie, statt ins Ausland zu fliehen. Jeder entschied für sich, ob er sich in der Fremde eine neue Existenz aufbauen wollte. Je jünger die Betreffenden waren, umso energiegeladener suchten sie eine Alternative, nachdem ihnen in Deutschland eine gleichberechtigte Teilhabe am gesellschaftlichen Leben verweigert worden war. Für einzelne bot sich die Gelegenheit, aus der Krise eine neue Chance zu entwickeln. Sie gingen mit einem gewissen Trotz in eine unbekannte Fremde. Sie trauerten dem Aufgegebenen nicht so hinterher, wie es ältere Kollegen taten, sie waren auch flexibler, sich in andere Berufsfelder einzuarbeiten. Sicher ist jedoch, dass kaum einer „geordnet" auswandern konnte. Denn es boten nur wenige Länder Asyl für die ihres Berufs und ihrer Zukunft beraubten Menschen. In der Regel war die Ausplünderung beim Verlassen Deutschlands durch die Behörden so vollständig, dass kein ausreichendes Kapital zur Verfügung stand, um sich einen Neuanfang zu

Die Familie Ernst Nathans im Hafen von Genua vor der Ausreise in die USA

finanzieren. Meist wurden die letzten Barschaften für eine Schiffspassage ausgegeben.

Erschwerend kam für diejenigen, die zwangsweise als Juden eingestuft wurden, hinzu, dass sie sich sowohl von ihrem Selbstverständnis als auch von dem der jüdischen Organisationen her, in völliger Isolation wiederfanden. Sie selbst fühlten sich nicht dem Judentum zugehörig und die jüdischen Gemeinden standen ihnen mit distanzierter Skepsis gegenüber, war es doch schon schwierig, die bedrohten Gemeindemitglieder zu unterstützen. In dieser Situation halfen christlichen und konfessionslosen „Nichtariern" nur drei Institutionen: die Quäker, das von dem protestantischen Pfarrer Grüber initiierte Büro Grüber und das katholische St. Raphaelswerk. Alle drei Einrichtungen konnten, bei hohem persönlichem Einsatz der Mitarbeiter, trotz geringer Rückendeckung insbesondere der katholischen Kirche, in akuten Notsituationen helfen. Von den hier untersuchten Personen konnte jedoch keine Verbindung zu einer der Institutionen ermittelt werden.

Durch die enge Verbundenheit zur christlich-jüdischen Kultur war es für die meisten allein vorstellbar, innerhalb Europas zu bleiben. Die Alternative des „Landes der unbegrenzten Möglichkeiten", die USA, bot sich den wenigsten, da sie keine Einreiseerlaubnis erhalten konnten.

Belgien

Ernst Hammerschlag aus Rathenow hoffte nach dem Berufsverbot zunächst, mit einem Umzug nach Berlin seine Situation verbessern zu können. Doch fand er dort lediglich Ende 1936 für vier Monate eine Anstellung als Buchhalter. 1939 floh er nach Belgien. Dort erhielt er kein Einreisevisum, weil in seinen Pass ein großes „J" gestempelt worden war, wodurch er als Jude identifiziert wurde. Ihm wurde nur eine befristete Aufenthaltserlaubnis gewährt mit der Verpflichtung weiter auszuwandern. In dieser Zeit fristete er unter erbärmlichen Bedingungen sein Leben, verkaufte all die Sachen, die er nicht unbedingt benötigte.[220] Doch es fand sich kein Land, in das er hätte einwandern können. Nach der Besetzung Belgiens durch die Deutschen wurde er verhaftet und in ein Lager nach Südfrankreich transportiert. Von dort gelang ihm 1942, kurz bevor die Deportationen in die Vernichtungslager einsetzten, die Flucht in die Schweiz. In seinem späteren Entschädigungsantrag schildert Hammerschlag, dass er in der Schweiz erneut interniert wurde und als Flüchtling in ein Arbeitslager kam. Schließlich wurde er in ein Flüchtlingsheim eingewiesen. Im Februar 1945 erhielt er die Aufforderung, das Land zu verlassen, eine Arbeitserlaubnis wurde ihm nicht erteilt. 1946 kehrte Hammerschlag nach Belgien zurück, wo mittlerweile auch der letzte Rest seiner Habe verschwunden war. Von 1946 bis 1948 übernahm er die Leitung eines Kinderheimes, musste diese Tätigkeit jedoch wieder aufgeben, weil ihm die Arbeitserlaubnis nicht verlängert wurde. Trotz aller Anstrengungen konnte er keiner offiziell anerkannten Erwerbstätigkeit nachgehen. Unter „diesem unerträglichen Druck" entschloss er sich, nach Deutschland zurückzukehren, wo er in Frankfurt in der Verwaltung des Vereinigten Wirtschaftsgebietes eine Stelle übernahm. Schließlich ging er doch wieder in die Justiz, wurde 1954 Verwaltungsrichter und 1955 Richter am Bundesdisziplinarhof, der seinen Sitz in Berlin hatte. 1968 starb er im Alter von 67 Jahren.

Hammerschlags Leben beschreibt die Odyssee eines Vertriebenen, der nirgendwo eine wohlwollende Aufnahme fand und sich notgedrungen wieder in das Land zurückbegeben musste, wo alles seinen Anfang genommen hat.

Trotz der durchaus exponierten beruflichen Stellung, die Hammerschlag zum Ende seines Lebens eingenommen hatte, ist nur wenig über seine Einstellung bekannt – ob er im Frieden mit sich und seiner Umwelt gestorben ist.

Schweiz

Joseph Josephsohn fand – anders als Ernst Hammerschlag – eine bessere Aufnahme in der Schweiz, weil dort in Basel sein Neffe lebte. Die familiäre Verbindung half ihm, sich 1939 – kurz vor Kriegsbeginn – 80-jährig in die Schweiz zu retten. Seinen Zufluchtsort erreichte er jedoch völlig mittellos – bei der Ausreise wurde den Flüchtlingen nur die Mitnahme von 10 RM gestattet. Er wird hier dauerhaft von der Unterstützung seines Neffen abhängig gewesen sein. Seine Heimat hat er nie vergessen, seinem ehemaligen Bürovorsteher gratulierte er noch zu dessen Dienstjubiläum. Josephsohn starb im Alter von 98 Jahren in Basel.[221]

Großbritannien

Die meisten anderen – fünf – der Betroffenen gingen in den angelsächsischen Raum, nach Großbritannien. Dieses Phänomen, der Wunsch der jüdischen Juristen nach England auszureisen, obwohl dort ein völlig anderes Rechtssystem herrschte, war auch im nahen Berlin zu beobachten. Dass England mit dem trennenden Kanal z.B. gegenüber Frankreich vorgezogen wurde, wird nicht allein auf die sichere Distanz zu Deutschland, sondern wohl eher auf die Sprache zurückzuführen gewesen sein. Doch auch in Großbritannien wurden die Emigranten nicht mit offenen Armen begrüßt. Schon aus beruflicher Sicht führte der Weg in das Vereinigte Königreich zu Einschränkungen, denn keine der vorhandenen Qualifikationen wurde anerkannt. Otto Giesen studierte erneut und ließ sich als „Solicitor"[222] nieder. Richard Josephsohn stellte sich der Royal Army zur Verfügung und arbeitete später als Handelsvertreter. Hahlo wanderte bald weiter nach Südafrika aus. Dort machte er, nach erneutem Jurastudium und Jahren der materiellen Not, ab 1946 eine Karriere als Professor an der Witwatersrand University in Johannesburg. Über 20 Jahre war er Dekan der juristischen Fakultät. Anschließend stellte er sich einer neuen Herausforderung und ging 1968 an die Universität in Montreal (Kanada), 1977 zog er nach Toronto um. Doch auch das sollte nicht von Dauer sein, 1983 kehrte er nach Europa zurück und ließ sich im Süden Englands in der Nähe seiner Kinder nieder, wo er im Alter von 80 Jahren starb.[223]

Auch Herbert Marcuse sollte nicht dauerhaft in Großbritannien bleiben. Ihm war es besonders schwer gemacht worden, einen Einstieg in die Gesellschaft zu finden, da ihm 1941 die Staatsbürgerschaft von der deutschen Regierung aberkannt worden war.[224] Er war damit staatenlos. Erschwerend kam für Marcuse noch hinzu, dass ihm nach der Ausbürgerung von der Universität Rostock, an der er promoviert hatte, 1941 auch der Doktortitel aberkannt wurde.[225] Meist beantragten die Flüchtlinge aus dem Ausland die Ausstellung einer Ersatzurkunde ihrer Promotion. Wurde diese nicht ausgestellt, weil der Titel aberkannt worden war, entfiel zugleich die einzige nachweisbare wissenschaftliche Qualifikation, die international eventuell eine gewisse Anerkennung gefunden hätte, weil sie nicht vor einer staatlichen Institution abgelegt worden war. Herbert Marcuse war durch die Regelungen in Deutschland selbst noch im Ausland betroffen: er war staatenlos und ohne nachweisbare Qualifikation. Offensichtlich hatten die verschiedenen Maßnahmen es ihm unmöglich gemacht, in Großbritannien ein zu Hause zu finden. 1945 wanderte Marcuse mit seiner Ehefrau in die USA ein, wo er im Alter von 53 Jahren als Buchhalter Arbeit fand. 1950 erwarb er die amerikanische Staatsbürgerschaft. 1954 ließ er sich schließlich in Israel nieder, um in der Nähe seiner Tochter zu sein, die dort lebte. Er starb im Alter von 65 Jahren in Israel.[226]

Italien

Anders als das nationalsozialistische Deutschland verfolgte das faschistische Italien nicht im gleichen Maße die Juden im eigenen Land. Diese Haltung wandelte sich allerdings im Laufe der Jahre, insbesondere gegenüber den hierher geflohenen deutschen Juden. Am 7. September 1938 erließ die italienische Regierung ein Ausweisungserlass an alle jüdischen Emigranten: sie hatten innerhalb von sechs Monaten das Land zu verlassen.

Der durch sein Interesse an antiken Stätten besonders mit Italien verbundene Ernst Nathan hatte in Rom Zuflucht gefunden.[227] Er hatte die Beziehungen zwischen der baulichen Vergangenheit Italiens und Potsdams untersucht. Zur Dokumentation dieser Verbindungen bediente er sich der Fotografie. Auf der Liebhaberei zur Fotografie baute sich Nathan in Italien eine neue Existenz auf. Um für sich und seine Familie den Lebensunterhalt zu sichern, machte er Aufnahmen von Babys, Hochzeitspaaren, stellte aber auch Ansichtskarten von Bauten oder Alltagsszenen her. Ganz nebenbei dokumentierte er viele Details antiker Stätten und alter Kirchen. Als sich die Situation in Italien 1938 verschärfte, bereitete er die Übersiedelung in die USA vor. 1939 konnte die vierköpfige Familie in New York von Bord gehen. Erneut musste er sich eine Existenz als Familienfotograf aufbauen, daneben versuchte er, sich als Architekturfotograf zu etablieren. Noch eher als bei Herbert Marcuse wurde Ernst Nathan 1940 die deutsche Staatsbürgerschaft aberkannt, in der Folge auch der Doktortitel, der ihm 1922 von der Universität Jena verliehen worden war.[228] Ernst Nathan muss Menschen gehabt haben, die für ihn gebürgt haben, um in die USA zu gelangen. Zugleich muss er schnell finanziell unabhängig geworden sein, denn schon 1942 konnte er amerikanischer Staatsbürger werden. Er änderte seinen Namen und nannte sich nun Ernest Nash. Als solcher veröffentlichte er 1944 sein erstes Buch unter dem Titel „Roman Towns“, in dem er seine in Italien gemachten Aufnahmen präsentierte. Dieses Buch wurde gut besprochen und bildete den

Ernst Nathan in Neapel, 1939

Anfang weiterer Veröffentlichungen. Nach Beendigung des Krieges nahm Nash wieder Kontakt zu seiner Heimatstadt auf. Es sollten nicht nur positive Wiederbegegnungen sein. Raimund Heinecke, dem Nash 1936 seine Kanzlei verkauft hatte, bat ihn 1946 um Ausstellung eines „Persilscheins“.[229] Die Antwort von Ernest Nash ist überliefert:

„Lieber Herr Heinicke! Der Ton Ihres Briefes hat mich ebenso befremdet wie sein Inhalt. Weder in Ihrer persönlichen Lage noch in der

Deutschlands kann ich irgend etwas finden, das zu einer humorvollen Behandlung Anlass geben könnte. Ich habe mir überlegt, ob ich Ihren Brief unbeantwortet lassen solle, habe dann aber entschieden, Ihnen darzulegen, weshalb ich Ihnen in Ihrem Entnazifizierungsverfahren nicht behilflich sein werde. Sie haben sich, wie ich mich gut erinnere, mit Enthusiasmus und großem Eifer einer Gruppe von Mördern angeschlossen. Sie haben nicht die Entschuldigung mangelnder Intelligenz oder politischer Ahnungslosigkeit für sich, zumal Sie in früherer Zeit einmal der sozialistischen Jugend nahestanden; auch waren Sie kein gezwungener Mitläufer, sondern ein eifriger Förderer. Diese Gruppe von Mördern, der Sie angehörten, hat alles ausgerottet, was mir familiär nahestand. Meine Mutter und meine Schwester sind freiwillig aus dem Leben geschieden an dem Tage, an dem sie den Deportationsbefehl erhielten. Meine Schwiegermutter hat in irgendeiner Gaskammer ihr Leben verloren. Wo mein Bruder mit seiner Frau ermordet ist, habe ich bisher nicht ermitteln können. Es ist nicht mein persönliches Verdienst, sondern reiner Zufall, dass ich dem gleichen Schicksal entgangen bin. Ich erzähle Ihnen das ohne Bitterkeit oder persönlichen Groll, ich versuche nur, Ihnen klarzumachen, was für ein Unding es ist, von mir zu erwarten, dass ich Ihnen ein politisches Leumundszeugnis ausstelle. Mit bestem Gruß Ihr…gez. Ernest Nash“[230]

Die Zwiespältigkeit, die Nash empfunden haben muss, findet in diesem Brief ihren Ausdruck. Ohne Rücksicht auf die bitteren Erfahrungen der Vertreibung und des Exils, ohne Gedanken an die schmerzvollen Verluste des früheren Kollegen, wendet sich Heinecke an Nash und bittet ihn um ein Leumundszeugnis. Heinecke muss in ziemliche Bedrängnis geraten sein, dass er Nash ausfindig macht und ihn anschreibt. Mit traumwandlerischer Sicherheit verfehlt er den angemessenen Ton und versucht es mit künstlicher Ungezwungenheit. Doch Nash geht darauf nicht ein. Er weist auf die Dinge hin, die unentrinnbar zwischen ihnen stehen.

Seine Heimatstadt Potsdam erinnerte im Jahr 2000 in einer Ausstellung an das Lebenswerk von Ernest Nash.

Palästina

Von keinem der hier dargestellten Juristen ist überliefert, dass er Zionist gewesen sei. Dieser Idee standen sie, sofern sie überhaupt noch Juden waren, distanziert gegenüber. Sie fühlten sich Deutschland eng verbunden. Es kann davon ausgegangen werden, dass die Potsdamer über die realen Gegebenheiten in Palästina informiert waren. So wird ihnen der Bericht Alfred Wieners über eine Reise durch Palästina, verbunden mit einer kritischen Würdigung[231], wahrscheinlich bekannt geworden sein. Die nationale Idee, die dem Zionismus zugrunde lag, war ihnen fremd. Ernst Westphal, der Urenkel Moses Mendelssohns, getauft, lehnte es explizit ab, in das Land, in dem eine seiner Töchter seit 1934 lebte und für das er ein Visum bekommen hätte, zu gehen.[232]

Doch gleichzeitig war Palästina, das unter britischem Protektorat stand, eines der wenigen Länder, in das Juden verhältnismäßig leicht eine Einreisemöglichkeit erhalten konnten und in dem sie nicht völlig isoliert ankamen.[233]

Schon bald nach der Machtübernahme hatten jüdische Organisationen alle Anstrengungen unternommen, möglichst vielen jüdischen Menschen eine Hilfe zu bieten. Für das Emigrationsziel Palästina waren sorgfältige Vorbereitungen zu treffen. In dem vorwiegend agrarisch strukturierten Land hätten die an Büroarbeit gewöhnten Juristen kaum eine Möglichkeit gefunden, ihren Lebensunterhalt zu verdienen. Also mussten sie in Intensivkursen auf einen kompletten Berufswechsel eingestellt werden und eine neue Sprache erlernen. Der für sie vor 1933 völlig abwegige Gedanke, in ein nach westeuropäischen Maßstäben unzivilisiertes Land zu ziehen – mit einem sehr belastenden Klima und unter politisch völlig ungeklärten Rahmenbedingungen – musste nun als reale Alternative ins Auge gefasst werden, gleichgültig wie sehr sich die einzelnen Deutschland verhaftet fühlten. So gingen die hochdekorierten Frontkämpfer Hopp und Levy, die in Potsdam eine Sozietät gebildet hatten, nach Palästina. Ebenso Berthold Lehmann aus Beelitz. Sie alle versuchten sich dort einzuleben; lediglich Hopp begann erneut ein Jura-Studium und konnte später wieder als Jurist arbeiten. Aufgrund der klimatischen Bedingungen war er jedoch gleich 1934 schwer erkrankt. Er starb Anfang der 50er Jahre im Alter von 63 Jahren. Sein früherer Sozius Ludwig Levy siedelte nach harten Jahren 1946 erneut um und ging nach Australien. Später stellte er seine Dienste der *United Restitution Organization*, die sich der Unterstützung von vertriebenen jüdischen Emigranten widmete, zur Verfügung. Berthold Lehmann baute sich in Palästina eine neue Existenz als Versicherungsvertreter auf.

USA

Ernst Nathan hatte spät, nach der Ausweisung aus Italien Aufnahme in den USA gefunden. Erst nach einer Irrfahrt über die Weltmeere und einer jahrelangen Internierung auf einer kleinen Karibikinsel gelang es gleichfalls Bruce Carter, dem früheren Bruno Cohn aus Luckenwalde, sich in den USA dauerhaft niederzulassen.

Anders war es bei Sally Cohn. Er hatte nach dem Berufsverbot 1934 eine Anstellung bei der Jüdischen Gemeinde Berlin gefunden und sich hier eine Wohnung gesucht. Die Wohnung in Brandenburg behielt das Ehepaar dennoch bei, es fühlte sich dort zu Hause und nutzte sie als Rückzugsmöglichkeit. Bei dem Pogrom 1938 befand sich Cohn gerade in Berlin und wurde deshalb nicht verhaftet. Seine Wohnung in Brandenburg wurde jedoch durchsucht, zwei Briefe wurden entfernt und anschließend in diffamierender Weise in der Tageszeitung veröffentlicht. Der Druck, aus Deutschland weg zu gehen, wurde immer größer. Die Gestapo hatte Cohn verhört und ihn aufgefordert, das Land zu verlassen. Eine Zeitlang musste er sich täglich auf dem zuständigen Polizeirevier melden. Doch erst 1941 erhielt er endlich das erlösende Affidavit, die Einreiseberechtigung in die USA. In einem versiegelten Eisenbahnwagen wurden er und seine Frau mit anderen Flüchtlingen durch Frankreich und Spanien nach Portugal transportiert. In Lissabon bestiegen sie ein Schiff nach den USA. Dort ließen sie sich bei Verwandten der Ehefrau in Little Rock, Arkansas, nieder.

Zusammenfassung und Perspektiven nach 1945

Es fing mit der Definition an, dann kam das Berufsverbot, schließlich die Enteignung und zum Schluss, wenn nicht die Flucht, ein gewaltsamer Tod. In diesen Etappen vollzog sich in den meisten Fällen die Ausgrenzung und Verfolgung der Mitglieder der jüdischen Minderheit – in Potsdam, in Luckenwalde, in Beelitz, in Rathenow – in ganz Deutschland.

Die bürokratische Aussonderung aus dem Berufsstand bewirkte für alle Juristen jüdischer Herkunft des Landgerichtsbezirks Potsdam einen Bruch mit ihrer Umgebung. Sie, die für Deutschland im Ersten Weltkrieg gekämpft hatten, wurden aus dem gewachsenen Gemeinwesen ausgestoßen, gedemütigt und ausgeplündert. Das war rational kaum fassbar.

Dass fünf der Betroffenen im Zuge der Verfolgung zu Tode kommen sollten, war 1933 bei der Machtergreifung noch nicht absehbar. Zwölf der untersuchten 32 Schicksale fanden ihre Fortsetzung im Ausland. Diese Lebenswege können in einigen Fällen als durchaus erfolgreich bezeichnet werden. Doch was ist ein erfolgreiches Leben? Ein Leben, im Einklang mit sich und dem gesellschaftlichen Umfeld, berufliche Anerkennung, Wohlstand oder ein harmonisches Familienleben? Einige der verfolgten Juristen waren später beruflich erfolgreich, andere lebten in glücklichen Familienverhältnissen. Doch es ist nicht näher zu ermitteln, wie viele einzelne das Gefühl verloren hatten, dass es eine Sicherheit gäbe, wie viele nie wieder so etwas wie „Heimat“ empfinden konnten. Die vielfachen Ortswechsel der Vertriebenen deuten auf den Verlust des Heimatgefühls hin. Heimat setzt sich aus vielem zusammen, aus Sprache, Umgebung, Menschen. Und genau das Vertrauen in die anderen Menschen ging verloren. Alle Biographien weisen Brüche auf, die tiefe Traumata vermuten lassen. Die Betroffenen waren zerrissen, auch wenn es vielfach nicht erkennbar war. Sie waren, selbst wenn sie überlebt hatten, ihres Zugehörigkeitsgefühls beraubt worden. Und diese Traumata wurden mitgenommen, wo immer sie auch hingingen.

Das Nachzeichnen der einzelnen Biographien verdeutlicht, wie unterschiedlich und doch einschneidend die Ausgrenzung und Verfolgung der Juristen jüdischer Herkunft auch im Landgerichtsbezirk Potsdam war. Alle Juristen waren Organe der Rechtspflege, fühlten sich mit ihrem Handeln dem Recht verpflichtet. Dieses Grundvertrauen in Recht und Gesetz wurde nach der Machtübernahme hinfällig. Es gab kein funktionierendes Recht im herkömmlichen Sinne mehr, es gab keine berufsständischen Organisationen mehr, die einen wirkungsvollen Widerstand gegen die erlassenen Maßnahmen hätten leisten können und wollen, Unterstützung von den Kollegen fehlte fast völlig. Und das wird für die meisten bitter gewesen sein: die Kollegenschaft zog ihren Vorteil aus der Ausgrenzung der jüdischen Kollegen – bei der Stellenbesetzung, bei der Übernahme von Mandaten. Gleichzeitig wurden jüdischen Kollegen persönlich geschnitten. Selbst auf der Straße wurden sie ignoriert, als nicht mehr zugehörig behandelt. Die antisemitische Ausgrenzung geschah ganz offen, vor den Augen aller, unter Mitwirkung Unzähliger. Einzelne profitierten davon, andere verdrängten die Tatsache, dass die jüdischen Kollegen wegen ihrer „Rasse“ ihres Berufs beraubt wurden. Das weitere Schicksal der Betroffenen war den meisten Kollegen gleichgültig. Später sollten viele ihr Handeln mit einer latenten Bedrohung begründen. Eine Rechtfertigung für ihre Mitwirkung am Aufbau und an der Stabilisierung des Unrechtsstaates konnte es für die, die es von Rechts wegen hätten besser wissen müssen, nicht sein. Juristen wurden vom nationalsozialistischen System instrumentalisiert, ließen sich aber auch als gefügige Werkzeuge benutzen. Doch Juristen waren nicht nur die Erfüllungsgehilfen der Machthaber, einige nutzen die Gelegenheit, um persönliche „Abrechnungen" auszutragen. Auch damit trugen sie zur Stützung und Stärkung des Systems bei.

Nach 1945

Einige wenige hatten in Deutschland überlebt, wie Ernst Westphal in Berlin. Seine „Welt, wie er sie verstanden und gesehen hat, war zusammengebrochen."[234] Dennoch wirkte Westphal wie auch Gumpert als Richter am Aufbau der Justiz mit. Aber bald gab Westphal, zusätzlich geschwächt durch eine schwere Krankheit, auf und entschloss sich, 1947 Deutschland zu verlassen. Über Schweden ging er mit seiner Frau nach Südafrika, wo ein Sohn Mitte der 30er Jahre Zuflucht gefunden hatte. Ernst Westphal starb 1949 in Südafrika. Seine Witwe kehrte später wieder nach Deutschland zurück.

Auch Ernst Gumpert gab seine Tätigkeit in der Justiz nach vier Jahren wieder auf. Er ließ sich 1949, trotz seines hohen Alters von 76 Jahren, wieder als Rechtsanwalt nieder.

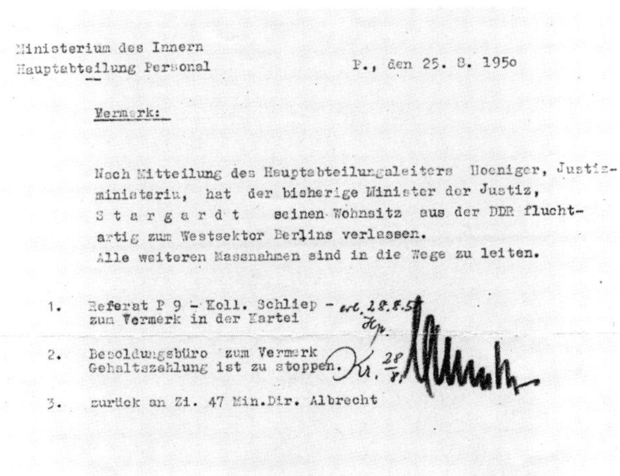

Ministerium des Innern
Hauptabteilung Personal — P., den 25. 8. 1950

Vermerk:

Nach Mitteilung des Hauptabteilungsleiters Hoeniger, Justizministeriu, hat der bisherige Minister der Justiz, S t a r g a r d t seinen Wohnsitz aus der DDR fluchtartig zum Westsektor Berlins verlassen.
Alle weiteren Massnahmen sind in die Wege zu leiten.

1. Referat P 9 – Koll. Schliep – zum Vermerk in der Kartei erl. 28.8.50 Hp.
2. Besoldungsbüro zum Vermerk Gehaltszahlung ist zu stoppen. Kr. 28/8.
3. zurück an Zi. 47 Min.Dir. Albrecht

Vermerk über die Flucht von Ernst Stargardt aus der DDR, August 1950

Ernst Hammerschlag kam notgedrungen aus der Emigration nach Deutschland zurück. Er hatte nirgendwo anders eine dauerhafte Aufnahme gefunden. In der Bundesrepublik wurde er 1955 zum Bundesrichter am Bundesdisziplinarhof ernannt. Er hat zumindest beruflich noch Anerkennung erfahren.

Am Landgericht Potsdam nahm 1945 Günther Holberg seine Tätigkeit als Richter wieder auf. Er hatte lange Zeit, bis Oktober 1944, weiterarbeiten dürfen, weil er nach den NS-Kriterien als „Mischling" gegolten hatte. Unmittelbar nach Kriegsende kehrte er nach Potsdam zurück. Ende der 40er Jahre sollte er erneut bedroht sein. Er sollte für Spitzeldienste angeworben werden, verweigerte sich und musste schließlich aus der DDR fliehen, um einer drohenden Verhaftung zu entgehen.

Das Ausmaß der Zerstörung und die Lasten beim Aufbau der Rechtspflege beschreibt besonders eindringlich ein ehemaliger Berliner Anwalt, Dr. Fritz Löwenthal, in seiner Schrift, „Der neue Geist von Potsdam"[235]. Löwenthal war von Walter Ulbricht ein Amt im Justizministerium übertragen worden. Er beobachtete und kritisierte die undemokratische Entwicklung in der SBZ und später in der DDR, bis er sich ebenfalls gezwungen sah, zu flüchten.

So erging es auch Ernst Stargardt, der 1945 wieder am Landgericht Potsdam tätig und 1946 als CDU-Mitglied Justizminister in Brandenburg wurde. Er wollte den Hegemonieanspruch der SED nicht länger akzeptieren und flüchtete 1950 in die Bundesrepublik.

Bereits kurz angerissen wurde die Problematik der Entschädigungs- oder Wiedergutmachungsanträge, die verschiedene der Verfolgten in den 50er Jahren stellten. Diese Anträge vermitteln einen tiefen Eindruck von dem gesellschaftlichen Klima dieser Zeit. Oftmals mussten die Betreffenden jahrelang um eine kleine Rente oder eine geringe Entschädigung kämpfen. Ihre

Ansprüche mussten sie begründet und detailliert darlegen. Ihnen wurde die Beweislast auferlegt, obwohl sie meistens alle Unterlagen verloren hatten. In manchem Fall dürfte eine deutliche antisemitische Komponente auch jetzt noch spürbar geworden sein. Sally Cohn erhielt, nachdem sich das Verfahren über Jahre hingeschleppt hatte, nur durch Intervention von Senator Edward Fulbright endlich Zahlungen. Dabei wird bei einigen der Betroffenen die physische und psychische Gesundheit so weit angegriffen gewesen sein, dass sie nicht mehr selbst den positiven Bescheid über Entschädigungsleistungen erleben durften. Oftmals mag die Bitterkeit, die in diesen Verfahren entstanden ist, das Lebensende zusätzlich beschwert haben. Denn die Entschädigung wurde nicht als Bringschuld angesehen, sondern als wohltätige, großzügige Geste. Die Anträge geben vielfach Aufschluss, wie wenig sich die einzelnen über ihre Traumatisierungen äußern konnten. Häufig wurde genau die Phase der ärgsten Verfolgung nur sehr reduziert in wenigen Worten umrissen. Die Ursachen für dieses Verhalten können vielfältig sein: die Betreffenden wollten die Erinnerungen ruhen lassen – sie weiter verdrängen. Ebenso gut ist es möglich, dass sie sich selbst schuldig fühlten, überlebt zu haben, während Millionen anderer ermordet worden waren. Eine weitere, denkbare Möglichkeit für die Zurückhaltung ist der ihnen vorgehaltene Vorwurf, mit den gestellten Ansprüchen den Aufbau eines neuen Staatswesens finanziell zu gefährden. Überhaupt sahen sie sich oftmals mit der Haltung konfrontiert, dass sie keine Vorwürfe zu formulieren hätten. Dass sie nur dann geduldet würden, wenn sie kein schlechtes Gewissen verbreiteten. Die Abwehr moralischer Schuld, oder besser Verantwortlichkeit, war stark ausgeprägt. Auch Prominente, wie Marlene Dietrich, die als Gegnerin der Nationalsozialisten aufgetreten war, bekamen dies zu spüren. Sie wurde in Deutschland recht frostig empfangen, als Frau und Nichtjüdin, die „es doch eigentlich nicht nötig gehabt hätte…“, wurde sie als „Nestbeschmutzerin“ verschrien. Wie müssen sich da diejenigen gefühlt haben, denen noch nicht einmal zugestanden wurde, das Nest beschmutzen zu dürfen, weil sie ihm angeblich nicht entstammten? Dieser Konflikt wird die einzelnen bis zu ihrem Tod begleitet haben.

Hierzu schrieb der Schriftsteller Hans Sahl 1957, der ebenfalls als Jude verfolgt worden war: „Ich weiß nicht, ob Deutschland noch der Ort sein kann, wo Juden in größerer Zahl existieren und mitarbeiten können… Aber ich selber kann nur leben, wo man deutsch spricht und schreibt, noch immer lieb ich das, da ist nichts zu machen.“[236] Sahl versuchte die Gefühle der Ausgestoßenen zu fassen[237]:

> „Charterflug in die Vergangenheit
> Als sie zurückkamen aus dem Exil,
> drückte man ihnen eine Rose in die
> Hand.
> Die Motoren schwiegen.
> Versöhnung fand statt
> Auf dem Flugplatz Tegel.
> Die Nachgeborenen begrüßten die
> Überlebenden.
> Schuldlose entschuldigten sich für
> die Schuld der Väter.
> Als die Rose verwelkt war, flogen sie
> zurück in das Exil ihrer
> zweiten, dritten oder vierten Heimat.
> Man sprach wieder Englisch.
> Getränke verwandelten sich wieder
> in drinks.
> Als sie sich der Küste von
> Long Island näherten,
> sahen sie die Schwäne auf der Havel
> an sich vorbeiziehen,
> und sie weinten.“

Biographischer Teil

Bruno Cohn (später Bruce Carter)

5. Oktober 1904 Angerburg (Ostpreußen)
12. März 1988 Los Angeles

Anschrift 1933
Büro: Luckenwalde, Karlstr. 21
Privat: Luckenwalde, Wiesenstr. 3

Bruno Cohn verbrachte Kindheit und Jugend in seiner ostpreußischen Heimat. Sein Vater Hermann Cohn war als Kaufmann in Angerburg tätig, zugleich war er Beigeordneter der Stadt und länger als 40 Jahre Vorsitzender der Synagogengemeinde. Bruno Cohn hatte zwei Brüder, Georg und Felix. Sein Bruder Felix fiel 1914 im Ersten Weltkrieg in der Schlacht von Tannenberg. Im März 1923 legte Cohn das Abitur in Königsberg ab. Schon im Sommersemester nahm er das Studium der Rechtswissenschaften auf. Von 1923 bis 1926 studierte er in Königsberg, Freiburg, Heidelberg und Berlin. Im Dezember 1926 legte er das erste Staatsexamen in Königsberg ab. Dann durchlief er von Dezember 1926 bis Juni 1930 das Referendariat. Nach dem zweiten Staatsexamen wurde Cohn zum Gerichtsassessor ernannt. Er ließ sich jedoch beurlauben und arbeitete überwiegend in Berlin als Hilfsarbeiter in Anwaltsbüros, zeitweise war er als amtlich bestellter Vertreter von Rechtsanwälten und Notaren tätig. Im Frühjahr 1931 quittierte Cohn endgültig den Staatsdienst und ließ sich als Rechtsanwalt in Luckenwalde nieder.

Bereits nach zwei Jahren fand seine Karriere als Anwalt durch die antisemitischen Maßnahmen der Nationalsozialisten ein Ende. Im 'Tageblatt', der örtlichen Zeitung der NSDAP, wurde Bruno Cohn am 12. März 1933 unverhohlen gedroht: „Herr Cohn, wann reisen Sie eigentlich ab? Ihr Stammesbruder Jacobi wurde gestern unter SA-Schutz zum Luckenwalder Bahnhof gebracht. Dass er abgereist ist, wissen wir bestimmt." Bruno Cohn blieb in Luckenwalde, wurde jedoch seiner Erwerbsgrundlage beraubt. Ende April verhängte das Justizministerium nach den Bestimmungen zum „Gesetz über die Zulassung zur Rechtsanwaltschaft" vom 7. April 1933 zuerst ein Vertretungsverbot gegen ihn. Im Juni 1933 wurde seine Zulassung am Amtsgericht Luckenwalde „gelöscht", die weitere Berufsausübung als Rechtsanwalt verboten.

Bruno Cohn war gezwungen, sich eine andere Erwerbstätigkeit zu suchen. Zum 1. Juli 1933 begann er, als Angestellter in der Luckenwalder Hutfabrik Max Basch zu arbeiten. Dieses Unternehmen hatte er als Rechtsanwalt oft vertreten. Die jüdischen Besitzer boten ihm nun eine neue Erwerbsmöglichkeit. Hier war Bruno Cohn bis zur staatlich angeordneten Liquidie-

Hochzeitsfoto von Bruno und Edith Cohn, Oktober 1934

rung des Unternehmens Ende 1938 tätig. Er bearbeitete in erster Linie die juristischen Angelegenheiten der Firma. Zugleich eignete er sich Kenntnisse in der Herstellung von Filzhüten an und war im Verkauf und als Handlungsreisender tätig. Im Juli 1937 wurde er zum Prokuristen der Firma ernannt.

Im Oktober 1934 heiratete Bruno Cohn. Seine Ehefrau Edith war die Tochter von Siegbert Lewy, einem der Mitbesitzer der Hutfabrik Max Basch und Vorsteher der Jüdischen Gemeinde. Das Ehepaar bekam drei Kinder. 1935 wurde eine Tochter geboren, 1938 ein Sohn und 1943, bereits auf der Flucht, ein weiterer Sohn.

Am 10. November 1938, nach der Pogromnacht, wurde Bruno Cohn in Ostpreußen, wo er sich auf Geschäftsreise befand, verhaftet. Für sieben Wochen blieb er im Königsberger Polizeigefängnis inhaftiert. Die Entlassung erfolgte unter zwei Bedingungen: Bruno Cohn musste sich verpflichten, keine Ansprüche gegen den Staat geltend zu machen. Außerdem hatte er Deutschland innerhalb eines Monats zu verlassen. In der kurz bemessenen Frist war es für Cohn und seine Frau unmöglich, die Emigration für die ganze Familie zu organisieren. Am 25. Januar 1939 ging er allein nach Holland. Seine Familie blieb in Luckenwalde zurück. Doch Holland bot ihm keine sichere Zuflucht. Er erhielt keine Arbeitserlaubnis, sein Aufenthalt wurde nur bis zu einer Weiterwanderung geduldet, der Nachzug der Familie verweigert. Cohn bemühte sich, seine Familie aus Deutschland herauszubekommen. Er beantragte daher ein Visum für die USA. Da die Wartelisten jedoch sehr lang waren, nutzte Cohn eine andere Gelegenheit: Im November 1939 kaufte er ein Visum für Chile. Seine Ehefrau und sein Sohn konnten so am 7. April 1940 Deutschland verlassen, die Familie bestieg am 9. April in Amsterdam das Frachtschiff „Ulysses" nach Panama – die vierjährige Tochter war bereits im März 1939 aus Deutschland mit einem

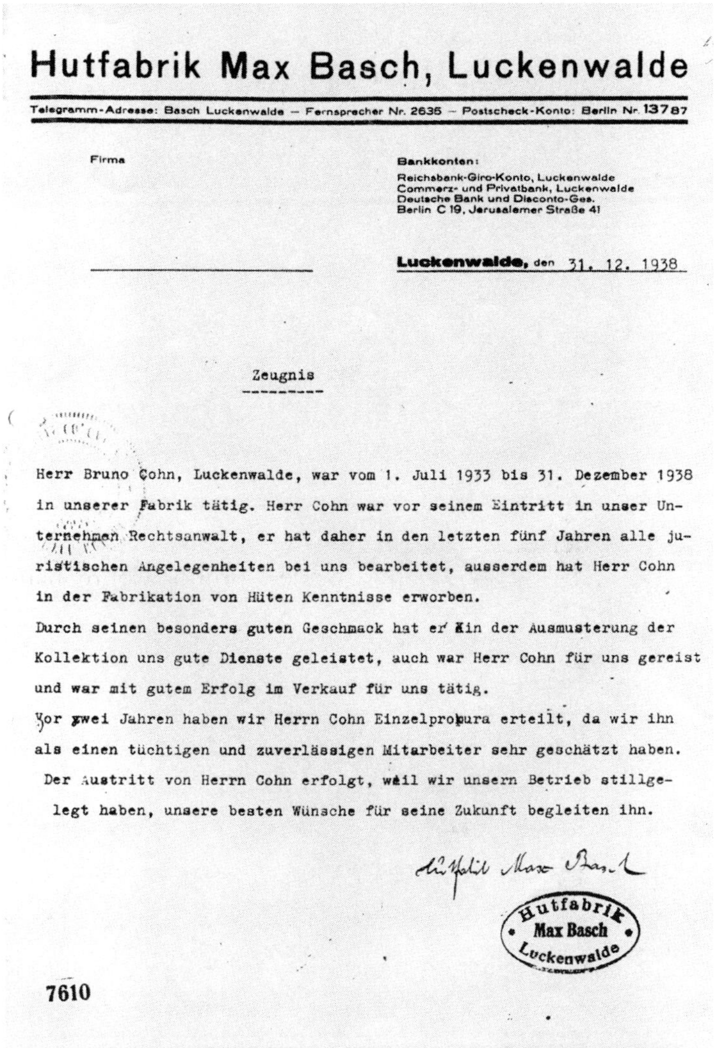

Hutfabrik Max Basch, Luckenwalde

Telegramm-Adresse: Basch Luckenwalde – Fernsprecher Nr. 2635 – Postscheck-Konto: Berlin Nr. 13787

Firma

Bankkonten:
Reichsbank-Giro-Konto, Luckenwalde
Commerz- und Privatbank, Luckenwalde
Deutsche Bank und Disconto-Ges.
Berlin C 19, Jerusalemer Straße 41

Luckenwalde, den 31. 12. 1938

Zeugnis

Herr Bruno Cohn, Luckenwalde, war vom 1. Juli 1933 bis 31. Dezember 1938 in unserer Fabrik tätig. Herr Cohn war vor seinem Eintritt in unser Unternehmen Rechtsanwalt, er hat daher in den letzten fünf Jahren alle juristischen Angelegenheiten bei uns bearbeitet, ausserdem hat Herr Cohn in der Fabrikation von Hüten Kenntnisse erworben.
Durch seinen besonders guten Geschmack hat er in der Ausmusterung der Kollektion uns gute Dienste geleistet, auch war Herr Cohn für uns gereist und war mit gutem Erfolg im Verkauf für uns tätig.
Vor zwei Jahren haben wir Herrn Cohn Einzelprokura erteilt, da wir ihn als einen tüchtigen und zuverlässigen Mitarbeiter sehr geschätzt haben.
Der Austritt von Herrn Cohn erfolgt, weil wir unsern Betrieb stillgelegt haben, unsere besten Wünsche für seine Zukunft begleiten ihn.

Hutfabrik Max Basch

Hutfabrik Max Basch Luckenwalde

7610

Arbeitszeugnis der Hutfabrik Max Basch

Kindertransport nach England in Sicherheit gebracht worden.

Nach einem kurzen Zwischenaufenthalt in Panama erreichten die Flüchtlinge Ende Mai 1940 den Hafen von Valparaiso in Chile. Die Behörden verweigerten jedoch die Landungsgenehmigung und erklärten die gekauften Visa für ungültig. Die Flüchtlinge mussten nach Panama zurückkehren. Ihnen drohte der Rücktransport nach Holland (für diesen Fall hatten sie bereits das Geld für die Fahrtkosten bei der Reederei deponieren müssen). Aufgrund der Kriegsentwicklung in Europa – die deutsche Wehrmacht hatte im Mai 1940 Belgien, die Niederlande und Luxemburg überfallen und besetzt – war eine Rückkehr nach Europa jedoch ausgeschlossen. Familie Cohn und die anderen Flüchtlinge wurden auf die Insel Curaçao in Holländisch-Westindien verbracht. Dort blieben sie als deutsche Staatsbürger bis Ende 1942 auf der kleinen Insel Bonaire interniert, zusammen mit anderen Deutschen, auch überzeugten Nazis.

Erst nach der Entlassung aus dem Internierungslager konnte die Familie wieder ein einigermaßen normales Leben führen. Bruno Cohn gelang es, wechselnde Arbeitsstellen zu finden. Sein Einkommen blieb zwar gering, aber es reichte, um die Familie zu ernähren. Ende 1947 war endlich wieder die ganze Familie vereint. Die zwölfjährige Tochter konnte nach achtjähriger Trennung von der Familie von England nach Curaçao übersiedeln. Doch die Lebenssituation war von vielen Beschränkungen gekennzeichnet. Auch für die Hitler-Flüchtlinge galten die restriktiven Fremdengesetze. Zusätzlich litt die Familie unter dem subtropischen Klima.

Um eine dauerhafte Lebensperspektive zu finden, bemühte sich Cohn erneut um die Einreise in die USA. Alle Versuche in dieser Hinsicht, die er bereits 1940 und wieder seit 1942 unternommen hatte, waren gescheitert, trotz der Unterstützung von Verwandten und Freunden, die in den USA Zuflucht gefunden hatten und Bürgschaften für die Familie Cohn ausstellten. Erst im Frühjahr 1953 wurde ihm und seiner Familie die Einwanderung in die USA ermöglicht. Bruno Cohn ließ sich in Los Angeles nieder, wo bereits der Bruder und die Eltern seiner Ehefrau lebten. Er nahm die amerikanische Staatsbürgerschaft an und änderte seinen Namen in Bruce Carter. Einen Beruf, der seinen Fähigkeiten und seiner Ausbildung entsprochen hätte, fand er auch hier nicht. Carter arbeitete zuerst in einem Schuhgeschäft, dann als Fabrikarbeiter.

1956 strengte er ein Entschädigungsverfahren an. Neben einer Entschädigung für die Haftzeit in Königsberg und den Verlust seines Vermögens wurde ihm schließlich ab Januar 1961 eine Rente für den „Schaden im beruflichen Fortkommen" bewilligt.

Im März 1988 verstarb Bruce Carter in Los Angeles. Er ist dort auf dem jüdischen Friedhof beigesetzt.

Quellen: Bundesarchiv, R 22, Reichsjustizministerium Personalakte 53.597
Brandenburgisches Landeshauptarchiv, Rep. 4 A Kammergericht Berlin, Personalakte Nr. 775
Niedersächsisches Hauptstaatsarchiv Hannover, Nds. 110 W, Acc. 31/99, Entschädigungsakte Nr. 216495 (Bruce Carter)
Auskünfte von Detlev Riemer, Luckenwalde
Detlev Riemer, Pelikan und Davidstern, Juden in Luckenwalde II, Quellensammlung aus lokalen Zeitungen (1850-1941) (im Heimatmuseum Luckenwalde)

Sally Cohn

15. April 1879 Deutsch-Krone (Westpreußen)
14. September 1963 Little Rock, Arkansas (USA)

Anschrift 1933
Büro: Brandenburg, Hauptstr. 63
Privat: Brandenburg, Packhofstr. 24

Sally Cohn besuchte Grundschule und Gymnasium in seiner Geburtsstadt Deutsch-Krone in Westpreußen. Ostern 1898 legte er hier die Reifeprüfung ab. Anschließend studierte er bis 1901 Rechtswissenschaften und Volkswirtschaft in Berlin und Breslau. Nach der ersten Juristischen Staatsprüfung absolvierte er von 1902 bis 1906 das Referendariat im Oberlandesgerichtsbezirk Posen. Nach dem zweiten Staatsexamen im Januar 1906 erhielt er schon im April die Zulassung als Rechtsanwalt in Brandenburg. Cohn bemühte sich auch um die Ernennung zum Notar. Er wurde jedoch zweimal zugunsten jüngerer, christlicher Kollegen übergangen. Ein dritter Versuch scheiterte ebenfalls. Ein frei gewordenes Notariat wurde nicht wieder besetzt.

Im Ersten Weltkrieg wurde Sally Cohn Anfang 1916 als Soldat einberufen. Bis August 1918 kämpfte er zuerst in Mazedonien, dann in Frankreich. Im Heeresdienst wurde er zum Gefreiten befördert und für seinen Kampfeinsatz mit dem Eisernen Kreuz II. Klasse ausgezeichnet. Im August 1918 verließ Sally Cohn das Heer, nachdem ihn der Oberbürgermeister der Stadt Brandenburg zur Verwendung in der städtischen Verwaltung angefordert hatte.

Sally Cohn engagierte sich im öffentlichen Leben der Stadt. Zweimal ließ er sich zum Stadtverordneten wählen. Von 1931 zumindest bis Frühjahr 1933 war er Vorsteher der Synagogengemeinde in Brandenburg.

Schon im April 1919 war Sally Cohn unter den geänderten gesellschaftlichen Bedingungen, am Ende des Kaiserreichs und zu Beginn der Republik, doch noch zum Notar ernannt worden. Neben seiner Zulassung als Rechtsanwalt für das Amtsgericht in Brandenburg hatte er außerdem die Zulassung für das Landgericht

Innenraum der Synagoge in Brandenburg (um 1900)

Potsdam erhalten. Ab 1929 war er zugleich für die neu gebildete Kammer für Handelssachen in Brandenburg zugelassen. Seine Praxis florierte. Sally Cohn erzielte 1930 bis 1932 Einnahmen von über 20.000 RM im Jahr.

Nach der Machtübernahme durch die Nationalsozialisten wurde Sally Cohn massiv bedroht, diffamiert und seiner Lebensgrundlage in Brandenburg beraubt. Am 1. April 1933, dem Tag des von der NSDAP organisierten „Juden-Boykotts", blockierten SA- und SS-Männer seine Büroräume und hinderten Klienten und andere Besucher am Betreten des Hauses. Der Aufsichtsrichter am Amtsgericht Brandenburg erteilte Cohn am selben Tag per Telefon ein Hausverbot für das Gerichtsgebäude. Bei Zuwiderhandlung drohte er mit einer Anzeige wegen Hausfriedensbruchs. Zugleich wurde Sally Cohn in der lokalen Presse als „Kommunistenverteidiger" diffamiert und angegriffen. Im Mai 1933 verhängte das Justizministerium ein (kurzzeitiges) Vertretungsverbot. Im Juli wurde Sally Cohn als Notar entlassen, im September 1933 gegen ihn ein Berufsverbot als Rechtsanwalt ausgesprochen. Die Begründung lautete: „Betätigung im kommunistischen Sinn".

Sally Cohn wehrte sich gegen das Berufsverbot. Nach dem „Gesetz über die Zulassung zur Rechtsanwaltschaft" vom 7. April 1933, hätte er die Ausnahmebestimmungen für sich geltend machen können. Er war sowohl „Altanwalt", der seine Zulassung vor dem 1. August 1914 erhalten hatte, als auch „Frontkämpfer" im Ersten Weltkrieg, ausgezeichnet mit dem Eisernen Kreuz II. Klasse. Der Vorwurf der „kommunistischen Betätigung" war völlig haltlos. Doch Sally Cohn wurde nie persönlich angehört. Seine schriftlichen Proteste und Erklärungen blieben unbeachtet. Im Juni 1934 wurde sein Einspruch gegen den „Entzug der Zulassung" endgültig zurückgewiesen.

Sally Cohn wollte nicht allein von seinem gesparten Vermögen leben. Er suchte eine neue Beschäftigung. Ende 1934 fand er eine Anstellung beim „Aufbringungswerk" der Berliner Jüdischen Gemeinde, dessen Büroleiter er nach einiger Zeit wurde. Dort war er bis März 1941 tätig. Gemeinsam mit seiner Ehefrau Grete, die er 1913 geheiratet hatte, zog er nach Berlin. Grete Cohn arbeitete als Helferin in der Arztpraxis ihres Bruders. Sie verlor ihre Arbeitsstelle im September 1938, als ihr Bruder nach Palästina emigrierte. In Berlin wohnte das kinderlose Ehepaar bei der Schwester von Grete Cohn in Halensee. Ihre Wohnung in Brandenburg behielten die Eheleute aber bei, sie brauchten diesen Rückzugsort – vor allem an den Wochenenden. Im Herbst 1938 wurde ihnen auch dieser Raum genommen. Der Hauswirt, von der örtlichen NSDAP-Gruppe unter Druck gesetzt, kündigte den Mietvertrag. Sally und Grete Cohn begannen ihre Wohnung, die seit ihrer Heirat ihre Bleibe war, aufzulösen. Am 11. November 1938, im Zusammenhang mit dem Pogrom, durchsuchte die Gestapo die Wohnung. Die Polizeibeamten hofften Geheimpapiere zu finden und Sally Cohn, der sich jedoch in Berlin befand, verhaften zu können. Sie beschlagnahmten schließlich zwei Privatbriefe. In der lokalen Presse wurden diese in verächtlicher Weise veröffentlicht. Die Brandenburger Gestapo veranlasste zudem ihre Berliner Kollegen, Sally Cohn ins Blickfeld zu nehmen. Im Februar 1939 erhielt er die erste Vorladung. Am Schluss seiner Vernehmung wurde er aufgefordert, Deutschland zu verlassen. Fortan musste er sich täglich um 13 Uhr auf der Polizeistation melden und jeden Monat über die „Fortschritte bei der Auswanderung" berichten. Nach vier Monaten wurde Cohn von der täglichen Meldepflicht „befreit", blieb aber unter Beobachtung. Seine Bemühungen um die „Auswanderung" sollten weiter kontrolliert werden. Zur Einschüchterung wurde er im Oktober 1939 ein zweites Mal von der Gestapo vorgeladen.

Sally und Grete Cohn bemühten sich um die Emigration in die USA. Erst Anfang März 1941 erhielten sie eines der begehrten Visa, Ende März 1941 konnten sie das ihnen feindlich gewordene Deutschland endlich verlassen. Seine letzten Eindrücke von der Abreise schildert Sally Cohn in seinem Entschädigungsantrag: „Am 25. März 1941 verließen wir Berlin, nachdem wir – etwa 60 Personen – in einem Keller des Potsdamer Bahnhofs gesammelt waren, in Dunkelheit mit je zwei Koffern etc. bepackt die Treppen zu einem unbeleuchteten Zug hinauftappen mussten und dann je 6 bis 8 Personen in versiegelten Coupés gepfercht wurden. Wir durften den Zug bis zur spanischen Grenze nicht verlassen."

Durch Spanien hindurch fuhren die Flüchtlinge nach Lissabon. Dort bestiegen sie Anfang April das Schiff nach Amerika. Am 11. April erreichten sie New York. Sally und Grete Cohn reisten weiter nach Little Rock in Arkansas. Dort hatte sich Gretes Schwester mit ihrer Familie nach der Flucht aus Deutschland niedergelassen. In den USA standen Cohn und seine Frau vor großen Schwierigkeiten. Ihr Vermögen hatten sie in Deutschland zurücklassen müssen. Bereits kurz vor dem Rentenalter stehend, konnten sie keine Arbeitsstelle mehr finden. „Wir begannen das kümmerliche Geschäft der Zimmervermietung zu betreiben. Wir arbeiteten ohne namhaften Verdienst schwer" – so beschreibt Cohn seine Lebensumstände in den USA. Im August 1947 verstarb Grete Cohn im Alter von 67 Jahren, „zu früh wegen aller Aufregungen".

Sally Cohn stellte im Juni 1951 einen ersten Antrag auf Entschädigung. Er erhoffte sich zumindest in seinen letzten Lebensjahren, ohne größere materielle Sorgen leben zu können. Doch die Entscheidung der zuständigen Entschädigungsbehörde in Berlin ließ auf sich warten. Erst nach zwei Jahren, nach einer Intervention des Senators Fulbright, wurden erste Zahlungen geleistet, die noch offenen Ansprüche nach und nach bis Januar 1956 abgegolten. Mit dem Bescheid über eine Rentenzahlung ließ sich die Behörde bis Juli 1957 Zeit.

Im September 1963 verstarb Sally Cohn in Little Rock in Arkansas.

Quellen: Brandenburgisches Landeshauptarchiv, Rep. 4 A Kammergericht Berlin, Personalakte Nr. 776, 5955
Landesversorgungsamt Berlin, Entschädigungsbehörde, Nr. 50598 (Sally Cohn)

Alfred Fordon

29. Januar 1889 Stettin
20. September 1941 KZ Sachsenhausen

Anschrift 1933
Büro: Amtsgericht Beelitz
Privat: Beelitz, Brückenstraße

Alfred Fordon antwortete in einem Fragebogen auf die Frage „Konfession": „von Geburt an Dissident", das heißt keiner Religion zugehörig. Ob er damit meinte, dass seine Eltern sich bereits vom Judentum gelöst hatten, oder er selbst keinerlei religiöse Bindungen verspürte, muss offen bleiben. Offensichtlich wollte er damit deutlich machen, dass der „mosaische" Glauben in seinem Leben keinen Platz hatte. Fordon hatte drei Geschwister und wuchs in Stettin auf. Die Familie war recht wohlhabend, obwohl der Vater eine Stellung bei der Post gehabt haben soll. Wie schon der Name andeutet, stammte sie von französischen Einwanderern ab, die sich in Norddeutschland niedergelassen hatten. Die vier Kinder wurden musisch gefördert, alle absolvierten eine akademische Ausbildung.

Alfred Fordon schlug den Weg als Jurist ein. Sein erstes Staatsexamen legte er bereits mit 22 Jahren ab. Am Ersten Weltkrieg nahm er nicht teil, da er aus gesundheitlichen Gründen ausgemustert worden war. 1916 fiel er beim ersten Anlauf durch das zweite Staatsexamen. Fünf Jahre später bestand er es dann. Über die lange Zeit zwischen den beiden Prüfungen ist nichts Näheres bekannt. Ab 1922 war er dann „ständiger Hilfsarbeiter" im Justizdienst, so die Bezeichung für festangestellte und festbesoldete Gerichtsassessoren, die als „fliegende" Richter und Staatsanwälte eingesetzt wurden. In dieser Funktion wurde er Hilfsrichter an den Amtsgerichten

Amtsgericht Beelitz, Dienstort Alfred Fordons bis zum Berufsverbot 1933

Marienburg, Elbing, Landsberg (Warthe) und Wriezen. Im November 1928 erfolgte die Ernennung zum Amtsgerichtsrat am Amtsgericht Crossen/Oder.

1930 werden Fordon und seine Frau Eltern eines Zwillingspärchens. Im April 1931 wechselte er zum Amtsgericht Beelitz, Frau Fordon chauffierte in dieser Zeit ihren Mann häufig mit dem gemeinsamen Auto zu Ortsterminen. Gleichzeitig scheint es Konflikte in der Stadt gegeben zu haben, die einen offensichtlich antisemitischen Hintergrund hatten. Diese Konflikte führten dazu, dass „kirchliche Kreise die Ersetzung des religionslosen Amtsgerichtsrates Fordon durch einen evangelischen Richter erstreben", wie es einer Notiz in der Personalakte zu entnehmen ist. Einer, der sich hier besonders hervortat, war das Mitglied des Gemeindekirchenrates und Arzt am Städtischen Krankenhaus, Dr. Kessel, der im März 1933 als Nationalsozialist kommissarischer Bürgermeister wurde.

Fordon wird nach dem Kerrl'schen Erlass „vom Dienst beurlaubt". Im Juni 1933 kommt er wegen „staatsfeindlicher Äußerungen" in „Schutzhaft". Die Erlebnisse während der Haft und seine allgemeine Situation lösen offensichtlich einen schweren Nervenzusammenbruch, verbunden mit einer tiefgreifenden psychischen Krise, aus. Die psychiatrische Landesanstalt Eberswalde diagnostiziert eine „abnorme psychische Reaktion auf schwere, über ihn hereingebrochene Schicksalsschläge." Im Juli 1933 wird Fordon zum 1. November in den Ruhestand versetzt, die Familie muss die Dienstwohnung räumen. Die Pensionierung erfolgt dann tatsächlich wegen eines Formfehlers erst zum 1. März 1934. In dieser Zeit verschlimmerte sich die psychische Erkrankung. Fordon war bis zum November 1935 in verschiedenen psychiatrischen Kliniken. Inzwischen war seine Ehefrau zu seinem Vormund bestellt worden. Irgendwann zwischen 1934 und 1935 muss Fordon noch eine große Wohnung in einer guten Geschäftsgegend in Berlin angemietet haben, in der Hoffnung, sich dort als Anwalt niederlassen zu können. Dabei verkannte er offensichtlich die realen Bedingungen, dass schon die lange in Berlin ansässigen jüdischen Anwälte mit großen Schwierigkeiten zu kämpfen hatten. Die große Wohnung in Berlin musste ein Jahr später wieder aufgegeben werden, da keine Chance auf eine Niederlassung als Anwalt bestand. Als Fordon im November 1935 aus der Klinik in Eberswalde entlassen wird, waren die nationalsozialistischen „Rassegesetze" schon in Kraft getreten. Fordons Ehefrau reicht eine Anfechtungsklage gegen die Eheschließung ein, wonach sie ihr Mann angeblich über seine jüdische Herkunft getäuscht habe. Sie hatte inzwischen eine neue Wohnung bezogen, zu der sie Fordon den Zutritt verweigerte. Er beantragte nun seinerseits die Scheidung. Das Paar trennt sich, gleichzeitig scheint aber das Scheidungs- bzw. Anfechtungsverfahren nicht weiter verfolgt worden zu sein. Fordon zieht wieder in seine Geburtsstadt Stettin, in der seine Mutter und seine Schwester leben. Dort lernt er eine 24-jährige Frau kennen, die schon bald meint, mit Fordon verlobt zu sein. Im Mai 1936 kommt es noch einmal zu einer Versöhnung der Eheleute Fordon, die noch nicht geschieden sind. Daraufhin erhebt die junge Frau aus Stettin, die als „arisch" gilt, Klage, weil sie das Eheversprechen gebrochen sieht. Sie räumt auch sexuelle Kontakte ein, was zur Folge hat, dass gegen Fordon ein Verfahren wegen „Rassenschande" eingeleitet wird. Ende Oktober 1936 kommt Fordon in Untersuchungshaft, erst in Berlin-Moabit, später in Stettin.

In der ersten Verhandlung im Mai 1937 wird vom Gericht ein psychiatrisches Gutachten in Auftrag gegeben. Das Gutachten attestiert Fordon „verminderte Schuldfähigkeit". Im Oktober 1937 wird er zu zwei Jahren Gefängnis (unter Anrechnung der Untersuchungshaft) verurteilt. Bis Mai 1939 ist Fordon im Gefängnis Stargard inhaftiert. Im Oktober 1938 lässt sich seine Frau von ihm scheiden, nach Angaben des Sohnes war sie von der Gestapo unter Druck gesetzt worden. Nach Entlassung aus der Haft erhält Fordon eine Verfügung des Reichsjustizministers, die ihm untersagt, den Titel „Amtsgerichtsrat a.D." zu führen. Hier war der Berliner Kammergerichtspräsident initiativ gewesen, weil er Fordon „als Jude und Rassenschänder" für unwürdig erachtete, diesen Titel zu führen.

Es ist unbekannt, was mit Fordon unmittelbar nach seinem Haftende 1939 passiert ist. Registriert ist erst wieder seine Einlieferung am 14. Juni 1941 in das KZ Sachsenhausen. Drei Monate später war er tot, über die näheren Umstände seines Todes ist nichts bekannt.

Quellen: Bundesarchiv, R 22, Reichsjustizministerium Personalakte 56.055
Brandenburgisches Landeshauptarchiv, Rep. 4 A Pers. 1323
Auskunft der Gedenkstätte Sachsenhausen, 10. 12. 2001
Gespräch mit dem Sohn Horst Fordon , 19. 11. 2001

Otto Giesen

2. April 1899 Frankfurt am Main
19. August 1976 St. Albans, Großbritannien

Anschrift 1933
Büro: Potsdam, Am Kanal 45
Privat: Potsdam, Zeppelinstr. 75

Otto Giesen wuchs in seiner Geburtsstadt Frankfurt am Main auf. Dort legte er Ostern 1917 das Abitur am Lessing-Gymnasium ab. Kurz darauf, im Juni, wurde Giesen zum Kriegsdienst eingezogen. Bis Mitte April 1918 verblieb er in der Garnison in Frankfurt. Er begann neben dem Heeresdienst ein Studium der Rechtswissenschaften. Dann wurde er an die Westfront verlegt. Giesen erkrankte. Ab September wurde er im Lazarett in Saargemünd behandelt. Im Dezember 1918 wurde er im Zuge der Demobilisierung aus dem Heer entlassen. Giesen nahm sein Jurastudium wieder auf. Er studierte in Frankfurt/Main und Freiburg. An der Universität engagierte er sich in der Hochschulpolitik beim Aufbau der Verfassten Studentenschaft. Im November 1921 legte er mit Auszeichnung sein

Otto Giesen, Foto aus dem Reisepass von 1939

Otto Giesen in London (um 1970)

erstes Staatsexamen in Frankfurt ab. Sein Vorhaben zu promovieren, konnte er nicht realisieren. Ihm fehlten die finanziellen Mittel, da das Familienvermögen nach dem Krieg verloren gegangen war. Giesen absolvierte das Referendariat beim Oberlandesgericht Frankfurt. Während des Referendariats war er zugleich als Assistent an der Juristischen Fakultät der Universität Frankfurt tätig. Das zweite Staatsexamen legte er im November 1925 mit dem Prädikat „gut" ab. Er wurde als Gerichtsassessor in den Staatsdienst übernommen, ließ sich aber beurlauben (bis zur endgültigen Entlassung im Mai 1926). Er zog nach Berlin und arbeitete als „juristischer Hilfsarbeiter" in der Praxis der Rechtsanwälte Raphael und Joseph Josephsohn in Potsdam. Im Januar 1927 erhielt er die Zulassung als Rechtsanwalt am dortigen Amtsgericht und Landgericht, ab 1929 auch an den Kammern für Handelssachen in Potsdam und Brandenburg. Er trat offiziell in die Anwaltspraxis der Brüder Josephsohn ein, der ab 1928 auch Richard Josephsohn, der Sohn von Raphael, angehörte. Giesen erwarb sich einen guten Ruf als Rechtsanwalt. Aufgrund seiner „hervorragenden Kenntnisse" – so das Urteil des Landgerichtspräsidenten – wurde er wiederholt im Rahmen der Referendarausbildung am Landgericht Potsdam tätig.

Seine vielversprechende Karriere als Rechtsanwalt endete im Frühjahr 1933. Im Mai wurde gegen Otto Giesen vom Preußischen Justizministerium ein Vertretungsverbot erlassen. Giesen beantragte mit Verweis auf seinen Einsatz als Soldat im Ersten Weltkrieg die Beibehaltung seiner Zulassung. Im „Gesetz über die Zulassung zur Rechtsanwaltschaft" vom 7. April 1933 waren sogenannte „Frontkämpfer" von dem allgemeinen Berufsverbot für „nichtarische" Anwälte ausgenommen worden. Doch als „Frontkämpfer" galt nur, wer an „Gefechtseinsätzen" teilgenommen hatte. Giesen konnte diesen Nachweis nicht erbringen. Im September 1933 wurde ihm daher ein Berufsverbot als Rechtsanwalt erteilt, seine Zulassung an den Gerichten „gelöscht".

Giesen blieb in Potsdam. Er versuchte, sich eine neue berufliche Existenz aufzubauen, jedoch ohne Erfolg. Er lebte von seinen Ersparnissen. Dass er sich weiter als Rechtsanwalt verstand, zeigt folgende Episode: 1934 beantragte Giesen die Eintragung im amtlichen Fernsprechbuch als „Rechtsanwalt a.D.". Das Reichspostministerium hatte jedoch verfügt, dass bei „nicht arischen" Rechtsanwälten ein solcher Antrag abzulehnen sei. Als Giesen der Zusatz zum Eintrag verweigert wurde, nutzte er eine Lücke in der Verfügung des Postministeriums und dokumentierte seinen juristischen Beruf durch den Zusatz „Gerichtsassessor a.D.".

Anfang Mai 1939 verließ Otto Giesen Deutschland. Gemeinsam mit seiner Ehefrau Martha emigrierte er nach Großbritannien.

Das kinderlose Ehepaar ließ sich in London nieder. Dort studierte Otto Giesen bis 1942 ein zweites Mal Rechtswissenschaften. Ab Oktober 1942 arbeitete er in der großen Anwaltskanzlei Slaughter & May. Von 1944 bis 1947 durchlief er einen dem deutschen Referendariat vergleichbaren zweiten Ausbildungsabschnitt als Jurist. Giesen und seine Ehefrau nahmen die britische Staatsbürgerschaft an. 1947 bestand er die Prüfung zum 'Solicitor', einem im britischen Rechtssystem verankerten anwaltlichen Beruf, ohne die Möglichkeit vor Gericht zu plädieren. Im März 1948 wurde er als 'Solicitor' zugelassen. Bis kurz vor seinem Tod 1976 arbeitete er weiterhin bei Slaughter & May. Im Rahmen dieser Tätigkeit eröffnete er im Juli 1957 das Testament des verstorbenen Aga Khan III. vor der Familie des Verstorbenen in Genf.

Ende der 50er Jahre stellte Giesen einen Antrag auf Entschädigung. Für den „Schaden im beruflichen Fortkommen“ wurde ihm eine Kapitalentschädigung zugesprochen.

Otto Giesen verstarb 1976 im 78. Lebenjahr, seine Ehefrau Martha im Januar 1980. Beide sind auf dem Friedhof in St. Albans, wo sie viele Jahre gelebt hatten, beigesetzt. Das Ehepaar war ohne Nachkommen. Ihr Vermögen stifteten sie für wohltätige Zwecke.

Quellen: Bundesarchiv, R 22, Reichsjustizministerium Personalakte 57.303
Brandenburgisches Landeshauptarchiv, Rep. 4 A Kammergericht Berlin, Personalakte Nr. 1576, Rep. 12 A Landgericht Potsdam 243
Niedersächsisches Hauptstaatsarchiv Hannover Nds. 110 W, Acc. 8/90, Entschädigungsakte Nr. 189/11 (Otto Giesen)
Webseite http://ismaili.net/history (Biographie von Prince Karim Agag Khan IV),
Schreiben von Slaughter & May vom 10. 7. 2002

Dr. Ernst Gumpert

6. November 1873 Brandenburg (Havel)
21. März 1953 Luckenwalde

Anschrift 1933
Büro: Luckenwalde, Dahmer Str. 51
Privat: Luckenwalde, Dahmer Str. 2

Ernst Gumpert war der Sohn des Geheimen Kommerzienrates Louis Gumpert und dessen Ehefrau Anna geb. Cahn. Sein Vater war Inahber eines Bankhauses. Über sechzig Jahre war er als Stadtverordneter tätig und wurde schließlich mit der Ehrenbürgerschaft der Stadt Brandenburg geehrt. Ernst Gumpert besuchte das Gymnasium in seiner Geburtsstadt. Dort legte er 1892 das Abitur ab. Anschließend studierte er Jura in Freiburg, München und Berlin. 1895 bestand er die

Fest der Luckenwalder Tennisvereinigung, 1930; Ernst Gumpert oberste Reihe rechts

erste Juristische Staatsprüfung in Berlin. Im Oktober desselben Jahres promovierte er in Erlangen mit seiner Dissertation „Der Verlust des juristischen Besitzes an den Detentor". Nach dem zweiten Staatsexamen – das genaue Jahr ließ sich bislang nicht ermitteln – war Gumpert zunächst kommissarischer Richter am Amtsgericht in Luckenwalde. Dann ließ er sich als Rechtsanwalt in Berlin-Charlottenburg nieder. 1909 kehrte er nach Luckenwalde zurück und gründete dort eine Anwaltspraxis. Er erhielt die Zulassung für das Amtsgericht Luckenwalde, 1929 auch für das Landgericht Potsdam. 1915 wurde er zum Notar bestellt.

Bereits 1904 hatte Gumpert in Luckenwalde geheiratet. Seine Frau Martha geb. Steinberg stammte aus einer alteingesessenen Fabrikantenfamilie der Stadt. Gumpert konvertierte zum evangelischen Glauben, möglicherweise aus Anlass seiner Hochzeit. 1910 wurde dem Paar eine Tochter geboren.

Im Ersten Weltkrieg wurde Gumpert nicht zur Armee einberufen. Er unterstützte den Krieg durch Geldspenden, öffentliche Vorträge und andere Aktivitäten. Hierfür erhielt er das Verdienstkreuz für Kriegshilfe.

Ernst Gumpert, politisch liberal-demokratisch eingestellt, engagierte sich in der Kommunalpolitik. 20 Jahre war er Luckenwalder Stadtverordneter, zuletzt stellvertretender Vorsitzender der Stadtverordnetenversammlung. Die *Deutsche Demokratische Partei* vertrat er 1920 in der verfassunggebenden preußischen Landesversammlung.

In der NS-Zeit wurde Ernst Gumpert aufgrund seiner jüdischen Herkunft verfolgt. Sein konfessionelles Bekenntnis war für die neuen Machthaber mit ihren rassistischen Maßstäben unerheblich. Bereits Anfang Juli 1933 wurde er als Notar entlassen. In seiner bislang erfolgreichen Anwaltstätigkeit musste er drastische Einbußen hinnehmen. Schließlich sah er sich wegen der anhaltenden Hetze der Nationalsozialisten und des Boykotts seiner Praxis gezwungen, seine Anwaltskanzlei zu schließen und 1935 die „Löschung" aus der Anwaltsliste zu beantragen.[238]

Ernst Gumpert, Passfoto aus dem Ausweis für „Verfolgte des Naziregimes"

Ernst Gumpert überlebte das NS-Regime in Luckenwalde. Da seine Ehefrau als „Arierin" galt und sie gemeinsame Kinder hatten, lebte er in einer sogenannten „privilegierten Mischehe". Trotzdem war er von den Maßnahmen gegen die jüdische Bevölkerung betroffen. 1950 erinnerte er sich: „In der Nazizeit habe ich viel durchgemacht. Ich habe fast mein ganzes Vermögen verloren, habe nach dem Pariser Attentat 1938 eine Buße von 27.000 RM zahlen müssen, meine Wertpapiere wurden beschlagnahmt und durch wertlose Reichsanleihe ersetzt. Ich und meine arische Frau wurden unter Sicherheitsanordnung gestellt und den üblichen Quälereien ausgesetzt. 1938 im November war ich kurze Zeit verhaftet. Ich musste den Vornamen Israel führen. Drei meiner Geschwister haben ihr Leben durch die Naziverfolgung eingebüßt, darunter ist meine Schwester Frieda Ruß mit der Familie (Tochter, Schwiegersohn und Enkeln) ausgehoben worden und seitdem verschollen."

Nach der Befreiung vom NS-Regime kehrte Ernst Gumpert, nun schon über 70 Jahre alt, auf Ersuchen des neuen Magistrats der Stadt in den Justizdienst zurück. Er wurde mit dem Aufbau des Amtsgerichts Luckenwalde betraut. Dort war er bis 1949 als Aufsichtsrichter tätig. Gumpert trat der SED, der VVN (Vereinigung der Verfolgten des Nazi-Regimes) und dem Demokratischen Juristenbund bei. In der VVN arbeitete er ehrenamtlich als Rechtsberater und als Vorstandsmitglied der Ortsgruppe Luckenwalde.

Ende 1949 verließ Gumpert den Justizdienst. Er hatte gehofft, dass ihm für seine Aufbauarbeit in der Justiz eine Pension bewilligt würde. Aus formalrechtlichen Gründen wurde ihm jedoch diese verweigert, ebenso wie anfänglich eine Altersrente (die erst später nach Eingaben beim Ministerium doch noch gezahlt wurde). Gumpert sah sich daher gezwungen, mit 76 Jahren zur Sicherung seines Lebensunterhalts wieder als Rechtsanwalt und Notar zu arbeiten. 1950 wurde er als Verfolgter des Naziregimes anerkannt – die Anerkennung als Opfer des Faschismus war ihm zuvor versagt worden, da er nicht in KZ-Haft gewesen oder deportiert worden war.

1953 verstarb Ernst Gumpert im 80. Lebensjahr in Luckenwalde.

Quellen: Brandenburgisches Landeshauptarchiv, Rep. 12 A, Landgericht Potsdam 243
Brandenburgisches Landeshauptarchiv, Rep. 401 Bezirkstag und Rat des Bezirkes Potsdam, VdN - 664
Auskünfte von Detlev Riemer, Luckenwalde
Detlev Riemer, Pelikan und Davidstern, Juden in Luckenwalde II, Quellen-sammlung aus lokalen Zeitungen (1850-1941) (im Heimatmuseum Luckenwalde)
Friedrich-Alexander-Universität Erlangen-Nürnberg, Universitätsarchiv, UAE Promotionsakte C2/3 Nr. 1008

Dr. Hermann Hahlo

3. August 1905 New York
22. September 1985 Großbritannien (vermutlich Exeter, Devon)

Anschrift 1933
Büro: Potsdam, Burggrafenstr. 26
Privat: Potsdam, Zeppelinstr. 26

Hermann Hahlo wurde in New York geboren. 1907 kehrten die Eltern nach Europa zurück. Die Familie lebte kurzzeitig in Paris. Dann zog sie nach Hamburg und ließ sich schließlich in Berlin nieder. Dort besuchte Hermann Hahlo von 1911 bis 1923 die Oberrealschule in Wilmersdorf. Nach dem Abitur studierte er von 1923 bis 1927 Rechtswissenschaften in Berlin. Im März 1927 legte er das erste Staatsexamen, im November 1930 das zweite Staatsexamen ab. Noch während des Referendariats wurde Hahlo im April 1930 für seine Dissertation „Wirkung und Ratifikation arbeitsrechtlicher Beschlüsse der Internationalen Handelsorganisation" an der Universität Halle der Doktortitel verliehen.

Im Frühjahr 1931 erhielt Hermann Hahlo die Zulassung als Rechtsanwalt in Potsdam. Er übernahm die gut eingeführte Praxis von Justizrat Samulon, der schwer erkrankt war, und führte sie erfolgreich weiter.

Als junger Anwalt hatte Hermann Hahlo nach dem „Gesetz über die Zulassung zur Rechtsanwaltschaft" vom 7. April 1933 keinerlei Chance, seinen Beruf weiter auszuüben. Die

Ausnahmen von dem Berufsverbot für jüdische Rechtsanwälte – Zulassung vor dem 1. August 1914, „Frontkämpfer“ oder Vater bzw. Sohn eines gefallenen Soldaten im Ersten Weltkrieg – trafen auf ihn nicht zu. Im Juni 1933 wurde ihm die Zulassung entzogen. Hahlo musste seine Praxis schließen. Er entschloss sich gemeinsam mit seiner Ehefrau Hanna, die er 1931 geheiratet hatte, Deutschland zu verlassen. Im August 1933 emigrierten sie nach London, 1934 zogen sie weiter nach Südafrika.

In Südafrika nahm Hahlo, um in seinen angestammten Beruf zurückkehren zu können, erneut ein Jurastudium auf. Von 1935 bis 1936 studierte er an der Witwatersrand-Universität in Johannesburg. Nach dem Examen arbeitete er in einer Anwaltskanzlei. Zugleich begann Hahlo, rechtswissenschaftlich zu forschen. 1937 publizierte er einen ersten Aufsatz im *South African Law Journal*. 1939 wurde er auf eine Teilzeitstelle als Assistent an die Juristische Fakultät der Witwatersrand-Universität berufen. Damit sollte für ihn ein neuer Berufsweg beginnen. Von 1940 bis Ende 1945 setzte er seine Arbeit in demselben Fachbereich fort, wiederum mit befristeten Verträgen, aber diesmal mit der vollen Stundenzahl. In diesen Jahren deckte Hahlo die Hälfte des Curriculums ab und leistete einen Großteil der anfallenden Verwaltungsarbeit. Er vertrat Kollegen, die nach Beginn des Zweiten Weltkriegs zur Armee einberufen worden waren, um an der Seite Großbritanniens zu kämpfen. Auch Hahlo hatte sich 1939 zum Militärdienst gemeldet, war aber aus gesundheitlichen Gründen zurückgewiesen worden. Die Zulassung als Rechtsanwalt, die er 1940 erlangt hatte, ließ er in diesen Jahren ruhen, war dann wieder für wenige Monate von Januar bis September 1946 als Rechtsanwalt tätig. Dann gab er den Anwaltsberuf endgültig auf. Er wurde zum Professor für Rechtswissenschaften an der Johannesburger Universität berufen Bereits Ende 1946 übernahm er die Leitung des Fachbereichs. Mehr als zwanzig Jahre, bis November 1968, sollte er als Dekan der Juristischen Fakultät im Amt bleiben. Hahlo fand in Forschung und Lehre auch internationale Anerkennung. Er veröffentlichte zahlreiche Beiträge in Fachzeitschriften und verfasste mehrere Bücher, von denen einige als Standardwerke gelten. Er war Mitherausgeber des *South African Law Journal* und der *Modern Law Review*. Als Gastprofessor wurde er unter anderem nach Edinburgh, Toronto, Siena und Christchurch eingeladen. Mehrere akademische Ehrungen wurden ihm in Südafrika und anderen Ländern zuteil.

Ende 1968 verließ Hermann Hahlo Südafrika. Die McGill University in Montreal hatte ihn zum Direktor des *Institute of Comparative and Foreign Law* berufen. Auch nach seiner Emeritierung blieb Hahlo in Kanada. 1977 zog er nach Toronto um. Im April 1983 kehrte er nach Europa zurück. Hermann Hahlo ließ sich in Exeter in Großbritannien in der Nähe seiner beiden Kinder nieder. Bis an sein Lebensende blieb er wissenschaftlich tätig. Hermann Hahlo verstarb im September 1985.

Quellen: Bundesarchiv, R 22, Reichsjustizministerium Personalakte 58.687

Brandenburgisches Landeshauptarchiv, Rep. 12 A Landgericht Potsdam 243

Niedersächsisches Hauptstaatsarchiv Hannover Nds. 110 W, Acc. 31/99, Entschädigungsakte Nr. 236668 (Hermann Hahlo)

Lebenslauf zur Dissertation von 1929

South African Law Journal, Vol. 101, Part 3 (August 1984), Tributes to Hermann Robert Hahlo

South African Law Journal, Vol. 102, Part 4 (November 1985), Ellison Kahn, In Memoriam Herman Robert Hahlo

Dr. Ernst Hammerschlag

5. März 1901 Hameln
3. September 1968 Berlin

Anschrift 1933
Büro: Rathenow, Dunckerstr. 16
Privat: Rathenow, Dunckerstr. 16

Ernst Hammerschlag wurde als Sohn eines Kaufmanns in Hameln an der Weser geboren. Ab 1909 besuchte er dort die Oberrealschule, an der er im Februar 1920 das Abitur ablegte. Anschließend studierte er Rechtswissenschaften in Göttingen und Heidelberg. Neben dem Jurastudium widmete er sich auch volkswirtschaftlichen und philologischen Studien.

Anfang 1923 bestand Hammerschlag das erste Staatsexamen. Im Juni desselben Jahres promovierte er mit einer Dissertation über „Das Mandat des Artikel XXII der Völkerbundsatzung". Über das Referendariat liegen keine Informationen vor (die Personalakte ist nicht überliefert).

Die nächste Information datiert von 1928. Im April dieses Jahres ließ sich Ernst Hammerschlag als Rechtsanwalt in Rathenow nieder. Er erhielt die Zulassung für das dortige Amtsgericht, 1929 auch für die neu gebildete Kammer für Handelssachen in Brandenburg. Im Mai 1932 wurde er zum Notar ernannt.

Als junger Anwalt hatte Hammerschlag nach dem „Gesetz über die Zulassung zur Rechtsanwaltschaft" vom 7. April 1933 keine Chance für die weitere Ausübung seines erlernten Berufes. Die Ausnahmeregelungen vom Berufsverbot – Zulassung vor dem 1. August 1914, „Frontkämpfer" oder Vater bzw. Sohn eines im Ersten Weltkrieg gefallenen Soldaten – konnte er nicht in Anspruch nehmen. Anfang Mai 1933 verhängte das Preußische Justizministerium gegen ihn ein Vertretungsverbot. Im Juni 1933 wurde er mit einem Berufsverbot als Rechtsanwalt belegt und als Notar entlassen.

Ernst Hammerschlag zog nach Berlin um. Eine bezahlte Arbeit fand er nicht mehr. Er musste von seinen Ersparnissen und dem Einkommen seiner Ehefrau leben. Nur einmal, von Ende 1936 bis März 1937, konnte er für vier Monate aushilfsweise als Buchhalter in einem Bekleidungsunternehmen arbeiten.

Im Juni 1939 flüchtete Hammerschlag nach Belgien. In dem Lebenslauf zu seinem Entschädigungsantrag schilderte er seine Flucht: „Ein

Anruf von Herrn Senatspräsidenten
Dr. D i c k e r t m a n n
betr. Nachruf für Herrn Bundesrichter
Dr. H a m m e r s c h l a g :

Nach einem durch die Rassenverfolgung sehr schwer beeinträchtigten Lebensabschnitt wurde er nach dem Kriege zur Mitwirkung im Personalwesen des vereinigten Wirtschaftsgebietes berufen. Als Disziplinarrichter, zunächst in Frankfurt/Main, seit 1955 in Berlin, zeichnete ihn Fleiß, Verantwortungsbewußtsein, Gerechtigkeitssinn und Bescheidenheit aus. In der Gelöstheit außerdienstlichen Gespräches im engsten Kollegenkreise offenbarte er die Reichhaltigkeit seines allgemeinen Wissens, seine Belesenheit, seine Liebe zur deutschen Heimat und seine ihm trotz der bitteren Erfahrungen gebliebene, von hoher ethischer Auffassung getragene Menschlichkeit. Der Tod ereilte ihn, der seine ganze ihm mögliche Kraft bis zuletzt seinen ihn erfüllenden Richteraufgaben gewidmet hat, ganz plötzlich, nur wenige Monate vor dem erwarteten Eintritt in den Ruhestand.

Ein ehrendes Andenken ist ihm sicher. Die Beisetzung findet auf Wunsch seiner Gattin in aller Stille statt.

Nachruf des Bundesverwaltungsgerichts für Ernst Hammerschlag, September 1968

Einreisevisum besaß ich nicht, denn mein Pass war gekennzeichnet mit einem großen „J", wodurch ich als Jude ausgewiesen war und daraufhin bekam man kein Einreisevisum mehr. Ich bekam in Belgien nur eine befristete Aufenthaltserlaubnis mit der Verpflichtung weiter auszuwandern, was ich auch beabsichtigte. Ich musste unter schwierigsten Umständen mein Leben fristen, habe Sachen verkauft, die ich nicht unbedingt benötigte." Hammerschlag fand kein anderes Land, das ihn aufnehmen wollte. Er musste in Belgien bleiben. Dort wurde er im Mai 1940 nach dem Überfall der deutschen Wehrmacht als deutscher Staatsangehöriger festgenommen und nach Südfrankreich in das Internierungslager St. Cyprien verbracht.

Im September 1942 gelang ihm angesichts der drohenden Deportationen die Flucht in die Schweiz. Dort wurde Hammerschlag als Flüchtling erneut interniert. Er kam in ein Arbeitslager und wurde schließlich bis Februar 1945 in ein Flüchtlingsheim eingewiesen. Bei der Entlassung erhielt er die Aufforderung, sich um eine baldige Auswanderung aus der Schweiz zu bemühen. Eine Niederlassung in der Schweiz oder auch nur eine befristete Arbeitserlaubnis wurden ihm verwehrt.

Anfang 1946 konnte Hammerschlag nach Belgien zurückkehren. Seine wenige Habe, die er 1940 hier zurückgelassen hatte, fand er nicht mehr vor. In Belgien gelang es Hammerschlag nach vielen Bemühungen, eine befristete Aufenthaltserlaubnis und Arbeitserlaubnis zu bekommen. Im Mai 1946 fand er eine Anstellung als Leiter eines Kinderheimes für Kriegswaisen. Diese Arbeit musste Hammerschlag Ende Januar 1948 jedoch wieder aufgeben: seine Arbeitserlaubnis wurde nicht mehr verlängert. „Von diesem Zeitpunkt an habe ich überhaupt keine Erwerbstätigkeit in Belgien mehr ausüben können. Ich hatte keine Arbeitserlaubnis, mein Aufenthalt war jeweils auf sechs Monate begrenzt und nur unter der Auflage genehmigt, so schnell wie möglich auszuwandern. Unter diesem unerträglichem Druck entschloss ich mich 1949 wieder nach Deutschland zurückzukehren. … Erst im Juli fand ich bei der Verwaltung des Vereinigten Wirtschaftsgebietes in Frankfurt Beschäftigung. Von diesem Zeitpunkt an hörte mein Flüchtlingsdasein mit seinen erheblichen Beschränkungen und Entbehrungen überhaupt erst auf und kann von einem normalen Einkommen die Rede sein," so die Schilderung in dem Entschädigungsantrag, den er Mitte der 50er Jahre einreichte.

Hammerschlag fand in seinen erlernten Beruf als Jurist zurück. Er wechselte in den Justizdienst. 1954 arbeitete er als Verwaltungsrichter in Frankfurt a. M. Im Februar 1955 wurde er zum Bundesrichter am Bundesdisziplinarhof (mit Sitz in Berlin) ernannt. Hammerschlag kehrte im Juni 1955 nach Berlin zurück. Dort lebte er bis zu seinem Tod am 3. September 1968. Ernst Hammerschlag ist auf dem Jüdischen Friedhof an der Heerstraße beigesetzt.

Quellen: Brandenburgisches Landeshauptarchiv, Rep. 12 A Landgericht Potsdam 239

Landesversorgungsamt Berlin, Entschädigungsbehörde, Nr. 210686 (Ernst Hammerschlag)

Lebenslauf zur Dissertation von 1923 (Universitätsarchiv, Georg-August-Universität Göttingen)

Schreiben des Bundesministeriums der Justiz, Herr Bindels, vom 3. 12. 2001

Auskunft des Jüdischen Friedhofs Berlin, Heerstraße vom 12. 12. 2001

Dr. Gustav Herzfeld

7. Mai 1861 New York
27. Okt. 1942 Theresienstadt

Anschrift 1933
Büro: Lindenstr. 13, Potsdam (1932)
Privat: Potsdamer Str. 26, Bornim

Es ist unbekannt, welche Umstände Gustav Herzfeld von New York nach Potsdam verschlagen haben. Herzfeld hatte offensichtlich in den USA gelebt, war verheiratet mit Elise geb. Hemmerling, und dort, in Boston, wurde 1897 auch sein Sohn geboren.

Sicher ist, dass er 1898 in Berlin ein Buch mit dem Titel „New York – eine Einverleibungsfrage" zu den Problemen der expandierenden Großstadt veröffentlicht hat. Mindestens seit 1909 war er als Anwalt am Landgericht Potsdam zugelassen. Ein Jahr zuvor, 1908, war er zum evangelischen Glauben übergetreten. 1914 wurde Herzfeld auch beim Amtsgericht Potsdam zugelassen, gleich gegenüber dem alten Amtsgericht in der Lindenstraße lag seine Kanzlei.

Der Sohn Herzfelds, Joachim, war Offizier im Ersten Weltkrieg. Am 15. Oktober 1918 wurde er in der Schlacht bei Landres in Frankreich tödlich verletzt. Herzfelds litten sehr unter dem Verlust des einzigen Kindes. 1922 wurde die Überführung und Beisetzung der Leiche auf dem Bornstedter Friedhof veranlasst. Elise Herzfeld kam nie über den Tod des Sohnes hinweg und entschloss sich in den 20er Jahren zum Suizid. Herzfeld, der selbst nationalkonservativer Einstellung war, engagierte sich gerade in den schwierigen wirtschaftlichen Zeiten im besonderen Maße für arme und hilfsbedürftige Menschen, indem er sie, ohne Honorar zu berechnen, beriet. Für den Haushalt sorgte in dieser Zeit die Haushälterin Elli Lehmann.

Nach der Machtübernahme der Nationalsozialisten galt Herzfeld, obwohl Protestant, als jüdisch. Er wurde 1933 nicht mit einem Berufsverbot belegt, weil er als „Altanwalt" bereits vor 1914 zugelassen worden war. Über die wirtschaftliche Entwicklung der Kanzlei ist nichts näheres bekannt, doch kann vermutet werden, dass sie immer schlechter lief. Herzfeld wechselte die Büroräume. Von 1934 bis 1938 praktizierte er in der Kaiser-Wilhelm Str. 26. Im September 1938 ging Herzfeld mit den jüdischen Kollegen Siegfried Lehmann und Herbert Marcuse eine Sozietät ein. Es spricht einiges dafür, dass sie gemeinsam die Kosten so niedrig wie möglich halten wollten. Doch gerade in diesen Wochen wurde das allgemeine Berufsverbot für jüdische Anwälte beschlossen, das mit Wirkung vom 30. November 1938 in Kraft trat. Alle drei wurden ihrer Existenzgrundlage beraubt, da sie mit Berufsverbot belegt wurden.

Herzfeld verkaufte sein Haus in Bornim an Harald von Königswald. Er selbst hatte sich wahrscheinlich ein Wohnrecht in der Mansarde ausbedungen. Im Hause Königswald trafen sich verschiedene künstlerisch tätige Menschen, so auch dessen Schwiegervater, der Dante-Übersetzer und zugleich Mitglied der Bekennenden Kirche Friedrich Freiherr von Falkenhausen und Jochen Klepper. Wir wissen nicht, ob es nähere Kontakte zu Herzfeld gegeben hat. Es ist jedoch bekannt, dass Herzfeld weiterhin Kontakt zur evangelischen Kirchengemeinde in Bornstedt hielt. So erinnert sich eine Zeitzeugin, dass sie vermutlich 1941 mit einer Gruppe von fünf oder sechs Personen zu dem schon ziemlich isoliert lebenden Herzfeld gegangen sei, um ihm zum (79.) Geburtstag ein Ständchen zu bringen. Man sang das Lied mit der Zeile „...bis hierhin hat mich Gott gebracht", anschließend gab es Plätzchen und der zarte alte Mann holte aus einem schönen Sekretär alte Fotos, die er mit zittrigen Händen herumzeigte. Die Haushälterin Elli Lehmann, die nicht jüdisch war, versorgte ihn, den sie „Onkelchen" nannte, immer noch. Doch wahrscheinlich Anfang 1942 wechselte sie ihre Stellung und kam in das Haus des berühmten „Stauden"-Professors Karl Foerster, hielt aber immer noch Kontakt zu Herzfeld. Wenn Herzfeld nach draußen ging, musste er den Judenstern tragen. 1942 wurde er gezwungen, in das jüdische Altersheim in der Babelsberger Bergstraße 1 umzuziehen. Vermittelt durch Elli Lehmann, wird Foerster ihm hierher noch einen Kuchen schicken. Der Deportation nach Theresienstadt möchte er zuvorkommen. Er entschließt sich zum Suizid, doch der schlägt fehlt. Herzfeld wird im katholischen St. Josephs-Krankenhaus gesund gepflegt. Am 3. Oktober 1942 schließt Herzfeld einen „Heimeinkaufvertrag" für das als Altersghetto deklarierte Theresienstadt. Damit wird ihm noch das letzte verfügbare Bargeld abgepresst. Am 4. Oktober 1942 wird er nach Theresienstadt verschleppt. Dort kommt er nur wenige Wochen später ums Leben.

Gustav Herzfeld mit einer Angehörigen, 30er Jahre

Wie den Akten des Oberfinanzpräsidenten zu entnehmen ist, wird seine noch verbliebene Habe für 62,50 RM versteigert, sein Konto bei der Deutschen Bank mit einem Guthaben von 67,10 RM wird beschlagnahmt. Die Haushälterin Elli Lehmann soll noch 1945 auf die Rückkehr von „Onkelchen" gewartet haben.

Quellen: Brandenburgisches Landeshauptarchiv, Rep. 4 A Kammergericht Berlin Personalakte Nr. 2176
Brandenburgisches Landeshauptarchiv, Rep. 36 A Oberfinanzpräsident Devisenstelle F 717
Brandenburgisches Landeshauptarchiv, Rep. 36 A Oberfinanzpräsident 4510
Zeitzeugengespräch mit Frau Oberwinter, 23. 10. 2001
Günter Wirth, Der andere Geist von Potsdam. Zur Kulturgeschichte einer Stadt 1918-1989, Frankfurt a. M. 2000
Informationen von Gabriele Pallat, X/XI 2001
Theresienstädter Gedenkbuch

Fritz Hirschfeld

22. Oktober 1886 Berlin
Okt. 1944 nach Auschwitz deportiert, verschollen

Anschrift 1933
Büro: Amtsgericht Potsdam
Privat: Neu-Babelsberg, Griebnitzstr. 8

Fritz Hirschfeld besuchte das Königliche Wilhelm-Gymnasium in Berlin. Nach dem Abitur studierte er Rechtswissenschaften. 1909 legte er das erste, 1913 das zweite Staatsexamen ab.

Im Ersten Weltkrieg wurde Hirschfeld als Soldat einberufen. Für seine Kampfeinsätze erhielt er das Eiserne Kreuz II. Klasse und das Verwundetenabzeichen. Nach Ende des Krieges ließ Hirschfeld sich in Potsdam nieder. Von Juli 1919 bis Juli 1921 war er hier als Rechtsanwalt zugelassen. Dann wechselte er in den Staatsdienst. 1922 bis 1926 arbeitete er als „ständiger Hilfsarbeiter" – so die Bezeichnung für festangestellte und -besoldete Gerichtsassessoren ohne feste Planstelle – an verschiedenen Gerichten. Im August 1926 wurde er zum Richter am Amtsgericht Potsdam ernannt. 1927 übernahm er den Vorsitz des Arbeitsgerichts in Potsdam.

Im Frühjahr 1933 wurde Fritz Hirschfeld als Jude „vom Dienst beurlaubt". Nach dem „Gesetz zur Wiederherstellung des Berufsbeamtentums" vom 7. April 1933, das ein Berufsverbot für alle „nichtarischen" Beamten vorsah, war zu klären, ob eine der Ausnahmeregelungen für ihn zutraf: Bei Beamten, „die bereits seit dem 1. August 1914 Beamte sind oder die im Weltkrieg für das Deutsche Reich oder für seine Verbündete gekämpft haben oder deren Väter oder Söhne im Weltkrieg gefallen sind", konnte von der Zwangsversetzung in den Ruhestand abgesehen werden. Hirschfeld als dekorierter „Frontkämpfer" konnte vorerst im Richteramt verbleiben. Von seiner Funktion als Vorsitzender des Arbeitsgerichts wurde er jedoch „entbunden". Hirschfeld war wieder Amtsrichter am Amtsgericht Potsdam. Seiner Arbeit ging er pflichtbewusst nach. Eine dienstliche Beurteilung von 1934 bescheinigte: „Amtsgerichtsrat Hirschfeld ist wohl befähigt, hat gute Gesetzeskenntnisse und scharfe Auffassungsgabe. Sein Vortrag ist ruhig, sicher und würdig. Er arbeitet fleißig und zuverlässig. Seine Leistungen sind durchaus befriedigend. Für seine Einstellung zum Nationalsozialismus dürfte der Umstand maßgebend sein, dass er Nichtarier ist. Ich habe mir in dieser Hinsicht ein Urteil nicht bilden können. Seine Führung ist nicht zu beanstanden."

1935 konvertierte Fritz Hirschfeld zum Katholizismus. Für die Nationalsozialisten galt er weiterhin als Jude. Im Oktober 1935, nach dem Erlass des „Reichsbürgergesetzes", das als Teil der „Nürnberger Gesetze" den deutschen Juden die staatsbürgerliche Gleichberechtigung aberkannte, wurde er „bis auf weiteres" beurlaubt. Die „Erste Verordnung zum Reichsbürgergesetz" vom 14. November 1935 legte schließlich ein Berufsverbot für alle noch im Dienst verbliebenen Beamten, die Juden waren oder für die Nationalsozialisten als Juden galten, fest. Zum 1. Januar 1936 musste Hirschfeld zwangsweise „in den Ruhestand treten". Zwar bezog er eine Pension als Beamter (die für die jüdischen Beamten allerdings gemindert wurde), war aber mit 49 Jahren zur beruflichen Untätigkeit gezwungen.

Nach der Pogromnacht im November 1938 wurde Fritz Hirschfeld verhaftet. Drei Wochen blieb er im Potsdamer Polizeigefängnis inhaftiert. Entlassen wurde er nur unter einer Bedingung: er musste sich verpflichten, Deutschland zu verlassen. Hirschfeld stand vor einer harten Entscheidung. Seine Ehefrau Grete war schwer an Krebs erkrankt, ein Ortswechsel war für sie nicht mehr möglich. Für die gemeinsame Tochter

Fritz (3. v. l.) und Grete (re.) Hirschfeld im Kreis ihrer Freunde, Februar 1939 (Maimi von Mirbach 2. v. l.)

musste ein sicherer Zufluchtsort gefunden werden. Zugleich verlangten die deutschen Behörden, die die Flüchtlinge vor der Vertreibung systematisch ausplünderten, eine Zwangsabgabe: Hirschfeld sollte eine „Reichsfluchtsteuer" in Höhe von fast 35.000 Reichsmark zahlen. Bereits im November 1938 hatte er im Zusammenhang mit der den Juden in Deutschland und Österreich auferlegten „Sühneleistung" nach der Pogromnacht eine „Vermögensabgabe" über mehr als 38.000 Reichsmark leisten müssen. Hirschfeld stand an der Grenze seiner finanziellen Möglichkeiten. In dieser Situation half ihm seine Freundin Maimi von Mirbach. Hirschfeld, der leidenschaftlich gerne musizierte, spielte mit ihr seit vielen Jahren in einem privaten Streichquartett. Maimi von Mirbach, 1982 in Israel für ihre Unterstützung verfolgter Juden als „Gerechte der Völker" geehrt, erwarb Hirschfelds Haus. Hirschfeld konnte so die fällige „Fluchtsteuer" bezahlen, seine Ehefrau in dem Haus, das nun der guten Freundin gehörte, verbleiben.

Im Februar 1939 ging Hirschfeld nach Holland. Die erste Zeit lebte er in einem katholischen Männerlager in Sluis. Er hatte die Absicht, nach Brasilien zu emigrieren. Dieses Vorhaben scheiterte. Die brasilianischen Behörden hatten für Einwanderer eine Altersbegrenzung von 40 Jahren festgelegt. Auch ein Visum für ein anderes Land konnte Hirschfeld nicht bekommen. So geriet er im Mai 1940 nach der Besetzung Hollands durch die deutsche Wehrmacht wieder in den Herrschaftsbereich der Nationalsozialisten. Im April 1941 starb Hirschfelds Ehefrau in Berlin. Im Oktober 1941 wurden er und seine Tochter, die im Frühjahr 1939 mit einem „Kindertransport" nach Großbritannien gebracht worden war und dort lebte, vom Deutschen Reich „ausgebürgert". Hirschfeld wurde im August 1942 in das KZ Westerbork verschleppt. Von dort wurde er im April 1943 nach Theresienstadt deportiert, von Theresienstadt im Oktober 1944 nach Auschwitz. Hier verlieren sich seine Spuren.

Quellen: Bundesarchiv, R 22, Reichsjustizministerium Personalakte 60.565

Brandenburgisches Landeshauptarchiv, Rep. 4 A Kammergericht Berlin, Personalakte Nr. 2244, 5543

Brandenburgisches Landeshauptarchiv, Rep. 5 E Amtsgericht Potsdam 26

Niedersächsisches Hauptstaatsarchiv Hannover Nds. 110 W, Acc. 31/99, Entschädigungsakte Nr. 222169 (Aenne Dorothy Scott nach ihrem Vater Fritz Hirschfeld)

Gabriele Schnell, Maimi von Mirbach – Eine Gerechte unter den Völkern, Katalog zur Ausstellung in MatschkesGalerie-Café Oktober 1994, Potsdam 1994

Günther Holberg

19. März 1889 Straßburg (Elsass)
3. Juli 1954 Detmold

Anschrift 1933
Büro: Amtsgericht Potsdam
Privat: Potsdam, Ruinenbergstr. 9

Günther Holberg, Sohn eines Kaufmanns, studierte nach dem Abitur Rechtswissenschaften. Im Dezember 1910 bestand er das erste Staatsexamen. Im Februar 1915, während des Referendariats, wurde Holberg zur Armee einberufen. Vor dem Fronteinsatz konnte er seine juristische Ausbildung noch beenden. Im März 1915 legte er das zweite Staatsexamen als „Notprüfung im Krieg" ab. Holberg kam an die Westfront nach Frankreich. Dort nahm er an den Kämpfen vor Verdun teil. Er wurde schwer verwundet. Nach einem Gasangriff erblindete er auf einem Auge. Im Juli 1915 geriet Holberg in französische Kriegsgefangenschaft. Nach Ende des Ersten Weltkriegs kehrte er aus der Gefangenschaft im Februar 1919 nach Deutschland zurück.

Holberg fand eine Anstellung im Justizdienst in Berlin. Ab Juni 1921 war er als „ständiger Hilfsarbeiter" an verschiedenen Gerichten tätig, zumeist am Amtsgericht in Berlin-Mitte. Im November 1927 wurde er zum Richter am Amtsgericht Potsdam ernannt.

Für die Nationalsozialisten galt Holberg als „jüdischer Mischling". Eine Großmutter war als Jüdin zum evangelischen Glauben konvertiert. Anfang April 1933 wurde er als „Nichtarier" „vom Dienst beurlaubt", ihm drohte ein Berufsverbot. Die Potsdamer Tageszeitung meldete dazu am 5. April: „Der aus 'Rassegründen' beurlaubte Amtsgerichtsrat Holberg ist, wie uns von unbeteiligter Seite mitgeteilt wird, Sohn eines königlich-preußischen Offiziers, der aus einer evangelischen deutschstämmigen Pfarrersfamilie stammt. [...] Nur die 1865 verstorbene Großmutter mütterlicherseits war jüdischer Abkunft aus der Familie Friedenthal, aus der auch unter Bismarck der Landwirtschaftsminister Friedenthal [...] hervorging. Holberg selbst war Frontkämpfer vor Verdun. Wie bekannt, ist Amtsgerichtsrat Holberg ein tüchtiger und allgemein beliebter Richter."

Bis Juli 1933 wurde die Suspendierung aufrechterhalten. Als „Frontkämpfer" fiel er jedoch unter die Ausnahmeregelungen des „Gesetzes zur Wiederherstellung des Berufsbeamtentums". Die „Beurlaubung" wurde aufgehoben. Holberg kehrte an das Amtsgericht zurück.

Holberg war bis Ende 1944 als Richter in Potsdam tätig. 1935, mit der Entlassung der verbliebenen Beamten jüdischer Herkunft, hatte der NS-Staat keine verbindlichen Regelungen für die „Mischlinge" getroffen. Viele konnten im Staatsdienst verbleiben. Von den üblichen Beförderungen war Holberg jedoch ausgenommen.

Im Oktober 1944 wurde Holberg nach den Akten des Landgerichts Potsdam „für die Rüstungsproduktion zwangsverpflichtet", dem widerspricht allerdings die Erinnerung des Sohnes.

Im Januar 1945 erhielt er die Einberufung zum „Volkssturm". Seine Ehefrau drängte ihn, Potsdam zu verlassen. Mit einem Teil seiner

Günther Holberg, circa 1947

Familie ging Holberg nach Parchim in Mecklenburg. Dort erlebte er das Kriegsende. Im Sommer 1945 kehrte die Familie nach Potsdam zurück. Sie musste in die Gutenbergstraße umziehen. Ihr Haus in der Ruinenbergstraße war von der sowjetischen Armee für die Unterbringung von Offizieren beschlagnahmt worden.

Holberg arbeitete wieder im Justizdienst, anfänglich als Staatsanwalt, später als Richter am Landgericht Potsdam.

Ab Ende der 40er Jahre war Holberg in der SBZ und der DDR zunehmenden Repressionen ausgesetzt. Sein Sohn erinnert sich: „Etwa 1949 wurde mein Vater von den Russen einbestellt und aufgefordert für die Russen Spitzeldienste zu leisten. Er taktierte hinhaltend, aber der Druck auf ihn verstärkte sich. Um dem zu entgehen, versuchte er Rechtsanwalt zu werden, was von den Potsdamer Behörden abgelehnt wurde. Dann wurde aber eine Berliner Behörde für die Rechtsanwaltszulassung zuständig und er erhielt von dort die Genehmigung. Daraufhin wurden ihm ernsthafte Konsequenzen angedroht, wenn er sich weiter weigern sollte, Spitzel zu werden. Eines Tages, wohl 1950, wurde unser Wohnblock von Volkspolizei umstellt, die aber einen anderen abholten. Danach setzte sich mein Vater mit Familie nach West-Berlin ab. Er wurde im Westen nicht als politischer Flüchtling anerkannt, unter anderem weil sein Name auf einer Liste bekannter Spitzel stand. Auf der Liste stand „Golberg", die russische Schrift hat ja kein „H". Dass er geflüchtet war, um nicht Spitzel werden zu müssen, konnte er ja nicht beweisen…"

Von West-Berlin ging Günther Holberg nach Detmold. Dort war er bis zu seinem Tod als Richter am Amtsgericht tätig.

Quellen: Brandenburgisches Landeshauptarchiv, Rep. 4 A Kammergericht Berlin, Personalakte Nr. 2349-2350
Brandenbursiches Landeshauptarchiv, Rep. 12 A Landgericht Potsdam 266
Potsdamer Tageszeitung, 5. April 1933
Schreiben von Eberhard Holberg vom 8. 11. 2001

Hans-Georg Hopp

6. November 1891 Berlin
26. September 1954 Jerusalem

Anschrift 1933
Büro: Potsdam, Nauener Str. 30/31
Privat: Potsdam, Mangerstr. 25

Über Kindheit, Schulzeit und Studium von Hans Hopp, Sohn eines Kaufmannes, konnten bislang keine Informationen ermittelt werden. Die ersten Angaben entstammen der Personalakte des Reichsjustizministeriums. Demnach meldete sich Hopp im Juli 1914 zum ersten Staatsexamen. Die Prüfung hat er im ersten Anlauf nicht bestanden. Als Soldat legte er dann im Januar 1915 in einer „Notprüfung" das erste Staatsexamen mit Erfolg ab. Bis Januar 1919 blieb er im Heer. Dort wurde er bis zum Vizefeldwebel befördert.

Hopp absolvierte das Referendariat im Kammergerichtsbezirk Berlin. Im März 1922 bestand er das zweite Staatsexamen. Anschließend arbeitete er als Assessor an verschiedenen Berliner Gerichten, zuletzt am Amtsgericht Weißensee. Im Dezember 1924 erhielt er die Zulassung als Rechtsanwalt in Potsdam. Er trat als Sozius in die Praxis von Dr. Ludwig Levy ein, der seit 1910 als Rechtsanwalt in Potsdam tätig war. 1929 wurde er als Rechtsanwalt an den neu gebildeten Kammern für Handelssachen in Potsdam und Brandenburg zugelassen. Im März 1932 wurde er zum Notar bestellt.

Im Mai 1933 verhängte das Preußische Justizministerium ein Vertretungsverbot gegen Hans Hopp. Als ehemaliger „Frontkämpfer" konnte er die Ausnahmeregelung im „Gesetz über die Zulassung zur Rechtsanwaltschaft" beanspruchen. Gegen Hopp wurde jedoch der willkürliche Vorwurf erhoben, er habe sich im „kommunistischen Sinne" betätigt. Hopp wehrte sich gegen die Vorwürfe. Er war 1931 in den *Reichsbanner Schwarz-Rot-Gold* eingetreten, eine der SPD nahestehende Organisation zur Verteidigung der Weimarer Republik. Die Politik der KPD lehnte er strikt ab. Das Vertretungsverbot wurde erst Ende Juli wieder aufgehoben.

Über Hopps Schilderung seiner Erfahrungen in diesen Monaten, berichtete sein Freund Ludwig Barbasch im Rückblick: „Er war besonders enttäuscht über die Haltung der Kollegen und auch der Richterschaft ihm gegenüber, denen ja seine persönliche Einstellung zum Deutschtum bekannt war. Plötzlich wurde er zu einem zweitklassigen, degradierten Juden. Diese Einstellung war für ihn das Schlimmste, weil dies einen völligen Bruch mit und Zusammenbruch seiner Weltanschauung bedeutete. Am Schlimmsten traf ihn der Vorwurf, dass er für Kommuni-

Nauener Str. 30/31, Sitz der Sozietät von Ludwig Levy und Hans Hopp

sten als Anwalt aufgetreten sei, und dass man seiner gegenteiligen Versicherung nicht ohne weiteres geglaubt hatte." Ludwig Barbasch selbst war als Rechtsanwalt in Berlin 1933 nach dem Reichtagsbrand in „Schutzhaft" genommen worden.

Hopp resignierte. Auch sein Sozius Ludwig Levy war im Juli mit einem Berufsverbot als Rechtsanwalt belegt worden. Levy hatten die Nationalsozialisten zudem für vier Wochen in das KZ Sachsenhausen verschleppt. Es erschien ihm völlig unmöglich, in Potsdam weiter als Anwalt zu arbeiten. Im September 1933 beantragte er die „Löschung" aus der Anwaltsliste. Im selben Monat emigrierte er nach Palästina, wo er sich in Jerusalem niederließ.

In Palästina musste Hopp die hebräische und englische Sprache erlernen. Er versuchte, sich eine neue Existenzgrundlage als Kaufmann aufzubauen. Schließlich entschloss er sich, ein zweites Jurastudium zu beginnen. Von 1934 bis 1936 studierte er das englische und türkische Recht. Nach dem Examen arbeitete er in einer Anwaltspraxis. Später, nach der Gründung des Staates Israel, war er als Justitiar im Regierungsdienst tätig.

In Palästina fand Hans Hopp seine Lebensgefährtin. Er heiratete die Augenärztin Rebecka Rachmann aus Lettland und hatte mit ihr einen Sohn, der 1941 geboren wurde.

Die klimatischen Bedingungen in Palästina machten Hans Hopp von Beginn seiner Emigration an zu schaffen. Schon 1934 war er schwer erkrankt, er hatte sich bleibende Gesundheitsschäden zugezogen. Mit nur 63 Jahren verstarb er 1954 in Jerusalem.

Quellen: Bundesarchiv, R 22, Reichsjustizministerium Personalakte 61.164
Brandenburgisches Landeshauptarchiv, Rep. 4 A Kammergericht Berlin, Personalakte Nr. 2372-2375
Brandenburgisches Landeshauptarchiv, Rep. 12 A Landgericht Potsdam 243
Niedersächsisches Hauptstaatsarchiv Hannover Nds. 110 W, Acc. 31/99, Entschädigungsakte Nr. 220587 (Rebecka Hopp nach dem verstorbenen Ehemann Hans Hopp)

Justizrat Joseph Josephsohn

2. Februar 1859 Vandsburg (Westpreußen)
20. September 1957 Basel

Anschrift 1933
Büro: Potsdam, Am Kanal 45
Privat: Potsdam, Neue Königstr. 105

Wann die Familie Josephsohn aus dem westpreußischen Vandsburg nach Potsdam zog, ist nicht bekannt. Joseph Josephsohn besuchte hier jedenfalls das Viktoria-Gymnasium. Nach Studium und Referendariat ließ er sich im Oktober 1888 als Rechtsanwalt in Potsdam nieder. Er eröffnete gemeinsam mit seinem Bruder Raphael eine Praxis in dem Haus Am Kanal 45, die er bis zur Aufgabe des Anwaltsberufs im Jahre 1934 weiterführte. Er erhielt die Zulassung für das Amtsgericht Potsdam, ab 1908 auch für das Landgericht und ab 1929 für die neu gebildete Kammer für Handelssachen in Brandenburg. 1909 wurde er zum Notar bestellt. 1908 erlangte er den Ehrentitel eines Justizrates. 1913 wurde ihm der Rote Adlerorden Zweiter Klasse verliehen.

Außer den Angaben über seine Tätigkeit als Rechtsanwalt in der Personalakte des Reichsjustizministeriums gibt es über das Leben von Joseph Josephsohn in Potsdam fast keine Informationen. Nur ein spärlicher Hinweis ließ sich finden: Joseph Josephsohn war im *Centralverein deutscher Staatsbürger jüdischen Glaubens (C.V.)* tätig.

Zu seinem Privatleben ließ sich ermitteln, dass er verheiratet war. Seine Ehefrau Sophie verstarb bereits 1925. Die Ehe blieb kinderlos.

1927 trat Otto Giesen als Sozius in die Rechtsanwaltspraxis ein, Anfang 1928 kam noch Richard Josephsohn hinzu, der Sohn von Raphael. Die beiden jungen Anwälte sollten einmal die Kanzlei weiterführen.

Joseph Josephsohn, Foto aus dem Reisepass, 1939

Die gesetzlichen Maßnahmen der Nationalsozialisten zur Ausgrenzung der „nichtarischen" Rechtsanwälte bedeuteten für die alteingesessene Anwaltskanzlei der Josephsohns das baldige Ende. Als „Altanwalt" mit Zulassung vor dem 1. August 1914 fiel Joseph Josephsohn zwar ebenso wie sein Bruder Raphael unter die Ausnahmeregelungen des „Gesetzes über die Zulassung zur Rechtsanwaltschaft" vom 7. April 1933. Sie konnten weiter praktizieren. Ihre Sozii Otto Giesen und Richard Josephsohn erhielten jedoch Berufsverbot. Joseph und Raphael, beide bereits über 70 Jahre alt, waren vom Alter gezeichnet. Anfang Januar 1934 beantragte Joseph im Alter von 75 Jahren die „Entlassung aus dem Amte als Notar". Sein Bruder Raphael verstarb im März 1934. Ende Mai 1934 gab Joseph auch seine Zulassung als Rechtsanwalt auf.

Joseph Josephsohn lebte weiter in Potsdam in der Neuen Königstraße 105. Er blieb nach den bislang vorliegenden Informationen von den Verhaftungen nach der Pogromnacht im November 1938 verschont. Als Folge der den Juden auferlegten „Sühneleistungen" nach der Pogromnacht musste er eine Vermögensabgabe von fast 30.000 RM zahlen.

Anfang Juli 1939 emigrierte Joseph Josephsohn in die Schweiz. Die Erlaubnis zur Emigration ließ sich das Deutsche Reich mit 6.000 RM bezahlen. Auch den Rest seines Vermögens musste Joseph Josephsohn in Potsdam zurücklassen. Für die Ausreise wurde ihm nur die Mitnahme von Devisen im Gegenwert von knapp 10 Reichsmark gestattet. Am 30. Juli 1939 überschritt er die Grenze zur Schweiz. Er fand Zuflucht bei seinem Neffen Paul Bloch in Basel. Potsdam und die Menschen, die ihm dort verbunden waren, konnte er nicht vergessen. Nach dem Zweiten Weltkrieg gratulierte er dem früheren Bürovorsteher der Anwaltskanzlei zum fünfzigsten Berufsjubiläum.

1957 verstarb Joseph Josephsohn im Exil im Alter von fast 100 Jahren.

Quellen: Brandenburgisches Landeshauptarchiv, Rep. 4 A Kammergericht Berlin, Personalakte Nr. 2514-2516
Brandenburgisches Landeshauptarchiv, Rep. 12 A Landgericht Potsdam 243
Niedersächsisches Hauptstaatsarchiv Hannover Nds. 110 W Acc. 8/90, Entschädigungsakte Nr. 230/14 (Erbengemeinschaft nach Joseph Josephsohn)
Günter Wirth, Der andere Geist von Potsdam. Zur Kulturgeschichte einer Stadt 1918-1989, Frankfurt a. M. 2000

Das alte Potsdam: Am Kanal

Justizrat Raphael Josephsohn

1. Februar 1861 Vandsburg (Westpreußen)
16. März 1934 Potsdam

Anschrift 1933
Büro: Potsdam, Am Kanal 45
Privat: Potsdam, Weißenburger Str. 4/5

Wie sein Bruder Joseph besuchte Raphael Josephsohn das Viktoria-Gymnasium in Potsdam. Wann die Familie aus dem westpreußischen Vandsburg sich in Potsdam niederließ, ist nicht bekannt. Im Oktober 1888 ließ sich Raphael Josephsohn gemeinsam mit seinem Bruder Joseph als Rechtsanwalt in Potsdam nieder. Er hatte die Zulassung für das Amtsgericht und das Landgericht Potsdam, ab 1929 auch für die neu gebildeten Kammern für Handelssachen in Brandenburg und Potsdam. 1908 erlangte er den Ehrentitel eines Justizrates. 1910 wurde er zum Notar bestellt.

Raphael Josephsohn war mit Martha geb. Altmann verheiratet. Das Ehepaar hatte drei Söhne und eine Tochter.

Raphael Josephsohn war vielfältig gesellschaftlich und politisch engagiert. Ab 1910 bekleidete er fast 25 Jahre lang bis zu seinem Tod das Amt des Gemeindevorsitzenden der Synagogengemeinde Potsdam. Er war Stadtverordneter in Potsdam. Wie sein Bruder Joseph arbeitete er im *Centralverein deutscher Staatsbürger jüdischen Glaubens (C.V.)* mit. Ab 1912, mit der Errichtung der Rechtsanwaltskammer Potsdam, war er Mitglied ihres Vorstands. Über viele Jahre hatte er das Amt des Schriftführers inne. Um 1930, zumindest bis Herbst 1932 war er Vorsitzender der Kammer (möglicherweise bis Frühjahr 1933, als jüdische Mitglieder der Anwaltskammern zum Rücktritt gezwungen wurden).

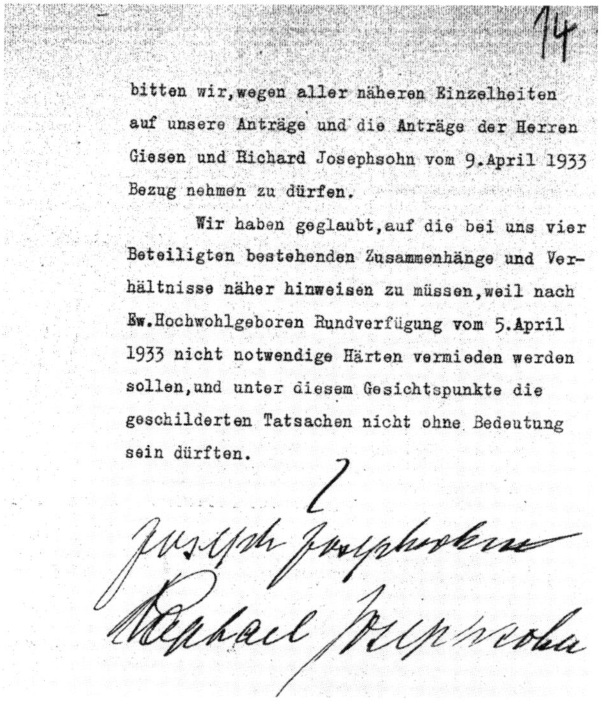
14

bitten wir, wegen aller näheren Einzelheiten auf unsere Anträge und die Anträge der Herren Giesen und Richard Josephsohn vom 9. April 1933 Bezug nehmen zu dürfen.

Wir haben geglaubt, auf die bei uns vier Beteiligten bestehenden Zusammenhänge und Verhältnisse näher hinweisen zu müssen, weil nach Ew. Hochwohlgeboren Rundverfügung vom 5. April 1933 nicht notwendige Härten vermieden werden sollen, und unter diesem Gesichtspunkte die geschilderten Tatsachen nicht ohne Bedeutung sein dürften.

Joseph Josephsohn
Raphael Josephsohn

Joseph und Raphael Josephsohn setzen sich für ihre Partner ein, Schreiben an das Preußische Justizministerium vom 20. 4. 1933

Die Anwaltskanzlei der Josephsohns hatte einen guten Ruf. Die Brüder, Ende der Zwanziger Jahre fast 70 Jahre alt, wollten ihr berufliches Lebenswerk fortgeführt wissen. 1927 nahmen sie Otto Giesen als Sozius und Anfang 1928 Raphael Josephsohns ältesten Sohn, Richard, in die Kanzlei auf, um die Nachfolge zu sichern.

Diese Pläne wurden mit der Machtübernahme der Nationalsozialisten zunichte gemacht. Raphael und Joseph Josephsohn konnten als „Altanwälte“ mit Zulassung vor dem 1. August 1914 nach den Ausnahmeregelungen des „Gesetzes über die Zulassung zur Rechtsanwaltschaft“ vom 7. April 1914 weiter praktizieren. Gegen Otto Giesen und Richard Josephsohn wurde hingegen ein Berufsverbot verhängt.

Raphael Josephsohn war 1933 bereits schwer erkrankt. Er verstarb am 16. März 1934. Die Potsdamer Tageszeitung widmete ihm einen kurzen, anerkennenden Nachruf – in der bereits weitgehend gleichgeschalteten Presse des NS-Staates eine bemerkenswerte Würdigung.

Raphael Josephsohn wurde am 19. März 1934 auf dem Jüdischen Friedhof am Pfingstberg in Potsdam beigesetzt.

Am 16. März 1934 entriß uns der Tod unseren hochverehrten Chef,

Herrn Justizrat

Raphael Josephsohn

Er war uns ein väterlich gütiger Vorgesetzter, dessen soziales Verständnis in tief menschlichem Mitfühlen bestand und dessen Opferbereitschaft keine Grenzen kannte. Unsere Herzen sind ihm auch in schwersten Tagen treu geblieben. Wir werden ihn nie vergessen.

Die Angestellten.

Traueranzeige der Beschäftigten der Kanzlei in der Potsdamer Tageszeitung

Seine Ehefrau Martha wurde im Oktober 1942 nach Theresienstadt verschleppt, wo sie 1944 ums Leben kam.

Quellen: Brandenburgisches Landeshauptarchiv, Rep. 4 A Kammergericht Berlin Personalakte Nr. 2517-2518
Potsdamer Tageszeitung, Nr. 65/1934 (17./18. 3.)
Brandenburgisches Landeshauptarchiv, Rep. 12 A Landgericht Potsdam 243
Klaus Arlt, Chronologie der Synagogengemeinde Potsdam nach 1903, in: Robert Kaelter, Geschichte der jüdischen Gemeinde zu Potsdam, Potsdam 1903 (Reprint Berlin 1993)
Günter Wirth, Der andere Geist von Potsdam. Zur Kulturgeschichte einer Stadt 1918-1989, Frankfurt a. M. 2000

Richard Ruben Josephsohn

4. Juni 1896 Potsdam
1. März 1992 (Grossbritannien ?)

Anschrift 1933
Büro: Potsdam, Am Kanal 45
Privat: Potsdam, Neue Königstr. 29

Richard Josephsohn war der älteste Sohn von Rechtsanwalt Raphael Josephsohn und dessen Frau Martha. Richard Josephsohn besuchte, wie sein Vater und sein Onkel, das Viktoria-Gymnasium in Potsdam.

Im August 1914, nach Beginn des Ersten Weltkrieges, legte er die Notreifeprüfung ab und meldete sich freiwillig zur Armee. Aus gesundheitlichen Gründen wurde er jedoch für nicht „felddienstfähig" erklärt. Er stellte sich als Krankenpfleger zur Verfügung. Bis Ende 1915 arbeitete er im Dienst der freiwilligen Krankenpflege in Feldlazarettzügen in Russland und Galizien. Von 1916 bis zum Ende des Krieges diente er bei nicht kämpfenden Heereseinheiten.

Im März 1921 legte Richard Josephsohn das erste Staatsexamen in Jena ab. Das Referendariat absolvierte er im Bezirk des Kammergerichts Berlin. Das zweite Staatsexamen bestand er im November 1927 mit dem Prädikat „vollbefriedigend".

Im Frühjahr 1928 erhielt Richard Josephsohn die Zulassung als Rechtsanwalt am Amtsgericht und am Landgericht Potsdam, 1929 auch für die Kammern für Handelssachen in Brandenburg und Potsdam. Er trat in die Praxis seines Vaters Raphael und seines Onkels Joseph Josephsohn ein (hier war seit 1927 auch Otto Giesen als Sozius tätig). Er sollte einmal ihre Kanzlei fortführen.

Diese Pläne wurden 1933 mit Beginn der nationalsozialistischen Herrschaft zunichte gemacht.

Im Mai wurde gegen Richard Josephsohn zuerst ein Vertretungsverbot, dann ein Berufsverbot verhängt.

Nach dem Berufsverbot blieb Richard Josephsohn ohne Erwerbstätigkeit. Im März 1934 verstarb sein Vater. Sein Onkel Joseph gab die Kanzlei im Juni 1934 auf.

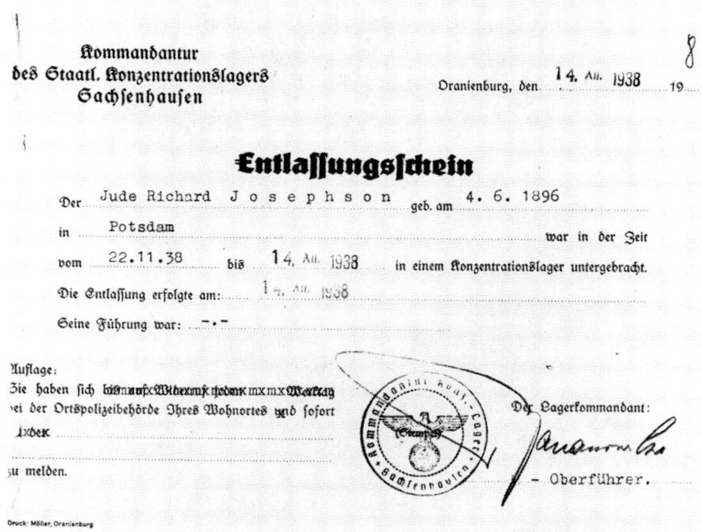

8

Kommandantur
des Staatl. Konzentrationslagers
Sachsenhausen

Oranienburg, den 14. XII. 1938 19

Entlassungsschein

Der Jude Richard J o s e p h s o n geb. am 4. 6. 1896

in Potsdam war in der Zeit

vom 22.11.38 bis 14. XII. 1938 in einem Konzentrationslager untergebracht.

Die Entlassung erfolgte am: 14. XII. 1938

Seine Führung war: -.-

Auflage:
Sie haben sich ~~bis~~ ~~xxx~~ bei der Ortspolizeibehörde Ihres Wohnortes ~~und~~ sofort ~~xxx~~ zu melden.

Der Lagerkommandant:

- Oberführer.

Druck: Müller, Oranienburg

Richard Josephsohn kommt aus dem KZ Sachsenhausen wieder frei.

Die nächsten Angaben zu Richard Josephsohns Leben datieren von 1938. Nach der Pogromnacht wurde er am 11. November verhaftet und am 22. November in das KZ Sachsenhausen verschleppt. Die Haft dauerte fast fünf Wochen. Erst am 14. Dezember wurde er entlassen mit der Verpflichtung, Deutschland zu verlassen. Im Rahmen der den Juden auferlegten „Sühneleistungen" nach dem Pogrom musste er 10.000 Reichsmark zahlen.

Richard Josephsohn blieb bis zum Sommer 1939 in Potsdam. Im Mai 1939 war er noch als stellvertretendes Vorstandsmitglied der Synagogengemeinde Potsdam tätig. Die Synagogengemeinde musste zu diesem Zeitpunkt ihre Immobilien, die Synagoge und das Gemeindehaus am Wilhelmplatz, zwangsweise veräußern. Richard Josephsohn wurde zusammen mit anderen leitenden Vorstandsmitgliedern zur Unterzeichnung des Verkaufsvertrages ermächtigt.

Am 25 August 1939 emigrierte Richard Josephsohn nach Großbritannien. Seine Mutter Martha blieb in Potsdam zurück. Sie wurde im Oktober 1942 nach Theresienstadt verschleppt, wo sie 1944 ums Leben kam.

In Großbritannien war Richard Josephsohn zunächst erwerbslos. Im Oktober 1940 stellte er sich der britischen Armee in ihrem Kampf gegen das nationalsozialistische Deutschland zur Verfügung. Bis Juli 1945 diente er bei der Royal Army. Ab 1946 war er als Handelsvertreter tätig.

1951 stellte Richard Josephsohn in der Bundesrepublik einen Antrag auf Entschädigung. Für seine KZ-Haft wurden ihm 150 DM zugesprochen. Für sein geraubtes Vermögen erhielt er eine Abfindung. Zudem wurde ihm eine Rente für den „Schaden im beruflichen Fortkommen" bewilligt.

1969 lebte in Richard Josephsohn in Bath in der Grafschaft Somerset. Er verstarb im März 1992 im Alter von 95 Jahren.

Quellen: Bundesarchiv, R 22, Reichsjustizministerium Personalakte 62.181

Brandenburgisches Landeshauptarchiv,Rep. 4 A Kammergericht Berlin, Personalakte Nr. 2519-2521, 5556

Niedersächsisches Hauptstaatsarchiv Hannover, Nds. 110 W, Acc. 31/99, Entschädigungsakte Nr. 215317(Richard Jospehsohn)

Klaus Arlt, Chronologie der Synagogengemeinde Potsdam nach 1903, in: Robert Kaelter, Geschichte der jüdischen Gemeinde zu Potsdam, Reprint Berlin 1993 (Erstdruck Potsdam 1903)

Dr. Friedrich Käckell

23. 2. 1886 Gera
Dez. 1944 in sowjetischer Kriegsgefangenschaft

Anschrift 1933
Büro: Amtsgericht Dahme
Landgericht Kiel (ab Oktober 1933)
Privat: Dahme, Herzberger Str. 14
Kiel, Düppelstr. 64 (ab Oktober 1933)

Amtsgericht Dahme (Aufnahme von 2002)

Friedrich Käckell, Sohn eines Kaufmanns, besuchte in seiner Geburtsstadt Gera das Realgymnasium. Hier legte er 1906 das Abitur ab. Anschließend studierte er Jura in Berlin, Leipzig und Jena. 1913 promovierte er an der Universität Jena mit der Dissertation „Widerruf einer Eideserklärung und die nachträgliche Änderung einer rechtskräftigen Eidesentscheidung".

Über das Referendariat liegen keine Informationen vor. Am Ersten Weltkrieg nahm Friedrich Käckell als Soldat teil, genaueres ist nicht bekannt.

1920 legte Käckell das zweite Staatsexamen ab. Ab Januar 1925 arbeitete er als Richter am Amtsgericht in Dahme. Von Oktober 1927 bis Juli 1928 wurde er als Hilfsrichter am Kammergericht Berlin eingesetzt.

Friedrich Käckell gehörte der evangelischen Kirche an. Er lebte mit seiner Ehefrau Hedwig, einem Sohn und einer Stieftochter zusammen.

Im Frühjahr 1933 musste sich Friedrich Käckell der Überprüfung nach den Regelungen des „Gesetzes zur Wiederherstellung des Berufsbeamtentums" unterziehen. Er galt für die Nationalsozialisten als „Nichtarier", da eine Großmutter mütterlicherseits jüdisch gewesen war. Ihm drohte Berufsverbot. Sein Verbleib im Amt hing davon ab, ob er eine der Ausnahmeregelungen des Gesetzes für sich beanspruchen konnte. Die Vorgänge lassen sich im einzelnen nicht rekonstruieren. Vermutlich wurde Friedrich Käckell Anfang April 1933 „bis auf weiteres beurlaubt". Dann hatte er den Nachweis zu erbringen, dass er als „Frontkämpfer" am Ersten Weltkrieg teilgenommen hatte – die andere Ausnahmeregelung für „Altbeamte" konnte auf ihn nicht zutreffen, da er erst in der Weimarer Republik in den Justizdienst eingetreten war. Die Überprüfung zog sich mindestens bis zum Juli 1933 hin. Sein Status als „Frontkämpfer" galt erst als „unklar", schließlich konnte Käckell jedoch im Dienst verbleiben.

Zum Oktober 1933 wechselte Friedrich Käckell an das Landgericht in Kiel. Die genauen Umstände seiner Versetzung sind nicht bekannt. Bis zum April 1942 konnte er hier als Richter weiterarbeiten. Käckell galt nach den Kriterien der Nationalsozialisten als „Mischling zweiten Grades". „Mischlinge" blieben Ende 1935 von dem allgemeinen Berufsverbot für Beamte, die als jüdisch galten, ausgenommen. Im Berufsalltag waren sie jedoch weiterhin diskriminiert. So blieb Käckell trotz guter dienstlicher Beurteilungen von Beförderungen ausgenommen.

Im April 1942 wurde Friedrich Käckell zur Wehrmacht einberufen. Er kam als Marineoffizier an der Ostfront zum Einsatz. Im Frühjahr 1944 geriet Käckell in sowjetische Kriegsgefangenschaft, wo er im Dezember 1944 verstarb.

Seine Witwe strengte in einem Wiedergutmachungsverfahren einen Ausgleich für die unterbliebene Beförderung an. Dieses Verfahren wurde in ihrem Sinne entschieden. Posthum und rückwirkend wurde Friedrich Käckell der Titel eines Landgerichtsdirektors verliehen.

Quellen: Landesarchiv Schleswig-Holstein, Abt. 786 Nr. 642 (Akte zum Wiedergutmachungsverfahren)
Schreiben vom Stadtarchiv Kiel vom 22. und 24. 10. 2001
Lebenslauf zur Dissertation (in: Humboldt-Universität Berlin, Dissertationen der Juristischen Fakultät Jena 1913)

Reproduktion
Amtsarchiv Dahme/M.

Veröffentlichung
nur mit Genehmigung

Herrn
Ernst K e s s e l
Oberamtsrichter
(14 a) A a l e n

r den Rat des Kreises
L u c k e n w a l d e

In Beantwortung Ihres Schreibens vom 24.2.1950 teilen wir Ihnen folgendes mit:

Wir bestätigen Ihnen, dass Sie hier in Dahme von 1928 bis 1939 als Rechtsanwalt tätig waren.
Der Rat der Stadt kann Ihnen bestätigen, dass Sie sich allgemeiner Beliebtheit erfreuten und erst von 1933 ab infolge Ihrer nicht arischen Abstammung mit immer größeren Schwierigkeiten zu rechnen hatten.

Der s.Zt. hier als Notar tätige Rechtsanwalt wurde allgemein als ein Nichtskönner angesehen, der such nur auf Grund seiner Zugehörigkeit zur NSDAP mit seinen Notariatsgeschäften über Wasser halten konnte. Nach seinem Tode im Jahre 1938 hat sich ein junger Assessor , der ebenfalls PG war, hier niedergelassen und sofort das Notariat übertragen erhalten.

Durch die Massnahmen der damaligen Behörden, Dienststellen , Parteistellen und Parteigenossen wurden Sie in Ihrer Berufsausübung in immer steigerndem Masse benachteiligt, so dass Sie im Jahre 1939 in eine größere Stadt nach Cottbus übersiedelten, um durch einen derartigen Wohnungswechsel diesen Schwierigkeiten aus dem Wege zu gehen.

Der Bürgermeister

Schreiben des Bürgermeisters Grün in Dahme an Ernst Kessel vom 9. März 1950

Ernst Kessel

10. Juli 1899 Luckau
keine Angabe (nach 1964)

Anschrift 1933
Büro: Dahme, Nordhag 9 (bis 1939)
Privat: Dahme, Nordhag 9 (bis 1939)

Ernst Kessel, Sohn eines Juristen, legte im Juli 1917 in Luckau das Abitur ab. Anschließend wurde er zur Armee einberufen und nahm an den Kämpfen in Frankreich teil. Im Dezember 1919 wurde er aus der Armee entlassen. Von Januar 1920 bis September 1922 studierte er Rechtswissenschaften in Greifswald, München und Halle. Im Februar 1923 legte er das erste Staatsexamen ab. Seine Referendarausbildung absolvierte er im Bezirk des Kammergerichts Berlin. Nach dem zweiten Staatsexamen im Februar 1928 ließ sich Ernst Kessel im Mai 1928 als Rechtsanwalt in Dahme nieder.

Ernst Kessel entstammte väterlicherseits einer jüdischen Familie. Die Eltern seines Vaters waren noch Mitglieder der jüdischen Gemeinde gewesen, sein Vater konvertierte zum evangelischen Glauben. Nach den Maßstäben der Nationalsozialisten galt Ernst Kessel als „Halbjude".

Ernst Kessel praktizierte 1933 nach Erlass der gesetzlichen Regelungen zur Ausgrenzung der Juristen jüdischer Herkunft weiter als Rechtsanwalt. Wie er die Überprüfung der Abstammungsverhältnisse überstanden hat, entzieht sich der Kenntnis. Vermutlich konnte er die Ausnahmeregelung für „Frontkämpfer" in Anspruch nehmen. Ernst Kessel blieb in Dahme. Hier war er antisemitischen Anfeindungen ausgesetzt. Die Bestellung zum Notar wurde ihm verweigert, seine Kanzlei boykottiert. Mitte 1939 verzog Kessel nach Cottbus, wo er sich ebenfalls als Rechtsanwalt niederließ. Er hoffte, in der größeren Stadt seine Existenzgrundlage besser sichern zu können. Nach Beginn des Zweiten Weltkriegs war Ernst Kessel wegen seiner teilweisen jüdischen Abstammung zeitweilig vom Militärdienst „freigestellt". Im April 1941 wurde er dennoch zur Wehrmacht eingezogen und kam nach dem Überfall auf die Sowjetunion an der Ostfront zum Einsatz. Am 1. Mai 1945 geriet er in Kriegsgefangenschaft, aus der er zum 1. August 1945 entlassen wurde.

Ernst Kessel ließ sich in Württemberg nieder. Im Januar 1946 wurde er am Amtsgericht Heidenheim zum Amtsgerichtsrat ernannt. Im Mai 1948 wechselte er als Oberamtsrichter an das Amtsgericht Aalen. Hier wurde er im April 1959 zum Amtsgerichtsdirektor befördert. Diese Position bekleidete er bis zu seiner Pensionierung im August 1964. Über seinen weiteren Lebensweg liegen keine Informationen vor.

Quellen: Auskünfte von Detlev Riemer, Luckenwalde
Amtsarchiv Dahme (Mark) (Brief Ernst Kessels vom 24. 2. 1950)
Schreiben des Justizministeriums Baden-Württemberg vom 1. 3. 2002

Alfred Lehmann

30. Oktober 1908 Potsdam
9. September 1941 KZ Groß-Rosen

Am 9. November 1938 fand vor der 2. Strafkammer des Landgerichts Potsdam ein besonderer Prozeß statt. Es ging um „Rassenschande". Unter diesem Begriff wurden von den Nationalsozialisten intime Beziehungen von jüdischen und nichtjüdischen Menschen gefaßt und kriminalisiert. Der Angeklagte in Potsdam war Jurist. Es war der 30-jährige Alfred Lehmann. Der Prozeßbericht in der Potsdamer Tageszeitung ist fast die einzige Quelle, die über sein Schicksal Auskunft gibt.

Alfred Lehmann hatte an der Berliner Universität Jura studiert. 1933, zum Zeitpunkt der Machtübernahme der Nationalsozialisten, absolvierte er das Referendariat. Für die Referendare galten analog die Bestimmungen des „Gesetzes zur Wiederherstellung des Berufsbeamtentums". Wer sich nicht bis zum 1. Juni 1933 zum zweiten Staatsexamen gemeldet hatte oder unter die Ausnahmeregelungen des Gesetzes fiel, wurde aus dem Vorbereitungsdienst entlassen. Diese

Zuchthaus für schwere Rassenschande

Der Jude Alfred Lehmann aus Potsdam stand wegen Rassenschande vor der Großen Strafkammer; er wurde dem Gericht aus der Untersuchungshaft vorgeführt, in der er sich seit dem 23. September d. J. befindet. Seine Straftaten hat er seit September 1935 bis Ende 1937, ja sogar, wie es die Hauptverhandlung noch ergab, bis in den Sommer dieses Jahres hinein begangen.

L. hatte eine gute Vorbildung, er hatte

Bekanntgabe des Berufsverbots an die Mitarbeiter der Gerichte

Zwangsmaßnahme traf auch Alfred Lehmann. Er konnte die zweite Stufe seiner Ausbildung nicht zum Abschluß bringen.

Alfred Lehmann fand nach dem Berufsverbot eine Arbeitsstelle in Berlin, blieb aber vermutlich in Potsdam wohnen. Er traf sich öfter mit einer jungen Frau. Nach einem gemeinsamen Kinobesuch wurden die beiden im September 1938 bei der Gestapo denunziert. Die junge Frau gestand im Verhör intime Kontakte. Alfred Lehmann wurde in Untersuchungshaft genommen.

Die Verhandlung fand am 9. November 1938 statt. Alfred Lehmann wurde von Rechtsanwalt Herbert Marcuse vertreten, „sachlich und auch in der Form einwandfrei", wie es der Vorsitzende der 2. Strafkammer, Landgerichtsdirektor Stracke, beschrieb. Das sollte an dem Urteil nur wenig ändern: es lautete auf zweieinhalb Jahre Zuchthaus wegen „schwerer Rassenschande" (unter Anrechnung der Untersuchungshaft). Dem Angeklagten wurden seine juristischen Vorkenntnisse besonders nachteilig angerechnet.

Alfred Lehmann kam Ende 1938 in das Zuchthaus Brandenburg. Im Frühjahr 1941 hätte er nach der Strafverbüßung wieder freikommen müssen. Doch tatsächlich wurde er am 5. April 1941, wahrscheinlich unmittelbar nach Verbüßung der Haft, vom Zuchthaus Brandenburg in das KZ Sachsenhausen verbracht. Von hier aus wurde er im August 1941 in das KZ Groß-Rosen bei Breslau überstellt. Am 9. September 1941 kam Alfred Lehmann im KZ Groß-Rosen ums Leben.

Quellen: Potsdamer Tageszeitung vom 10. 11. 1938, Nr. 264
Auskunft der Gedenkstätte Sachsenhausen und des Muzeum Gross-Rosen
Brandenburgisches Landeshauptarchiv, Rep 4 A Kammergericht Berlin, Pers. Nr. 5850 (Herbert Marcuse)

Dr. Berthold Lehmann

23. Mai 1887 Lesnian (Westpreußen)
17. November 1957 Haifa, Israel

Anschrift 1933
Büro: Beelitz, Berliner Str. 170
Privat: Beelitz, Berliner Str. 170

Berthold Lehmann durchlief seine Schulausbildung in Bromberg, Konitz und Preußisch-Stargard. Am Königlichen Gymnasium in Preußisch-Stargard bestand er Ostern 1906 das Abitur. Anschließend studierte er Jura in München, Berlin und Greifswald. Im Juli 1909 legte er das erste, im Mai 1914 das zweite Staatsexamen ab. Bereits im Juli 1910 hatte Berthold Lehmann an der Universität Greifswald promoviert. Seine Dissertation behandelte die Fragestellung „Inwieweit können die allgemeinen Vorschriften des BGB über die Unmöglichkeit der Leistung mit den speziellen über die Gewährleistung des Verkäufers für Sachmängel gegebenen Normen konkurrieren?". Nach dem zweiten Staatsexamen ließ er sich als Rechtsanwalt nieder. Er erhielt die Zulassung am Landgericht I in Berlin.

Im August 1915 wurde Berthold Lehmann zur Armee einberufen. Bis November 1918 kämpfte er als Soldat im Ersten Weltkrieg. Unter anderem nahm er an den Kämpfen um Verdun teil. Für seinen Einsatz wurde er mit dem Eisernen Kreuz II. Klasse ausgezeichnet.

Nach Ende des Krieges kehrte Lehmann nach Berlin zurück. Er arbeitete wieder als Rechtsanwalt mit Zulassung am Landgericht I (ab 1923 auch an den Landgerichten II und III und ab Ende 1928 am Amtsgericht Mitte in Berlin). 1927 wurde er zum Notar ernannt. Ende 1929 bestellte ihn das Kammergericht zum Sachverständigen für amerikanisches Recht und amtlichen Dolmetscher der englischen Sprache. Lehmann war Mitglied der amerikanischen Handelskammer. Zu seinen Mandanten zählten viele amerikanische Unternehmen.

Im Juli 1931 übernahm Berthold Lehmann eine Praxis als Anwalt und Notar in Beelitz. Er erhielt die Zulassung für das dortige Amtsgericht, im Mai 1932 auch für das Landgericht Potsdam. Bereits vor 1933 war Lehmann in Beelitz antisemitischen Anfeindungen ausgesetzt. In seinem Entschädigungsantrag von 1952 berichtete er über seine Erfahrungen: „Aber schon beginnend mit 1932 hatte ich unter dem Boykott der nationalsozialistischen Partei sehr zu leiden, musste sogar mit Grund für meine körperliche Sicherheit fürchten und entschloss mich daher wieder nach Berlin zurückzukehren, dies in der Absicht, dort, in der Großstadt die weitere Entwicklung der Dinge abzuwarten, wobei man damals noch mit einem Abklingen der Judenfeindschaft und dem Wiedereintritt mehr oder weniger normaler Verhältnisse rechnete."

Anfang März 1933 beantragte Lehmann die erneute Zulassung am Landgericht I in Berlin und bereitete die Rückkehr vor. Bis zur Entscheidung des Antrags wollte er am Landgericht Potsdam weiter tätig sein. Er plante, eine Sozietät mit dem Potsdamer Anwalt Dr. Hermann Hahlo einzugehen. Lehmann bat bei der Rechtsanwaltskammer Potsdam um die Erlaubnis, seinen Wohn- und Geschäftssitz nach Berlin verlegen zu können – die Rechtsanwaltsordnung gestattete in Ausnahmefällen die Trennung des Wohn- und Geschäftssitzes vom Ort der Zulassung.

Ende April, kurz vor dem Umzug, wurde sein Haus in Beelitz, in dem sich auch seine Kanzlei befand, durchsucht, seine anwesende

Die auf Grund der im Ministerialerlass bezeichneten Vereinbarungen geschaffene, jetzt bestehende Lage erkenne ich hiermit als für mich rechtsverbindlich an.

Zur Begründung meines Antrages erlaube ich mir anzuführen, dass ich vom 6. August 1915 bis 1. November 1918 im Felde stand, nachstehende Gefechte:

8.8.15 – 30.10.15 –	Stellungskämpfe in Flandern
15.4.16 – 9. 9.16 –	Schlacht bei Verdun
10.9.16 – 14.XI.16	Stellungskämpfe vor Verdun
15.XI.16 – 6.XII.16	Stellungskämpfe in der Champagne
7.XII.16 – 11.8.17	Stellungskämpfe vor Verdun
12.8.17 – 9.X.17	Abwehrschlacht bei Verdun

Auszug aus dem Antrag auf Wiederzulassung als Rechtsanwalt vom 7. April 1933. Berthold Lehmann verweist auf seine Kampfeinsätze im Ersten Weltkrieg.

Ehefrau bedroht und beschimpft, Teile der privaten Korrespondenz beschlagnahmt.

Lehmann ging Anfang Mai mit seiner Familie nach Berlin. Als dekorierter „Frontkämpfer" rechnete er nach den Ausnahmeregelungen des „Gesetzes über die Zulassung zur Rechtsanwaltschaft" vom 7. April 1933 mit der Wiederzulassung. Das gegen ihn verhängte Vertretungsverbot wegen „Betätigung im kommunistischen Sinne" – für die Nationalsozialisten ein anderer Grund für ein Berufsverbot – hatte das Preußische Justizministerium bereits wegen der haltlosen Anschuldigung fallen lassen müssen. Für das Berufsverbot gegen Lehmann fanden die Behörden schließlich einen anderen Weg. Sie erklärten seinen Antrag auf Neuzulassung beim Landgericht I Berlin als „erledigt": Mit dem „Gesetz zur Umgestaltung des Gerichtswesens in Berlin" vom 26. April 1933 waren die Landgerichte I bis III zum 15. Juli 1933 aufgehoben worden, ein Antrag auf Zulassung bei einem dieser Gerichte somit „gegenstandslos".

Es blieb Lehmanns Antrag auf Genehmigung zur Verlegung des Wohn- und Geschäftssitzes nach Berlin und Beibehaltung der Zulassung am Landgericht Potsdam. Da Lehmann bereits in Berlin wohnte, wurde dieser Antrag abgelehnt, die Zulassung als Rechtsanwalt Ende August entzogen.

Zu diesem Zeitpunkt befand sich Berthold Lehmann bereits nicht mehr in Deutschland. Er hatte Berlin Ende Juni 1933 verlassen. Auch in Berlin hatte er sich in seiner Sicherheit bedroht gefühlt. Die Ausstellung eines Passes war ihm und seiner Frau verweigert worden. Ende Juni flüchteten sie mit ihren drei Kindern bei Zinnwald in die Tschechoslowakei. Fast drei Monate lebte die Familie in Prag. Dann erhielt sie neue Papiere für Flüchtlinge, die die Weiterreise ermöglichten. Im September 1933 emigrierte die Familie nach Palästina. Sie ließ sich in Haifa nieder. Berthold Lehmann baute sich eine neue Existenz als Versicherungsvertreter auf. Er verstarb 1957 in Israel.

Quellen: Bundesarchiv, R 22, Reichsjustizministerium Personalakte 66.053

Brandenburgisches Landeshauptarchiv, Rep. 12 A Landgericht Potsdam 243

Landesversorgungsamt Berlin, Entschädigungsbehörde, Nr. 161203 (Berthold Lehmann)

Universitätsarchiv Greifswald UAG, Jur. Diss. 794 (Handschriftlicher Lebenslauf von 1910)

Dr. Siegfried Lehmann

16. April 1874 Neustettin
7. Februar 1943 Berlin

Anschrift 1933
Büro: Potsdam, Brandenburger Str. 24
Privat: Potsdam, Augustastr. 36

Siegfried Lehmann, Sohn eines Kaufmanns, besuchte das Königliche Fürstin-Hedwig-Gymnasium in seiner Geburtsstadt Neustettin. Dort legte er Ostern 1893 das Abitur ab. Anschließend studierte er Jura in Berlin und Greifswald. Im April 1897 bestand er das erste Staatsexamen am Oberlandesgericht Stettin. Im Mai 1897 begann er das Referendariat im Bezirk desselben Oberlandesgerichts, unter anderem am Amtsgericht Tempelburg und an den Landgerichten in Stolp und Köslin. 1902 promovierte er an der Universität Greifswald mit seiner Dissertation „Die Pfändung von Früchten auf dem Halm bei verpachteten Grundstücken". Im selben Jahr legte er das zweite Staatsexamen ab und ließ sich als Rechtsanwalt in Potsdam nieder. Er hatte die Zulassung für das Amts- und das Landgericht, ab 1929 auch für die Kammern für Handelssachen in Brandenburg und Potsdam. 1909 wurde er zum Notar bestellt. 1920 nahm er Dr. Herbert Marcuse in seine Kanzlei auf.

Als „Altanwalt" mit Zulassung vor dem 1. August 1914 konnte Siegfried Lehmann unter dem NS-Regime nach den Ausnahmeregelungen des „Gesetzes über die Zulassung zur Rechtsanwalt-schaft" vom 7. April 1933 vorerst weiter praktizieren. Das Notariat wurde ihm jedoch im Sommer 1933 entzogen.

Als Rechtsanwalt war Siegfried Lehmann bis Ende November 1938 tätig. Mit dem allgemeinen Berufsverbot für jüdische Rechtsanwälte zum 1. Dezember 1938 musste auch er seinen Beruf aufgeben. Er war – zusammen mit seinem Sozius Herbert Marcuse und Gustav Herzfeld, gegen die als Juden ebenfalls zum 1. Dezember ein Berufsverbot verhängt wurde – einer der letzten jüdischen Rechtsanwälte in Potsdam.

Siegfried Lehmann lebte für lange Jahre in der Augustastraße. Anfang der 40er Jahre wurde er gezwungen, sein Heim aufzugeben. Gemeinsam mit seiner Ehefrau Margarete musste er in das Jüdische Altersheim in der Bergstraße in Potsdam-Babelsberg umziehen. Ende 1942 wurde das Ehepaar nach Berlin verbracht. Von hier aus sollten sie in ein Vernichtungslager verschleppt werden. Siegfried Lehmann erkrankte und blieb in Berlin. Er fand Unterkunft im Altersheim in der Gerlachstraße. Siegfried Lehmann verstarb am 7. Februar 1943 und wurde auf dem Jüdischen Friedhof Weißensee beigesetzt. Seine Ehefrau Margarete konnte an seiner Beisetzung nicht teilnehmen: Sie war am 12. Januar 1943 nach Auschwitz deportiert worden und wurde dort ermordet.

Das Gelände des jüdischen Altersheims in der Bergstraße, Babelsberg

Quellen: Universität Greifswald, Universitätsarchiv, UAG, Jur. Diss. 434
(Handschriftlicher Lebenslauf zur Promotion)
Justiz- und Ministerialblatt 1933
Brandenburgisches Landeshauptarchiv, Rep. 240 Landgericht Potsdam 86
Datenbank zum Berliner Gedenkbuch

Dr. Ludwig Levy

7. Dezember 1883 Potsdam
22. 12. 1966 Sydney

Anschrift 1933
Büro: Potsdam, Nauener Str. 30/31
Privat: Potsdam, Neue Königstr. 20 (1932)
Potsdam, Holzmarktstr. 1 (1934-1938)

Sitz der Kanzlei in der Nauener Straße

Ludwig Levy entstammte einer seit drei Generationen in Potsdam ansässigen Kaufmannsfamilie. Er besuchte in seiner Heimatstadt das Viktoria-Gymnasium. Dort machte er im April 1902 das Abitur. Anschließend studierte Levy Jura in Freiburg, München und Berlin. Im November 1905 legte er das erste Staatsexamen ab. 1906 promovierte er an der Leipziger Universität. Seine Dissertation behandelte das Thema „Der Nachbesserungsanspruch des Käufers bei Mängeln der Speziessache als Erfüllungsanspruch". Das Referendariat absolvierte er am Kammergericht Berlin. Das zweite Staatsexamen bestand er im Juni 1910 mit dem Prädikat „gut". Im August 1910 ließ er sich als Rechtsanwalt in Potsdam nieder.

Im Ersten Weltkrieg war Levy von 1916 bis 1918 Soldat. Er kämpfte in Russland und in Frankreich. Für seinen Einsatz wurde er mit dem Eisernen Kreuz II. Klasse ausgezeichnet.

Nach dem Krieg kehrte Levy nach Potsdam zurück. Dort führte er seine Anwaltspraxis weiter. 1923 wurde er zum Notar bestellt. Seine Praxis expandierte. Ende 1924 nahm er den Rechtsanwalt Hans Hopp als Sozius in die Praxis auf.

Ludwig Levy engagierte sich im politischen Leben der Stadt. Schon vor 1914 war er nach eigenen Angaben Mitglied der „Freisinnigen Partei" gewesen. Zu Beginn der Weimarer Republik trat er der Deutschen Demokratischen Partei bei. 1921 schließlich wurde er Mitglied der SPD, wo er eine bleibende politische Heimat fand. Die SPD vertrat er von 1928 bis 1933 in der Stadtverordnetenversammlung. Er war Mitglied im städtischen Finanzausschuss und stellvertretender Vorsitzender der Stadtverordnetenversammlung (wegen Krankheit des Vorsitzenden übernahm er für längere Zeit den Vorsitz). Levy war zudem Mitglied im *Reichsbanner Schwarz-Rot-Gold*, einem SPD-nahen Verband zur Verteidigung der Weimarer Republik, und in der *Liga für Menschenrechte*.

Im NS-Regime wurde Ludwig Levy als Jude und politischer Gegner verfolgt. Als „Altanwalt" und „Frontkämpfer" hätte er nach den Ausnahmeregelungen des „Gesetzes über die Zulassung zur Rechtsanwaltschaft" vom 7. April 1933 weiter als Rechtsanwalt tätig sein können. Doch im Mai 1933 wurde gegen ihn ein Vertretungsverbot verhängt. Ihm wurde „Betätigung im kommunistischen Sinne" vorgeworfen. Konkret hieß es, er habe KPD-Anhänger in Prozessen vertreten und für die *Rote Hilfe*, der Prozess- und Gefangenenhilfsorganisation der KPD, gespendet. Ludwig Levy legte gegen das Vertretungsverbot Widerspruch ein. Die Vorwürfe waren haltlos. Das Vertretungsverbot musste Ende Juni wieder aufgehoben werden. Zu diesem Zeitpunkt war Ludwig Levy bereits im KZ. Am 24. Juni 1933 war er verhaftet und in das Polizeigefängnis Potsdam verbracht worden. Von dort wurde er am 28. Juni in das KZ Oranienburg verschleppt. Während seiner Haftzeit – Levy wurde nach vier Wochen am 24. Juli entlassen – erteilte ihm das Preußische Justizministerium ein Berufsverbot. Die Begründung war erneut „Betätigung im kommunistischen Sinne". Seinen Anteil an diesem Berufsverbot hatte der neue Vorsitzende der Rechtsanwaltskammer Potsdam, Burkhard von Bonin. Schon im Juni hatte er gegen eine eventuelle Aufhebung des Vertretungsverbots beim Ministerium protestiert und Levy mit üblen Anwürfen denunziert.

Über Levys Haft im KZ Oranienburg wurde am Rande eines Artikels in der Londoner TIMES vom 19. September 1933 berichtet. In dem Artikel schilderte ein junger Mann seine Erlebnisse als KZ-Häftling. Er berichtete, dass insbesondere prominentere Häftlinge wie Levy Misshandlungen ausgesetzt seien. Levy schrieb einen Leserbrief, der am 26. September als Gegendarstellung veröffentlicht wurde. Er widersprach dem Bericht und betonte, dass er selbst nie misshandelt worden sei und er auch keine Misshandlungen beobachtet habe. Welche Umstände Levy zu dieser Darstellung veranlasst haben, kann nur erahnt werden.

Nach der Entlassung aus der KZ-Haft war Ludwig Levy seiner Existenzgrundlage beraubt. Er überlegte, Deutschland zu verlassen. Sein Sozius Hans Hopp war im September 1933 nach Palästina emigriert. Bei ihm fragte Levy nach, ob in Palästina für ihn, seine Frau Antonie und seine Tochter eine „Aussicht auf wirtschaftliche Selbsterhaltung" sei. Hopps Antwort ist nicht überliefert. Levy blieb in Potsdam. Er fand eine andere Erwerbsmöglichkeit. Bis Juni 1938 arbeitete er als Angestellter in der Konservenfabrik W. Zinnert. Dann wurde das jüdische Unternehmen „arisiert", Levy verlor seine Arbeit. Er überlegte erneut zu emigrieren. Im Herbst 1938 hatte er Aussicht auf ein Einreisevisum für Palästina. Die Levys bereiteten die Emigration vor. Die Vorbereitungen wurden jäh unterbrochen. Ludwig Levy wurde nach der Pogromnacht am 10. November 1938 verhaftet und in das KZ Sachsenhausen verschleppt. Erst nach vier Wochen kam er wieder frei, allerdings nur unter der Bedingung, Deutschland bald möglichst zu verlassen. Ende Dezember 1938 emigrierte Ludwig Levy mit seiner Frau nach Palästina.

Im Alter von 55 Jahren musste sich Ludwig Levy eine neue Existenz aufbauen. Sein Vermögen hatte er in Deutschland zurücklassen müssen. Doch erst 1940 fand er wieder eine Arbeit als Zivilbeschäftigter bei der britischen Armee.

Das Deutsche Reich ließ auch die schon Verjagten nicht in Ruhe. Im April 1940 wurden Ludwig Levy, seine Ehefrau und seine Töchter vom Deutschen Reich ausgebürgert.[239]

1946 verließ Ludwig Levy Palästina. Er emigrierte weiter nach Australien. Dort ließ er sich in Sydney nieder. Er arbeitete als Büroangestellter, Buchprüfer, zeitweise auch als Arbeiter in einer Textilfabrik. Ab November 1956 war er als juristischer Berater der *United Restitution Organization* tätig. Diese Organisation beriet Verfolgte des NS-Regimes bei ihren Entschädigungsforderungen. Levy selbst stellte 1953 einen Antrag auf Entschädigung. Für die Zerstörung seiner beruflichen Existenz als Rechtsanwalt und Notar wurde ihm eine monatliche Rente bewilligt, für das geraubte Vermögen eine Kapitalabfindnung. Ludwig Levy verstarb 1966 in Sydney.

Quellen: Bundesarchiv, R 22, Reichsjustizministerium Personalakte 66.438

Brandenburgisches Landeshauptarchiv, Rep. 4 A Kammergericht Berlin, Pers. 5846, 6049

Brandenburgisches Landeshauptarchiv, Rep. 12 A Landgericht Potsdam 243

Niedersächsisches Hauptstaatsarchiv Hannover Nds. 110 W, Acc. 8/90, Entschädigungsakte Nr. 263/4 (Ludwig Levy)

Lebenslauf zur Dissertation von 1910

Schreiben der Gedenkstätte Sachsenhausen vom 12. 11. 2001

'The Times' (London) vom 19. und 26 September 1933

Ausbürgerungsliste Nr. 169, Deutscher Reichsanzeiger und Preußischer Staatsanzeiger Nr. 88 (15. 4. 1940)

Gerichtsassessor Loewenthal

keine Angaben zu den Lebensdaten

Im Potsdamer Landgericht kam es am Mittwoch, dem 29. März 1933, zu einem Eklat. Der des Betrugs Angeklagte Hermann Sanitsch (in der Quelle teilweise auch Panitsch geschrieben) lehnte in der Berufungsverhandlung den Beisitzer, Assessor Loewenthal, wegen Befangenheit ab. Loewenthal sei jüdischer Konfession und daher bezweifelte der Angeklagte, der sich als Nationalsozialisten bezeichnete, dessen Unabhängigkeit. Das Gericht schloss sich tatsächlich dem Antrag an, Gerichtsassessor Loewenthal wurde von der weiteren Verhandlung ausgeschlossen. Sanitsch wurde am Tag darauf verurteilt. Seine Handlungen waren unzweifelhaft kriminell gewesen. Die Potsdamer Tageszeitung berichtete auch über den Ausgang des Prozesses. Sie meldete nun, dass die zuständigen Stellen der NSDAP sich von Sanitsch distanzierten: Er stehe nicht dem Nationalsozialismus nahe und sei kein Mitglied der Partei. Offensichtlich erschien eine Verbindung zu dem verurteilten Kriminellen nicht mehr opportun. Die Ablehnung des jüdischen Assessors wurde in der Berichterstattung nicht weiter problematisiert.

Die Meldung aus der Potsdamer Tageszeitung ist die einzige konkrete Information, die sich zu dem Gerichtsassessor Loewenthal finden ließ. In den Akten des Landgerichts wird lediglich sein Nachname erwähnt. Wann er an das Landgericht Potsdam gekommen ist, ließ sich nicht ermitteln. Sein weiteres Schicksal ist nicht bekannt.

Jüdischer Beisitzer abgelehnt

Die Große Strafkammer unter dem Vorsitz von Landgerichtsrat Hartung lehnte in der heutigen Verhandlung gegen den 35 Jahre alten Vertreter Hermann Sanitsch aus Berlin auf dessen Antrag den Beisitzer, Gerichtsassessor Löwenthal, wegen Besorgnis der Befangenheit ab.

S., dessen Strafregister seit 1921 ein ganzes Dutzend Vorstrafen aufweist, darunter längere Gefängnisstrafen wegen schwerer Urkundenfälschungen und Unterschlagung, ist in der ersten Instanz wegen fortgesetzten Betruges zu einem Jahr Gefängnis verurteilt worden und hat hiergegen Berufung eingelegt, über die heute verhandelt wurde. Aus der Urteilsbegründung des Vorderrichters ging hervor, daß S. seit 1930 die Provinz Brandenburg bereist als „Verleger des deutschen Vereins-Adreßbuches“. Diese Tätigkeit hat der Angeklagte nach dem Urteil der ersten Instanz in der Weise ausgeübt, daß er die Vereinsvorstände in den von ihm besuchten Orten die genaue Vereinsadresse mit den Adressen der Vorstandsmitglieder auf einem Fragebogen eintragen ließ, „um den Verein in das in Kürze erscheinende Reichs-Vereins-Adreßbuch aufzunehmen“. Für die Eintragung ließ der Angeklagte sich 1,50 RM., für besonderen Fettdruck 3 RM. von den Vereinsvorsitzenden geben. S. hat nach Schätzung des Gerichts insgesamt rund 10000 RM. auf diese Weise einkassiert, ohne das Adreßbuch bisher herausgegeben oder auch nur mit einem Verleger zwecks Druck des Buches die Verbindung aufgenommen zu haben. Die Quittung über die empfangenen Gelder hat S. z. T. mit Ranisch, nicht mit seinem richtigen Namen unterschrieben. S. will den falschen Namen gebraucht haben, weil er s. Zt. von einem Gericht steckbrieflich gesucht worden sei.

Der Angeklagte, der zur heutigen Verhandlung aus der Untersuchungshaft vorgeführt wurde, ließ zu Beginn der Verhandlung durch seinen Verteidiger erklären, er sei Nationalsozialist und habe deshalb Zweifel an der Unparteilichkeit des der jüdischen Konfession angehörenden richterlichen Beisitzers Assessor Löwenthal. Er, der Angeklagte, sei zwar nicht Mitglied der NSDAP., er habe sich aber seit 1923 für die Partei betätigt und diese agitatorische Tätigkeit erst eingestellt, als er mit den Gerichten in Konflikt gekommen sei.

Nach längerer Beratung verkündete der Vorsitzende den Beschluß: Das Gericht hält den Antrag des Angeklagten auf Ablehnung des Beisitzers, Assessor Löwenthal, für begründet. Mit einer neuen Kammerbesetzung konnte dann mit fast einstündiger Verspätung die Verhandlung beginnen.

Potsdamer Tageszeitung, 29. 3. 1933

Gerichtsassessor Loewenthal wird nach Erlass des „Gesetzes über die Wiederherstellung des Berufsbeamtentums" am 7. April 1933 aus dem Dienst entlassen worden sein. Allein im Bezirk des Kammergerichts Berlin erhielten 1933 (wenigstens) 79 Gerichtsassessoren wegen ihrer jüdischen Herkunft ein Berufsverbot. Dies bedeutete erst einmal das Ende ihres Berufsweges als Jurist. Denn auch eine Niederlassung als Rechtsanwalt war Juristen jüdischer Herkunft jetzt verboten. Besonders prekär dürfte die materielle Lage der entlassenen Gerichtsassessoren gewesen sein. Nur Beamte mit einer mindestens zehnjährigen Dienstzeit erhielten nach der zwangsweisen „Versetzung in den Ruhestand" ein „Ruhegehalt". Diese Bedingung konnten die Gerichtsassessoren nicht erfüllen; sie waren zwar verbeamtet, wurden aber in der Regel nur befristet auftragsweise beschäftigt und ohne Pensionsanspruch besoldet.

Quellen: Potsdamer Tageszeitung vom 29. 3. 1933, Nr. 76 und vom 30. 3. 1933, Nr. 77

Herbert Loewy

9. August 1889 in Schwedt (Oder)
Auschwitz, verschollen (März 1943 deportiert)

Anschrift 1933
Büro: Amtsgericht Belzig
Privat: keine Angabe

Herbert Loewy war Sohn eines Kaufmanns. Über Schulzeit und Studium liegen keine Informationen vor. Der Personalakte im ehemaligen Reichsjustizministerium ist zu entnehmen, dass er im Juli 1911 bei der Prüfung zum ersten Staatsexamen am Kammergericht Berlin scheiterte. Der zweite Versuch im September 1912 war erfolgreich. Ab Oktober 1913 absolvierte Loewy das Referendariat.

Mit Beginn des Ersten Weltkriegs unterbrach er seine Ausbildung. Von September 1914 bis zum Ende des Krieges im November 1918 war er Soldat. 1916 erhielt er für seine Kampfeinsätze das Eiserne Kreuz II. Klasse. In der Armee bekleidete er zuletzt den Rang eines Unteroffiziers.

Das alte Amtsgericht in Belzig, im Torgebäude der Burg Eisenhardt

Loewy kehrte nach Berlin zurück und setzte das Referendariat fort. Im Januar 1921 bestand er das zweite Staatsexamen. Anschließend arbeitete er über vier Jahre erst unentgeltlich, dann als „ständiger Hilfsarbeiter" ohne feste Planstelle im Justizdienst. Ab Oktober 1924 wurde er am Amtsgericht Belzig eingesetzt. Im Juni 1926 wurde er dort zum Richter ernannt.

In der Beurteilung durch den Landgerichtspräsidenten von 1930 wurde seine dienstliche Tätigkeit folgendermaßen eingeschätzt: „Loewy ist ein gut befähigter Richter, der gründliche Rechtskenntnisse mit einer scharfen Auffassungsgabe, gesundem Urteil und praktischem Blick vereinigt. Er arbeitet fleißig, sorgfältig und pünktlich. Seine Verhandlungsleitung ist geschickt und ruhig; er versteht mit dem Publikum gut umzugehen. Er weiß auf dem Gebiete des Geschäfts- und Wirtschaftslebens gut Bescheid. Seine Leistungen sind gute. Auch als Hilfsrichter beim Kammergericht hat er sich gut bewährt. Führung ohne Tadel."

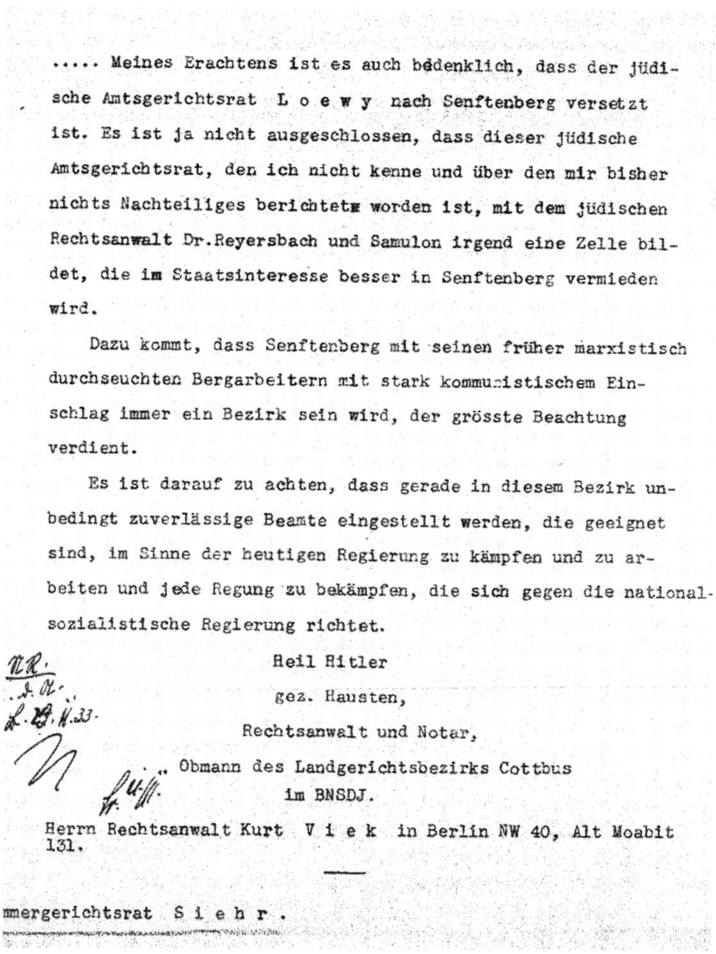
..... Meines Erachtens ist es auch bedenklich, dass der jüdische Amtsgerichtsrat L o e w y nach Senftenberg versetzt ist. Es ist ja nicht ausgeschlossen, dass dieser jüdische Amtsgerichtsrat, den ich nicht kenne und über den mir bisher nichts Nachteiliges berichtetx worden ist, mit dem jüdischen Rechtsanwalt Dr.Reyersbach und Samulon irgend eine Zelle bildet, die im Staatsinteresse besser in Senftenberg vermieden wird.

Dazu kommt, dass Senftenberg mit seinen früher marxistisch durchseuchten Bergarbeitern mit stark kommunistischem Einschlag immer ein Bezirk sein wird, der grösste Beachtung verdient.

Es ist darauf zu achten, dass gerade in diesem Bezirk unbedingt zuverlässige Beamte eingestellt werden, die geeignet sind, im Sinne der heutigen Regierung zu kämpfen und zu arbeiten und jede Regung zu bekämpfen, die sich gegen die nationalsozialistische Regierung richtet.

Heil Hitler
gez. Hausten,
Rechtsanwalt und Notar,
Obmann des Landgerichtsbezirks Cottbus
im BNSDJ.

Herrn Rechtsanwalt Kurt V i e k in Berlin NW 40, Alt Moabit 131.

mmergerichtsrat S i e h r .

Stellungnahme des Rechtsanwalts und NS-Funktionärs Hausten zur Versetzung von Herbert Loewy

Noch im September 1932 wurde Loewy zur Beförderung zum Oberlandesgerichtsrat vorgeschlagen. Doch mit der Machtübernahme der Nationalsozialisten wurde ihm die Beförderung versagt.

Loewy unterlag als Richter den Regelungen des „Gesetzes zur Wiederherstellung des Berufsbeamtentums" vom 7. April 1933. Als dekorierter Frontkämpfer konnte er trotz der jüdischen Abstammung im Amt verbleiben. Zum September 1933 wurde er aber vom Amtsgericht Belzig an das Amtsgericht Senftenberg versetzt.

Gegen die Versetzung Loewys nach Senftenberg brachte der Rechtsanwalt Hausten, Obmann des *Bundes Nationalsozialistischer Deutscher Juristen (BNSDJ)* im Landgerichtsbezirk Cottbus bei den Justizbehörden seine Bedenken vor. Sein Schreiben ist in der Personalakte überliefert. Er befürchtete, Loewy könnte gemeinsam mit den in Senftenberg niedergelassenen jüdischen Rechtsanwälten Dr. Reyersbach und Samulon eine „jüdische Zelle" bilden und die staatliche Ordnung untergraben.

Unter welchen konkreten Bedingungen Herbert Loewy in Senftenberg lebte, ist nicht bekannt. Die dienstliche Beurteilung von 1934 fiel wieder positiv aus: „Amtsgerichtsrat Loewy arbeitet fleißig, pünktlich, mit Verständnis und Interesse. Seine Kenntnisse, Fähigkeiten und Leistungen entsprechen dem guten Durchschnitt.

Gegen seine Charaktereigenschaften und seine Einstellung zum neuen Staat haben sich Bedenken nicht ergeben. Die Führung ist tadellos und der Gesundheitszustand unbedenklich."

Im September 1935 nach Erlass der „Nürnberger Gesetze" sollten auch die noch im Dienst verbliebenen jüdischen Beamten Berufsverbot erhalten. Loewy wurde im Oktober „bis auf weiteres" beurlaubt. Zum 1. Januar 1936 wurde er „in den Ruhestand versetzt".

Herbert Loewy verließ Senftenberg. Ende 1935 zog er nach Berlin. Dort lebte er zuletzt im Bezirk Tiergarten in der Lessingstraße. Loewy musste Zwangsarbeit als Transportarbeiter leisten.

Am 6. März 1943 wurde Herbert Loewy von Berlin nach Auschwitz deportiert. Er gilt als verschollen. Hierunter ist zu verstehen, dass er tot ist, doch weiß man nicht, wann, wo und unter welchen Umständen er zu Tode gekommen ist. Es ist jedoch unstrittig, dass er – wie die anderen, in den Gedenkbüchern als „verschollen" vermerkten Verfolgten – dem Massenmord zum Opfer gefallen ist.

Quellen: Bundesarchiv, R 22, Reichsjustizministerium Personalakte 66.913
Brandenburgisches Landeshauptarchiv, Rep. 4 A Kammergericht Berlin, Pers. 10484
Datenbank zum Berliner Gedenkbuch

Dr. Herbert Marcuse

1. Juni 1892 Lublinitz (Oberschlesien)
gest. 2. Februar 1957 Alonim, Israel

Anschrift 1933
Büro: Potsdam, Brandenburger Str. 24
Privat: Potsdam, Weißenburger Str. 27 (1932)
Potsdam, Roonstr. 4 (1934 - 1938)

Herbert Marcuse, Sohn eines Regierungsrates, besuchte das Joachimsthal'sche Gymnasium in Berlin. Dort legte er 1910 das Abitur ab. Anschließend studierte er Jura in Lausanne und Berlin. In Berlin bestand er im September 1913 das erste Staatsexamen.

Anschließend leistete Marcuse seinen Militärdienst ab. Er diente als Einjährig-Freiwilliger ab Oktober 1913 beim Königin Elisabeth Garde-Grenadier-Regiment Nr. 3. Von September 1914 bis Mai 1915 kämpfte er als Soldat im Ersten Weltkrieg. Nach einer schweren Verletzung – ihn traf eine Gewehrkugel durch den

Wohnhaus von Herbert Marcuse in der Weißenburger Straße

Kiefer – wurde Marcuse als nicht mehr „kriegsdienstfähig“ aus der Armee entlassen.

Marcuse kehrte nach Berlin zurück und begann das Referendariat. Im Oktober 1917 promovierte er an der Universität Rostock mit der Dissertation „Über den Bruch von Lieferungsverträgen (§ 329 StGB).“

Im Mai 1919 legte er das zweite Staatsexamen ab und arbeitete für vier Monate als Gerichtsassessor. Im Februar 1920 erhielt er die Zulassung als Rechtsanwalt für das Amts- und das Landgericht in Potsdam. Er trat in die Kanzlei von Dr. Siegfried Lehmann ein. 1929 wurde er für die neu gebildeten Kammern für Handelssachen in Brandenburg und Potsdam zugelassen. 1928 ernannte ihn das Preußische Justizministerium zum Notar.

Im Februar 1920 heiratete Herbert Marcuse. Mit seiner Ehefrau Erna geb. Boas hatte er zwei Töchter.

Marcuse engagierte sich politisch. Von Anfang der Zwanziger Jahre bis 1933 war er Mitglied der bürgerlich-konservativen *Staatspartei*. Ab Mitte der 20er Jahre bis 1933 war er Mitglied im Reichsbanner *Schwarz-Rot-Gold*, dem der SPD nahestehenden Verband zur Verteidigung der Weimarer Republik. In beiden Organisationen wirkte Marcuse zeitweise im Ortsvorstand Potsdam mit.

Nach der Machtübernahme der Nationalsozialisten wurde Herbert Marcuse aufgrund der Ausnahmebestimmungen des „Gesetzes über die Zulassung zur Rechtsanwaltschaft“ vom 7. April als dekorierter Frontkämpfer wieder als Anwalt zugelassen. Auch das Amt des Notars konnte er weiter ausüben.

Für 1934 finden sich zwei Hinweise auf Marcuses Engagement in der jüdischen Gemeinschaft. Er gründete die Potsdamer Ortsgruppe des *Reichsbundes jüdischer Frontsoldaten*. Im März 1934 unterzeichnete er als Vorsitzender der Repräsentanten die Todesanzeige für Raphael Josephsohn, dem verstorbenen Vorsitzenden der Synagogengemeinde (und Kollegen).

Ende 1935 wurde Marcuse mit dem Berufsverbot für jüdische Beamte als Notar entlassen. Als Rechtsanwalt war er bis Ende November 1938 tätig. Mit dem allgemeinen Berufsverbot für jüdische Rechtsanwälte zum 1. Dezember 1938 musste er seinen Beruf aufgeben. Herbert Marcuse war – zusammen mit seinem Sozius Dr. Siegfried Lehmann und Dr. Gustav Herzfeld gegen die als Juden ebenfalls zum 1. Dezember ein Berufsverbot verhängt wurde – einer der letzten jüdischen Rechtsanwälte in Potsdam. Marcuse bemühte sich noch um die Zulassung als „jüdischer Konsulent“, eine von den Nationalsozialisten geschaffene mindere Stellung als Rechtsberater und -vertreter nur für Juden. Dieser Antrag wurde abgelehnt. Marcuse hatte in Deutschland keine Möglichkeit mehr, als Jurist zu arbeiten.

Nach der Pogromnacht im November 1938 wurde Herbert Marcuse in das KZ Sachsenhausen verschleppt. Das KZ konnte er nur verlassen, indem er sich verpflichtete, aus Deutschland zu emigrieren. Als Folge der den Juden auferlegten

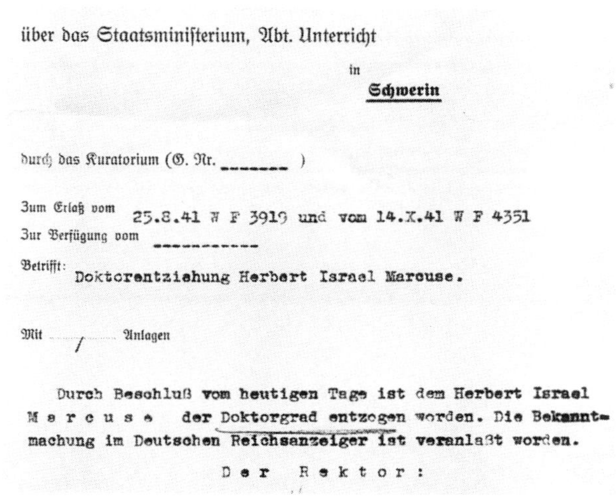

über das Staatsministerium, Abt. Unterricht

in

Schwerin

durch das Kuratorium (G. Nr. _______)

Zum Erlaß vom 25.8.41 W F 3919 und vom 14.X.41 W F 4351
Zur Verfügung vom -----------

Betrifft: Doktorentziehung Herbert Israel Marcuse.

Mit / Anlagen

Durch Beschluß vom heutigen Tage ist dem Herbert Israel M a r c u s e der Doktorgrad entzogen worden. Die Bekanntmachung im Deutschen Reichsanzeiger ist veranlaßt worden.

D e r R e k t o r :

Die Universität Rostock erkennt Herbert Marcuse nach der Ausbürgerung den Doktortitel ab, Ausschnitt aus der Verfügung vom 24. Oktober 1941

„Sühneleistungen" nach der Pogromnacht musste er eine Vermögensabgabe von fast 30.000 RM zahlen.

Herbert Marcuse verließ Potsdam im Februar 1939. Ziel der Flucht war Uruguay. Für dieses Land erhielt er jedoch keine Einreiseerlaubnis. Er konnte sich schließlich in Grossbritannien niederlassen. Hier fand er eine Arbeit als Buchhalter. Anfang Oktober 1941 wurde er mit seiner Ehefrau und seiner Tochter Ursula vom Deutschen Reich ausgebürgert. Die Universität Rostock erkannte ihm daraufhin am 24. Oktober den Doktortitel ab. Die Aberkennung des Doktortitels nach einer Ausbürgerung war seit Herbst 1933 gängige Praxis. Ein ausgebürgerter Emigrant galt als „unwürdig", einen akademischen Titel zu führen.

1945 wanderte Marcuse mit seiner Ehefrau von Großbritannien in die USA aus. Dort arbeitete er wieder als Buchhalter. 1950 nahm er die amerikanische Staatsbürgerschaft an. 1954 siedelte Herbert Marcuse noch einmal um. Er ging nach Israel zu einer seiner Töchter, die in einem Kibbuz in der Nähe von Haifa lebte. Herbert Marcuse strengte ein Entschädigungsverfahren an. Ihm wurde für den „Schaden im beruflichen Fortkommen" eine monatliche Rente und für sonstige Verluste und Schäden eine gewisse Abfindung zuerkannt.

Herbert Marcuse verstarb am 2. Februar 1957 im Alter von 65 Jahren in Israel.

Quellen: Brandenburgisches Landeshauptarchiv, Rep. 4 A Kammergericht Berlin, Pers. 3370, 5850
Brandenburgisches Landeshauptarchiv, Rep. 240 Landgericht Potsdam 86
Niedersächsisches Hauptstaatsarchiv Hannover Nds. 110 W, Acc. 8/90, Entschädigungsakte Nr. 278/3 (Herbert Marcuse)
Klaus Arlt, Chronologie der Synagogengemeinde Potsdam nach 1903, in: Robert Kaelter, Geschichte der jüdischen Gemeinde zu Potsdam, Potsdam 1903 (Reprint Berlin 1993)
Auskunft des Universitätsarchivs der Universität Rostock vom 7. 11. 2001

Justizrat Bernhard Meyer

24. Dezember 1862 Nakel (Kreis Wirwitz)
7. Oktober 1935 Brandenburg (nach Suizidversuch)

Anschrift 1933

Büro:	Hauptstr. 71 (1931/32)
	Packhofstr. 12 (1934/35)
Privat:	Packhofstr. 12 (1931/32)
	Packhofstr. 12a (1934/35)

Über Bernhard Meyer liegen nur vereinzelte Informationen vor. Er ließ sich 1893 als Rechtsanwalt in Brandenburg nieder mit Zulassung für das örtliche Amtsgericht. 1901 wurde er zum Notar ernannt. 1903 wurde ihm der Titel eines Justizrats verliehen. 1928 erhielt er die Zulassung für das Landgericht Potsdam, 1929 für die neu gebildeten Kammern für Handelssachen in Brandenburg und Potsdam.

Bernhard Meyer ist als Mitglied in der Heberolle der Jüdischen Gemeinde in Brandenburg verzeichnet. Er war nicht verheiratet.

Bernhard Meyer konnte auch nach Beginn des NS-Regimes weiter seinen Beruf ausüben. Als sogenannter „Altanwalt" fiel er unter die Ausnahmeregelungen das „Gesetzes über die Zulassung zur Rechtsanwaltschaft" vom 7. April 1933. Auch als Notar konnte er im Amt verbleiben. Auffallend ist, dass er nach 1933 offensichtlich seine Kanzlei in seine Privatwohnung verlegte – ein möglicher Hinweis auf die ökonomischen Einbußen.

Am 7. Oktober 1935 verstarb Bernhard Meyer an den Folgen eines Suizidversuchs.

Quellen: Brandenburgisches Landeshauptarchiv, Rep. 12 A Landgericht Potsdam 239
Schreiben des Stadtarchivs Brandenburg vom 2. 8. 2001

Dr. Ernst Nathan (später Ernest Nash)

14. September 1898 Nowawes
18. Mai 1974 Rom

Anschrift 1933
Büro: Potsdam, Wilhelmplatz 20
Privat: Potsdam, Weißenburger Str. 15 (1932-1934)
Potsdam, Seestr. 45 (1936)

Ernst Nathan war das jüngste Kind von Louis Nathan (1856-1925) und dessen Ehefrau Betty geb. Bernhard (1865-1941). Sein Vater war ein erfolgreicher Unternehmer, kommunalpolitisch und sozial engagiert und ein führendes Mitglied der Potsdamer jüdischen Gemeinde. Ernst Nathan erhielt als Privatschüler seinen ersten Unterricht durch eine Hauslehrerin. Ab 1905 besuchte er die Vorschule für das Gymnasium, ab Ostern 1907 das Realgymnasium in Nowawes, wo er im Februar 1916 das Abitur bestand.

Im Sommersemester 1916 nahm Ernst Nathan das Jurastudium in Berlin auf. Nach einem Semester ließ er sich jedoch beurlauben. Er meldete sich freiwillig zum Armeedienst. Im Juli 1917 wurde er an die Front geschickt. Er kämpfte in Frankreich und Italien. Noch nach der Unterzeichnung des Waffenstillstandes am 11. November 1918 wurde er in Lettland „zum Schutze der Grenze Ostpreußens“ eingesetzt, wie in seinem Militärpass vermerkt ist. Für seine Kampfeinsätze wurde er mit dem Eisernen Kreuz II. Klasse ausgezeichnet. Er erhielt zweimal das Verwundetenabzeichen.

Nach der Entlassung aus der Armee im Februar 1919 nahm Ernst Nathan sein Jurastudium in Berlin wieder auf. Er wechselte später an die Universität Jena. 1922 promovierte er hier mit seiner Dissertation „Über den Ausschluss der Rechtswidrigkeit im Strafrecht unter besonderer Berücksichtigung des ärztlichen Wirkungskreises“. Bereits im November 1920 hatte er das erste Staatsexamen absolviert und das Referendariat im Bezirk des Kammergerichts Berlin aufgenommen. Aufgrund seiner Erfahrungen während des Referendariats kam er zu der Einsicht, dass in der Rechtsprechung Fehlurteile gegen Unschuldige nicht auszuschließen sind. Er entschied sich gegen das Richteramt. 1926 ließ sich Ernst Nathan nach dem zweiten Staatsexamen als Rechtsanwalt in Potsdam nieder. Er war am Amtsgericht und am Landgericht zugelassen, ab 1929 auch an den Kammern für Handelssachen in Brandenburg und Potsdam.

1928 heiratete er Ilse Rubinski. Sie hatten zusammen zwei Töchter. Im Februar 1929 erklärte Ernst Nathan mit seiner Ehefrau den Austritt aus der jüdischen Religionsgemeinschaft. Welche Gründe ihn und seine Frau zu diesem Schritt bewogen haben, ist nicht bekannt. Nach den Erinnerungen einer Freundin war Nathan als Anwalt sozial engagiert und sympathisierte in dieser Zeit mit der KPD.

Nach der Machtübernahme der Nationalsozialisten konnte Ernst Nathan aufgrund der Ausnahmebestimmungen für „Frontkämpfer“ die Wiederzulassung als Rechtsanwalt erlangen. Im März 1933 hatte er sich noch um die Bestellung zum Notar beworben. Sein Gesuch wurde ihm im Oktober 1933 zurückgesandt. Der Kammergerichtspräsident vermerkte, dass er es „mit Rücksicht auf [seine] nicht arische Abstammung“ nicht weitergeleitet habe. Bereits kurz nach dem Beginn des wirtschaftlichen Boykotts gegen die jüdischen Rechtsanwälte hatte Ernst Nathan spürbare finanzielle Einbußen zu verzeichnen. Zum 30. Juni 1933 musste er daher eine seiner Mitarbeiterinnen, die 1927 bei ihm als Lehrling angefangen hatte, nach sechs Jahren der Zusammenarbeit entlassen. Ende 1935 verkaufte er seine Kanzlei an einen Kollegen. Im Januar 1936 gab er seine Zulassung als Rechtsanwalt zurück.

Ende August 1936 verließ Ernst Nathan Potsdam. Nachdem er von den Polizeibehörden die Aufforderung erhalten hatte, seinen Reisepass abzugeben, flüchtete er über die Schweiz nach Italien. Dort ließ er sich in Rom nieder. Seine Ehefrau und die Töchter folgten ihm Anfang 1937.

In Rom arbeitete Ernst Nathan als Fotograf. Bereits seit seiner Jugend – die ersten erhalten gebliebenen Aufnahmen von ihm sind aus der Zeit des Ersten Weltkriegs – hatte er sich für das Medium Fotografie begeistert. Sein Interesse galt vor allem der Architekturfotographie. In Rom arbeitete Ernst Nathan gezwungenermaßen als Berufsfotograf. Er wurde Teilhaber eines Fotoateliers. In der freien Zeit unternahm er viele Reisen durch Italien, von denen er viele Aufnahmen, insbesondere von Ruinen und Ausgrabungsstätten antiker Orte, mitbrachte.

Sein erfolgversprechender Aufbau einer neuen Existenz wurde im Herbst 1938 durch die politische Entwicklung unterbrochen. Am 7. September 1938 erließ die faschistische Regierung Italiens einen Ausweisungserlass an alle jüdischen Emigranten: Sie hatten innerhalb von sechs Monaten das Land zu verlassen. Ernst Nathan bemühte sich um Einreisepapiere für die USA. Nachdem ein Vetter die erforderliche Bürgschaft übernommen hatte, erhielt er das erhoffte Visum. Im März 1939 konnte er mit seiner Familie in Genua an Bord des Überseedampfers *Conte di Savoia* gehen. Im April erreichten die Flüchtlinge New York. Auch hier arbeitete Ernst Nathan wieder als Fotograf. Das Geld verdiente er mit Porträts, Aufnahmen von Babys und Brautpaaren. Sein Einkommen war schwankend, oft nur gering. Neben dieser Arbeit widmete er sich erneut der Architekturfotografie.

Im August 1940 wurden Ernst Nathan, seine Ehefrau und die beiden Töchter vom Deutschen Reich ausgebürgert. Im Dezember desselben Jahres erkannte ihm die Universität Jena seinen Doktortitel ab. Ernst Nathan und seine Frau nahmen die amerikanische Staatsbürgerschaft an. Im Juni 1942 änderten sie offiziell ihren Namen: Ernst Nathan und seine Familie trugen fortan den Nachnamen Nash, er selbst nannte sich mit Vornamen Ernest.

Ernst Nathan, jetzt Ernest Nash

1944 erschien das erste Buch von Ernest Nash, 'Roman Towns', eine systematische, nach den Funktionen der Gebäude gegliederte Darstellung antiker Baukunst. Für das Buch griff Nash auf die in Italien angefertigten Fotografien zurück. Das Buch wurde in Fachkreisen sehr positiv aufgenommen. Gelobt wurde vor allem die besondere Qualität und Klarheit der Fotografien.

Nach dem Sieg über das nationalsozialistische Deutschland nahm Ernest Nash wieder den Kontakt zu seinen Freunden in Deutschland auf. Auch ein ehemaliger Kollege setzte sich mit ihm in Verbindung. Raimund Heinecke, dem Nash 1936 seine Kanzlei verkauft hatte, bat ihn 1946 um Ausstellung eines „Persilscheins". Die Antwort von Ernest Nash ist überliefert:

Ernest Nash mit dem schwedischen König in der Fototeca, 1969

Lieber Herr Heinicke! Der Ton Ihres Briefes hat mich ebenso befremdet wie sein Inhalt. Weder in Ihrer persönlichen Lage noch in Deutschlands kann ich irgend etwas finden, das zu einer humorvollen Behandlung Anlass geben könnte. Ich habe mir überlegt, ob ich Ihren Brief unbeantwortet lassen solle, habe dann aber entschieden, Ihnen darzulegen, weshalb ich Ihnen in Ihrem Entnazifizierungsverfahren nicht behilflich sein werde. Sie haben sich, wie ich mich gut erinnere, mit Enthusiasmus und großem Eifer einer Gruppe von Mördern angeschlossen. Sie haben nicht die Entschuldigung mangelnder Intelligenz oder politischer Ahnungslosigkeit für sich, zumal Sie in früherer Zeit einmal der sozialistischen Jugend nahestanden; auch waren Sie kein gezwungener Mitläufer, sondern ein eifriger Förderer. Diese Gruppe von Mördern, der Sie angehörten, hat alles ausgerottet, was mir familiär nahestand. Meine Mutter und meine Schwester sind freiwillig aus dem Leben geschieden an dem Tage, an dem sie den Deportationsbefehl erhielten. Meine Schwiegermutter hat in irgendeiner Gaskammer ihr Leben verloren. Wo mein Bruder mit seiner Frau ermordet ist, habe ich bisher nicht ermitteln können. Es ist nicht mein persönliches Verdienst, sondern reiner Zufall, dass ich dem gleichen Schicksal entgangen bin. Ich erzähle Ihnen das ohne Bitterkeit oder persönlichen Groll, ich versuche nur, Ihnen klarzumachen, was für ein Unding es ist, von mir zu erwarten, dass ich Ihnen ein politisches Leumundszeugnis ausstelle. Mit bestem Gruß Ihr...gez. Ernest Nash

1949 unternahm Ernest Nash erstmals wieder eine Reise nach Europa. Er besuchte für drei Monate Italien. 1950 veröffentliche er ein zweites Buch: ‘Rome. Portrait of the Eternal City’ (zusammen mit Herbert Bittner). Ernest Nash trennte sich von seiner Ehefrau Ilse. Im März 1952 heiratete er ein zweites Mal. Mit seiner neuen Ehefrau Irene geb. Lande, die aus Dresden stammte, reiste er nach der Hochzeit wieder nach Europa. Diesmal blieb er für fast 18 Monate bis September 1953, die längste Zeit in Rom zu Studienzwecken. Ernest Nash besuchte diesmal auch Deutschland. Er traf sich mit Freunden aus seinen Potsdamer Jahren, die mittlerweile in der Bundesrepublik lebten.

In den kommenden Jahren pendelte Ernest Nash zwischen New York und Rom. Er suchte nach Wegen, sein mittlerweile umfangreiches Fotoarchiv zu Bauten der römischen Antike der interessierten Fachöffentlichkeit zugänglich zu machen. Seine Bemühungen hatten Erfolg. Ernst Nashs Archiv wurde von der *Unione Internazionale degli Istituti di Archeologia, Storia e Storia dell' Arte in Roma*, einem Zusammenschluss von in Rom ansässigen Kultur- und Forschungsinstituten aus verschiedenen Ländern, im März 1956 als Stiftung *Fototeca di Architettura e Topografia dell' Italia Antica* übernommen und als wissenschaftliche Abteilung eingerichtet. Ernest Nash übernahm die Leitung, die er bis zu seinem Tod inne hatte. Mit seiner Frau kehrte er endgültig nach Europa zurück. In den folgenden Jahren trat Ernest Nash mit verschiedenen Veröffentlichungen hervor. 1961 und 1962 publizierte er die zwei Bände seines wichtigsten Werkes: 'Bildlexikon zur Topographie des antiken Rom'. Das Buch gilt bis heute als Standardwerk.

Im Dezember 1961 starb seine zweite Ehefrau. 1965 heiratete Nash noch einmal. Seine dritte Ehefrau war Berta geb. Kern, genannt Berti.

Im Juni 1968 wurde Ernest Nash mit dem Verdienstkreuz der Bundesrepublik Deutschland ausgezeichnet. Er unternahm in seinen letzten Lebensjahren zahlreiche Reisen. 1971 besuchte er auch Berlin. Mit seinem amerikanischen Pass war es ihm jedoch nicht möglich, seine alten Heimatstädte Nowawes und Potsdam zu besuchen.

Ernest Nash verstarb im Mai 1974 in Rom.

Quellen: Brandenburgisches Landeshauptarchiv, Rep. 4 A Kammergericht Berlin Pers. 3715, 6081
Brandenburgisches Landeshauptarchiv, Rep. 12 A Landgericht Potsdam 239
Brandenburgisches Landeshauptarchiv, Rep. 5 E Amtsgericht Potsdam 1294
Niedersächsisches Hauptstaatsarchiv Hannover Nds. 110 W, Acc. 8/90, Entschädigungsakte Nr. 292/20 (Ernest Nash)
Schreiben des Universitätsarchiv der Friedrich-Schiller-Universität Jena vom 16. 11. 2001
Die Ausbürgerung deutscher Staatsangehöriger 1933 - 45 nach den im Reichsanzeiger veröffentlichten Listen; Bd. 1 Listen in chronologischer Reihenfolge, München u.a. 1985
Ernest Nash – Ernst Nathan 1898 - 1974, Photographie, Potsdam – Rom – New York – Rom, hg von Maria R.-Aföldi und Margarita C. Lahusen, Berlin 2000

Justizrat Dr. Louis Pink

30. Juni 1859 Flatow (Westpreußen)
9. Februar 1936 Berlin

Anschrift 1933
Büro: Potsdam, Brandenburger Str. 40
Privat: Potsdam, Markgrafenstr. 12 (1932)
Potsdam, Spichernstr. 10 (1934)

Spichernstr. 10, Wohnhaus von Louis Pink 1934

Louis Pink, Sohn eines Kaufmanns, besuchte die Bürgerschule in seiner Geburtsstadt Flatow und das Gymnasium in Bromberg. Dort legte er Ostern 1878 das Abitur ab. Anschließend studierte er in Leipzig, Heidelberg und Berlin Jura. Im Dezember 1880 bestand er das erste Staatsexamen. Anfang 1881 schloss er seine Promotion an der Universität Halle ab. Seine Dissertation behandelte die Fragestellung „Wie sind die rechtlichen Wirkungen der Übergabe des an Ordre lautenden Conossements civilistisch zu erklären?". Nach dem Referendariat und dem zweiten Staatsexamen erhielt Louis Pink 1885 die Zulassung als Rechtsanwalt. Er ließ sich für kurze Zeit in Berlin nieder. 1886 ging er zurück in seine Geburtsstadt Flatow. Er eröffnete dort eine Anwaltskanzlei und bekam die Zulassung für das Landgericht Konitz. 1892 wurde er zum Notar bestellt. 1905 wurde ihm der Ehrentitel eines Justizrates verliehen, 1908 wurde er mit der 4. Klasse des Roten Adler-Ordens ausgezeichnet.

Louis Pink kehrte 1909 als Rechtsanwalt am Kammergericht nach Berlin zurück. 1910 ließ er sich in Potsdam nieder. Dort wurde er am Amtsgericht und am Landgericht zugelassen, ab 1929 auch an den Kammern für Handelssachen in Brandenburg und Potsdam. 1919 wurde er wieder zum Notar bestellt.

Außer den Angaben zu seinem Berufsweg als Rechtsanwalt liegen nur wenige Informationen über Louis Pink vor.

Louis Pink war verheiratet. Er hatte – soweit bekannt – zwei Kinder, einen Sohn und eine Tochter.

1912 veröffentlichte er zusammen mit Dr. Georg Hirschberg eine Darstellung über „Das Liegenschaftsrecht in den deutschen Schutzgebieten".

Louis Pink engagierte sich in der Jüdischen Gemeinde Potsdam. 1927 wurde er zum Repräsentanten der Synagogengemeinde gewählt, 1929 zum Vorsitzenden der Repräsentantenversammlung.

Nach der Machtübernahme der Nationalsozialisten konnte Pink weiter als Anwalt tätig sein. Er fiel als sogenannter „Altanwalt" mit Zulassung vor dem 1. August 1914 unter die Ausnahmeregelungen des „Gesetzes über die Zulassung zur Rechtsanwaltschaft" vom 7. April 1933. Im September 1933 wurde ihm jedoch das Notariat entzogen. Im Januar 1935 verlegte er seine Büroräume in seine Privatwohnung. Einen Monat später, im Februar, gab Louis Pink seinen Beruf als Rechtsanwalt auf. Er verzog nach Berlin. Dort verstarb er im Februar 1936 im Alter von 76 Jahren.

Quellen: Brandenburgisches Landeshauptarchiv, Rep. 4 A Kammergericht Berlin Pers. 3947

Brandenburgisches Landeshauptarchiv, Rep.12 A Landgericht Potsdam 243

Auskünfte von Dr. Wolfgang Weißleder, Potsdam

Klaus Arlt, Chronologie der Synagogengemeinde Potsdam nach 1903, in: Robert Kaelter, Geschichte der jüdischen Gemeinde zu Potsdam, Potsdam 1903 (Reprint Berlin 1993)

Willy Rheinhold

keine Angaben zu den Lebensdaten

Anschrift 1933
Büro: Friesack, Bahnhofstr. 5
Privat: keine Angabe

Amtsgericht Rathenow

Willy Rheinhold ließ sich 1928 als Rechtsanwalt und Notar in Friesack nieder. Er war am Amtsgericht Rathenow zugelassen, ab 1929 auch bei der Kammer für Handelssachen in Brandenburg und ab März 1933 am Landgericht Potsdam. Im April 1933 wurde gegen ihn ein Vertretungsverbot verhängt. Im Juli 1933 erhielt Rheinhold wegen seiner „nichtarischen Abstammung" ein Berufsverbot als Rechtsanwalt und wurde zugleich als Notar entlassen.

Dies sind die einzigen belegbaren Informationen zu dem Rechtsanwalt und Notar Willy

Rheinhold in Friesack. Über sein weiteres Schicksal können keine gesicherten Angaben gemacht werden.

In Berlin konnte eine Person gleichen Namens ermittelt werden. Dieser Willy Rheinhold wurde am 15. August 1878 in Berlin geboren. Er heiratete 1899 in London Charlotte geb. Reichhoff. Nach der Einwohnermeldekartei Berlin wohnte er ab 1934 in der Wilhelmstraße. Auf der Karteikarte ist als Beruf Stadtrat im Ruhestand verzeichnet. 1939 war er in der Diedenhofer Straße im Bezirk Prenzlauer Berg gemeldet. Nach den Angaben zur Volkszählung von 1939 war dieser Willy Rheinhold Volljurist mit beiden Staatsexamen. Nach den Kriterien der Nationalsozialisten galt er als „Mischling ersten Grades". Über sein weiteres Schicksal liegen keine Informationen vor.

Außerdem ist im Handbuch über den Preußischen Staat für die Jahre 1927-1929 ein Rechtsanwalt Willy Rheinhold mit Zulassung für die Landgerichte I-III Berlin und das Amtsgericht Charlottenburg nachweisbar.

Dass es sich bei den drei Personen mit Namen Willy Rheinhold um ein und dieselbe Person handelt, liegt nahe, konnte aber bislang nicht verifiziert werden. Von Willy Rheinhold gibt es verschiedene Spuren, die sich nicht zu einem kohärenten Bild zusammenfügen lassen.

Quellen: Justiz- und Ministerialblatt 1933
Brandenburgisches Landeshauptarchiv, Rep. 12 A Landgericht Potsdam 243
Brandenburgisches Landeshauptarchiv, Rep. 12 A Landgericht Potsdam 239
Auskunft des Landesarchivs Berlin, XI/2001
Bundesarchiv, Unterlagen zur Volkszählung 1939

Dr. Paul Schreiber

3. Juli 1911 Potsdam
29. Juli 1976 Hempstead, New York

Paul Schreiber, Sohn des Potsdamer Rabbiners Dr. Hermann Schreiber, besuchte in seiner Geburtsstadt von 1920 bis 1929 das Viktoria-Gymnasium. Nach dem Abitur studierte er Rechtswissenschaften in Freiburg i.Br. und in Berlin. Im Frühjahr 1933 zu Beginn der NS-Herrschaft stand er kurz vor dem Abschluss des Studiums. Im Dezember 1933 legte er noch das erste Staatsexamen ab, konnte aber seine juristische Ausbildung nicht fortsetzen. Das Referendariat blieb ihm als Juden versperrt. Paul Schreiber setzte dennoch seine rechtswissenschaftlichen Studien fort. 1935 promovierte er an der Universität Freiburg mit der Dissertation „Das Zwangsgeld des preußischen Polizeiverwaltungsgesetzes als Ordnungsstrafe".

In Potsdam engagierte sich Paul Schreiber in der Arbeit mit jüdischen Kindern und Jugendlichen. Er kam aus der jüdischen Jugendbewegung. 1934 übernahm er die Leitung der neu gegründeten Ortsgruppe Potsdam des *Bundes deutsch-jüdischer Jugend*. Von 1935 bis 1936 studierte er am jüdischen Lehrerseminar in Berlin. Anschließend arbeitete bis 1939 an jüdischen Schulen und Bildungseinrichtungen. Auf dem Umschulungsgut Groß-Breesen und im Landschulheim Herrlingen bereitete er vor allem junge Menschen sprachlich und beruflich auf die Emigration nach Palästina vor.

Nach dem Pogrom im November 1938 wurde Paul Schreiber (wie auch sein Vater) verhaftet und in das KZ Sachsenhausen verschleppt. Freigelassen nur unter der Bedingung Deutschland zu verlassen, flüchtete er im Februar 1939 nach Schweden. Hier arbeitete er bis zu seiner Weiterreise in die USA im November 1941 als Leiter in einem Heim der Jugend-Alijah, einer Hilfssteller, die die Auswanderung von jüdischen Kindern und Jugendlichen – ohne Begleitung der Eltern – organisierte.

Ende 1941 ging Paul Schreiber in die USA. Nach einer neuen Ausbildung an der Schule für Sozialarbeit der Universität Pittsburgh arbeitete er von 1944 bis 1948 im staatlichen Sozialwesen. 1948 wechselte er als Assistenzprofessor an die Universität Pittsburgh. Damit begann Paul Schreiber eine wissenschaftliche Karriere, die ihn an zahlreiche Hochschulen führte. Neben der wissenschaftlichen Arbeit engagierte er sich in der Sozialpolitik – „theoretisch Sozialwissenschaft und praktisch Sozialpolitik betreibend", wie es Günther Wirth prägnant formuliert. So war Paul Schreiber unter anderem 1964-1965 Sozialminister in Israel.

Paul Schreiber war verheiratet. Mit seiner Ehefrau Hanna hatte er drei Kinder. Er verstarb 1976, kurz nach seinem 65. Geburtstag.

Quellen: Lebenslauf zur Promotion
Biographisches Handbuch der deutschsprachigen Emigration, Bd. 2/2, München 1983, S. 1052
Klaus Arlt, Chronologie der Synagogengemeinde Potsdam nach 1903, in: Robert Kaelter, Geschichte derjüdischen Gemeinde zu Potsdam (Reprint), Berlin 1993 (im Original 1903)
Günter Wirth, Der andere Geist von Potsdam. Zur Kulturgeschichte einer Stadt 1918-1989, Frankfurt a. M. 2000

Dr. Adolf Seimert

1. November 1876 Berlin
keine Angabe (vermutlich 1955)

Anschrift 1933
Büro: Luckenwalde, Lindenallee 10
Privat: Luckenwalde Lindenallee 10 (1927 - 1935)
Carlstr. 37 (1939)

Über seine Herkunft und die Schulzeit gibt Adolf Seimert 1899 in seinem handschriftlichen Lebenslauf zur Dissertation Auskunft: „Ich bin am 1. November 1876 zu Berlin als Sohn des Maurermeisters Hermann Seimert und seiner Ehefrau Dorothea, geb. Taraschwitz, geboren und erhielt die Vornamen Hermann Adolf. Ich bin evangelischer Religion. Mein Vater starb im Jahre 1880, meine Mutter lebt als Witwe in Berlin. In ihrem Hause wurde ich erzogen. Von Ostern 1882 - 1885 besuchte ich die Vorschule, von dort kam ich auf das Königliche Joachimsthal'sche Gymnasium." Ostern 1894 legte Adolf Seimert hier das Abitur ab. Anschließend studierte er Rechtswissenschaften in Lausanne, Freiburg i.Br. und Berlin. Im Januar 1898 machte er das erste Staatsexamen. 1899 promovierte er an der Universität Göttingen mit seiner Dissertation „Die Umwandlung einer Aktiengesellschaft in eine Gesellschaft mit beschränkter Haftung". Im April 1903 bestand Seimert das zweite Staatsexamen.

Im Ersten Weltkrieg wurde Seimert zur Armee einberufen, als Soldat jedoch „ausgemustert".

Über seinen Berufsweg als Jurist liegen nur einzelne Informationen vor. Seimert war als Amtsrichter in Luckenwalde tätig. Ende 1930 quittierte er den Staatsdienst, um sich als Rechtsanwalt in Luckenwalde niederzulassen. Dieser Tätigkeit ging er vermutlich bis Ende der 30er Jahre nach.

Adolf Seimert war verheiratet mit Erna geb. Blau. Das Ehepaar hatte vier Töchter.

Über sein Schicksal in der Zeit des NS-Regimes gibt es keine konkreten Informationen. Nach den Kriterien der Nationalsozialisten galt Seimert als „Mischling zweiten Grades" – eine Großmutter mütterlicherseits war Jüdin. Es muss offen bleiben, ob er wegen dieser „nichtarischen" Abstammung Diskriminierungen und Verfolgungen ausgesetzt war. Nach den Regelungen zum „Gesetz über die Zulassung zur Rechtsanwaltschaft" vom 7. April 1933 war er als „Nichtarier" mit Berufsverbot bedroht. Ob und mit welchem Ergebnis seine Abstammung 1933 überprüft wurde, konnte nicht ermittelt werden. Als „Mischling" blieb er ab 1935 von den weitergehenden Ausgrenzungs- und Verfolgungsmaßnahmen gegen alle als jüdisch eingestufte Personen ausgenommen. Nicht mehr fassbar sind heute die subtilen, unscheinbaren Diskriminierungen im Alltag, unter denen auch „Mischlinge" in der antisemitisch geprägten NS-Gesellschaft zu leiden hatten.

Nach 1939 (das genaue Datum ist nicht bekannt) ging Adolf Seimert aus Luckenwalde fort. Im Sommer 1945 und in den folgenden Jahren lebte er in Tegernsee in Bayern. Er verstarb hier vermutlich 1955 (zu diesem Zeitpunkt wird die Nachlassakte beim Amtsgericht Luckenwalde wieder geöffnet).

Quellen: BLHA Pr. Br. Rep. 4 A Kammergericht Berlin Pers. 4684-4685
Georg-August-Universität Göttingen, Universitätsarchiv, Jur. Prom. 305
Nachlassakte im Amtsgericht Luckenwalde

Heinrich Simon

31. Dezember 1877 Malchow
2. September 1939 Luckenwalde

Anschrift 1933
Büro: Amtsgericht Luckenwalde
Privat: Luckenwalde, Carlstr. 62

Heinrich Simon, Sohn eines Rittergutsbesitzers, begann im November 1900 das Referendariat. Über Schulzeit und Studium liegen keine

Amtsgericht Luckenwalde (um 1925)

Informationen vor. 1905 trat er als Gerichtsassessor in den Justizdienst ein. 1908 wurde er zum Richter am Amtsgericht Luckenwalde ernannt.

Im Ersten Weltkrieg wurde Heinrich Simon nicht zur Armee einberufen, erhielt aber das Verdienstkreuz für Kriegshilfe.

Heinrich Simon blieb unverheiratet. Er war, wie seine Eltern, evangelischer Konfession. Der Großvater väterlicherseits war jüdischer Religion, daher galt Simon nach den Kriterien der Nationalsozialisten als „Mischling zweiten Grades".

Im Frühjahr 1933 nach der Machtübernahme der Nationalsozialisten wurde Simon aufgrund seiner „nichtarischen Abstammung" überprüft. Die Vorgänge lassen sich nicht im einzelnen rekonstruieren. Vermutlich wurde Simon Anfang April „beurlaubt". Anfang Juli 1933 vermeldete der Preußische Justizminister an den Präsidenten des Kammergerichts, dass gegen das Verbleiben von Simon in seiner bisherigen Dienststelle keine Bedenken bestünden. Für Richter Simon, der seit 1908 ununterbrochen im Justizdienst gearbeitet hatte, galt nach dem „Gesetz zur Wiederherstellung des Berufsbeamtentums" die Ausnahmeregelung für „Altbeamte". Er wurde zum 1. Dezember 1933 dennoch „in den Ruhestand" versetzt, unter Bezug auf den § 6 des Gesetzes. Dieser Paragraph ermöglichte aus Gründen der „Verwaltungsvereinfachung" oder „im Interesse des Dienstes" eine solche Zwangspensionierung. Die genauen Hintergründe der Maßnahme sind nicht bekannt. Über sein weiteres Leben nach der zwangsweisen Pensionierung gibt es kaum Informationen. Simon lebte weiter in Luckenwalde, wo er 1939 im Alter von nur 61 Jahren verstarb.

Quellen: Brandenburgisches Landeshauptarchiv, Rep. 4 A Kammergericht Berlin Pers. 4731-4732
Nachlassakte beim Amtsgericht Luckenwalde
Auskunft von Detlev Riemer, Luckenwalde

Ernst Stargardt

30. Dezember 1883 Berlin
5. November 1954 Oberursel/Taunus

Büro: Landgericht Potsdam
Privat: Potsdam, Luisenstr. 15 (1934 - 1937)
Potsdam, Mangerstr. 14 (1938 - 1939)
Potsdam, Am Brunnen 20 (1950)

Ernst Stargardt, Sohn des Rechtsanwalts und Notars Justizrat Adolf Oskar Stargardt, besuchte ein humanistisches Gymnasium in Berlin. 1902 legte er das Abitur ab und studierte anschließend Jura in Erlangen und Berlin. Im September 1906 bestand er in Berlin das erste Staatsexamen, Ende 1912 das zweite Staatsexamen. 1914 ließ sich Ernst Stargardt als Rechtsanwalt in seiner Heimatstadt nieder.

Zu Beginn des Ersten Weltkriegs meldete er sich zur Armee. Von August 1914 bis Ende 1918 kämpfte er als Soldat beim 8. Leibgrenadierregiment. Für seinen Kampfeinsatz wurde er mit dem Eisernen Kreuz II. Klasse ausgezeichnet. Auch nach dem Ende des Krieges blieb Stargardt im Heeresdienst. Zuletzt bekleidete er das Amt eines Kriegsgerichtsrates. Im Juni 1920 wurde er als Leutnant der Reserve aus der Reichswehr entlassen.

Ernst Stargardt trat in den Justizdienst ein. Zuerst arbeitete er als „ständiger Hilfsarbeiter“ ohne feste Planstelle bei der Staatsanwaltschaft Berlin. Im November 1922 wurde er zum Staatsanwaltschaftsrat am Landgericht Potsdam ernannt.

Ernst Stargardt war evangelischer Konfession. Seine Großeltern waren noch Mitglieder der jüdischen Gemeinde gewesen, aber vermutlich war bereits sein Vater konvertiert. 1919 heiratete Ernst Stargardt Marie Luise geb. Tabel, das Ehepaar hatte drei Kinder.

Stargardt war gesellschaftlich engagiert. Er übernahm ehrenamtliche Funktionen in der evangelischen Kirche. Politisch deutsch-national eingestellt und weiterhin dem Königlichen Haus Hohenzollern verbunden, war er bis 1933 Mitglied der DNVP. In der Partei gehörte er der „Anti-Hugenberg-Gruppe“ an, die sich gegen das Bündnis mit der NSDAP wandte.

Im Justizdienst war Ernst Stargardt ab 1931 zur Beförderung vorgeschlagen. Die NS-Herrschaft setzte seiner Karriere als Beamter jedoch ein Ende. Nach den rassistischen Kriterien der Nationalsozialisten galt er als Jude. Als dekorierter Frontkämpfer im Ersten Weltkrieg konnte Ernst Stargardt vorerst im Amt verbleiben. Im „Gesetz zur Wiederherstellung des Berufsbeamtentums“ vom 7. April 1933 waren „Frontkämpfer“, Väter und Söhne von im Krieg gefallenen Soldaten und „Altbeamte“, die bereits vor dem 1. August 1914 im Staatsdienst waren, von dem Berufsverbot für Beamte „nicht arischer Abstammung“ ausgenommen worden.

Ende 1935, mit der ersten Verordnung zum „Reichsbürgergesetz“ vom 14. November 1935, erhielten auch die noch im Dienst verbliebenen jüdischen Beamten Berufsverbot. Ernst Stargardt wurde zum 1. Januar 1936 „in den Ruhestand versetzt“.

Ernst Stargardt blieb in Potsdam. Er gab Nachhilfeunterricht und machte gegenüber sei-

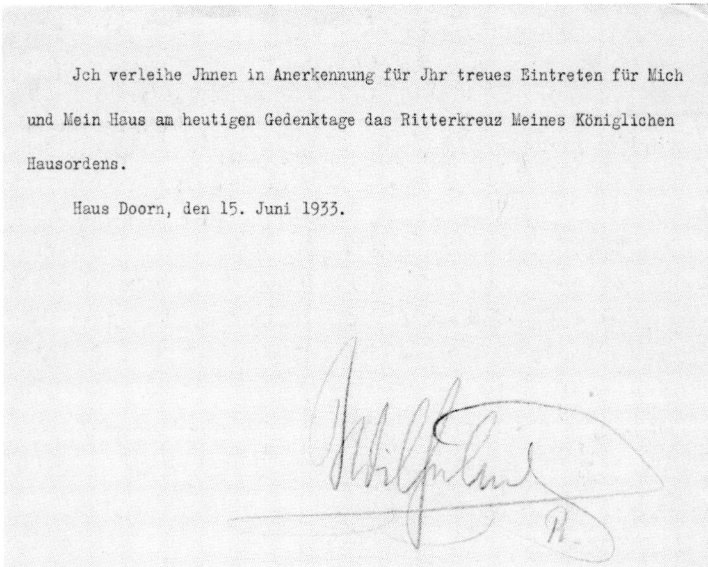

Jch verleihe Jhnen in Anerkennung für Jhr treues Eintreten für Mich und Mein Haus am heutigen Gedenktage das Ritterkreuz Meines Königlichen Hausordens.

Haus Doorn, den 15. Juni 1933.

Wilhelm II. verleiht Ernst Stargardt aus dem holländischen Exil den Hohenzollern-Orden.

nen Schülern keinen Hehl aus seiner feindlichen Einstellung gegenüber dem Nationalsozialismus. Gemeinsam mit seiner Ehefrau hatte er sich schon 1934 der Bekennenden Kirche angeschlossen, für die er sich informell als juristischer Berater betätigte. „Ich war insbesondere geheim juristisch tätig für die von der Naziregierung verfolgten Geistlichen und Laien (Heimtückegesetz, Kanzelparagraph, Sammlungsgesetz usw.),“ berichtete Ernst Stargardt 1949 im Rückblick.

Stargardt stand unter der Aufsicht der Gestapo. Er wurde mehrmals vorgeladen und bedroht. Teile seines Eigentums wurden ersatzlos konfisziert. Da Stargardt in einer sogenannten „privilegierten Mischehe“ lebte – seine Ehefrau war „arischer Abstammung“ – blieb er von den Deportationen ausgenommen. Seine Ehefrau wurde zu schwerer und schmutziger Arbeit in einer Konservenfabrik herangezogen, Stargardt selbst entging der Zwangsarbeit, da er aus gesundheitlichen Gründen nicht arbeitsfähig war. Ein Sohn konnte noch 1943 das Abitur able-

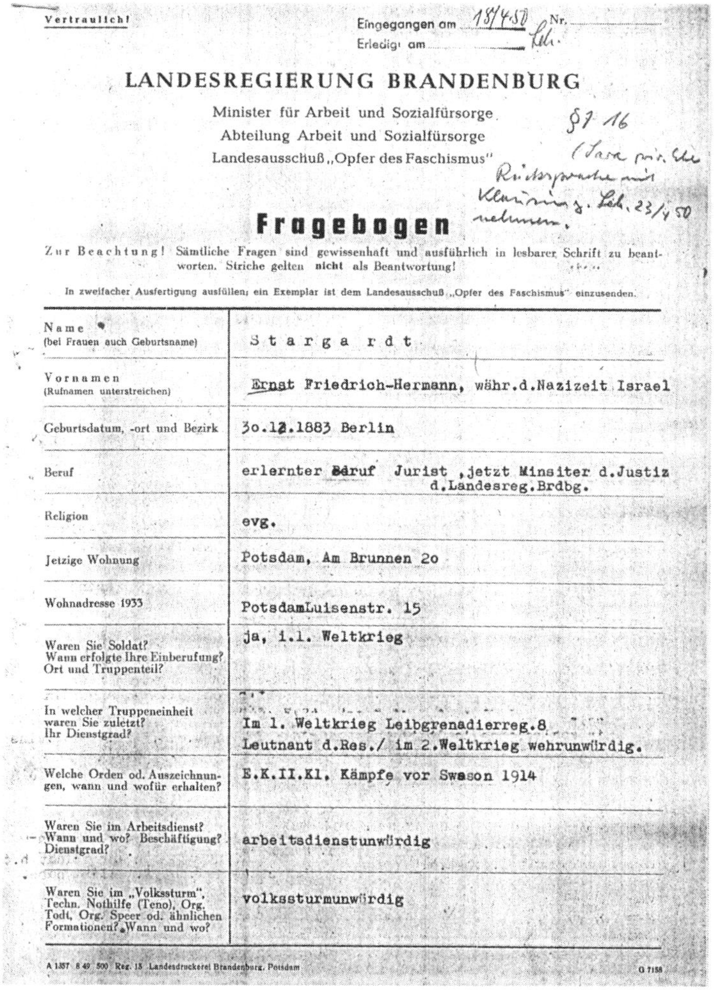

Vertraulich!

Eingegangen am 18/4.50 Nr.
Erledigt am

LANDESREGIERUNG BRANDENBURG

Minister für Arbeit und Sozialfürsorge
Abteilung Arbeit und Sozialfürsorge
Landesausschuß „Opfer des Faschismus"

Fragebogen

Zur Beachtung! Sämtliche Fragen sind gewissenhaft und ausführlich in lesbarer Schrift zu beantworten. Striche gelten **nicht** als Beantwortung!

In zweifacher Ausfertigung ausfüllen; ein Exemplar ist dem Landesausschuß „Opfer des Faschismus" einzusenden.

Name (bei Frauen auch Geburtsname)	S t a r g a r d t
Vornamen (Rufnamen unterstreichen)	Ernst Friedrich-Hermann, währ.d.Nazizeit Israel
Geburtsdatum, -ort und Bezirk	30.12.1883 Berlin
Beruf	erlernter Beruf Jurist ,jetzt Minsiter d.Justiz d.Landesreg.Brdbg.
Religion	evg.
Jetzige Wohnung	Potsdam, Am Brunnen 20
Wohnadresse 1933	PotsdamLuisenstr. 15
Waren Sie Soldat? Wann erfolgte Ihre Einberufung? Ort und Truppenteil?	ja, i.l. Weltkrieg
In welcher Truppeneinheit waren Sie zuletzt? Ihr Dienstgrad?	Im 1. Weltkrieg Leibgrenadierreg.8 Leutnant d.Res./ im 2.Weltkrieg wehrunwürdig.
Welche Orden od. Auszeichnungen, wann und wofür erhalten?	E.K.II.Kl. Kämpfe vor Swason 1914
Waren Sie im Arbeitsdienst? Wann und wo? Beschäftigung? Dienstgrad?	arbeitsdienstunwürdig
Waren Sie im „Volkssturm", Techn. Nothilfe (Teno), Org. Todt, Org. Speer od. ähnlichen Formationen? Wann und wo?	volkssturmunwürdig

A 1357 8 49 500 Reg. 13 Landesdruckerei Brandenburg, Potsdam G 7158

Fragebogen zur Anerkennung als „Verfolgter des Naziregimes"

gen. Er wurde als „Halbjude" im Oktober 1944 interniert und in verschiedene Arbeitslager verschleppt. Der andere Sohn kämpfte bei den Wehrmachtseinheiten unter General Rommel in Afrika.

Ernst Stargardt erlebte die Befreiung vom Nationalsozialismus in Potsdam. Bereits ab Mai 1945 stellte er sich der provisorischen Stadtverwaltung als juristischer Berater zur Verfügung. Anfang Juli wurde er wieder offiziell in den Justizdienst aufgenommen. Bis Ende 1946 arbeitete er zuerst als Oberstaatsanwalt der Stadt Potsdam und Vorstand des Gefängnisses, dann als Oberstaatsanwalt des Landgerichtsbezirks Potsdam.

1945 war Ernst Stargardt eines der Gründungsmitglieder der CDU. Er war ebenso Mitglied der *„Vereinigung der Verfolgten des Naziregimes" (VVN)*, des FDGB und der *„Gesellschaft für die Freundschaft mit der Sowjetunion"* und Abgeordneter in der Kirchenversammlung der EKD. In der CDU wurde er zum Mitglied des Landesvorstandes gewählt.

Am 20. Dezember 1946 wurde er für seine Partei zum Justizminister der neuen Landesregierung in Brandenburg gewählt (der Landesregierung gehörten Vertreter aller antifaschistischen Parteien an).

Ende der 40er Jahre geriet Ernst Stargardt in zunehmenden Gegensatz zu den Machtansprüchen der SED. Mitglieder der Ost-CDU (wie auch Mitglieder anderer Parteien), die sich dem Hegemonieanspruch der SED widersetzten, waren verstärkt Repressalien ausgesetzt. Viele wurden willkürlich verhaftet und in fadenscheinigen Prozessen zu mitunter hohen Haftstrafen verurteilt, einige nach der Verhaftung ermordet. Stargardt sah keine Möglichkeit mehr, seine Vorstellungen von einer rechtsstaatlichen Justiz und Politik durchzusetzen.

Im Frühjahr 1950 stellte Ernst Stargardt noch einen Antrag auf Anerkennung als „Verfolgter des Naziregimes". 1946 war er bereits als „Opfer des Faschismus" anerkannt worden. Aufgrund neuer gesetzlicher Regelungen wurden die anerkannten „Opfer des Faschismus" 1950 jedoch erneut überprüft. Sein Antrag wurde schließlich positiv beschieden. Doch Ernst Stargardt hielt nichts mehr in der DDR. Im August 1950 flüchtete er mit seiner Familie in den Westen.

Über seine letzten Lebensjahre liegen kaum Informationen vor. Ernst Stargardt engagierte sich in der Exil-CDU, dem Zusammenschluss der aus der DDR geflüchteten Parteimitglieder. Er verstarb am 5. November 1954 in Oberursel.

Quellen: Bundesarchiv, R 22, Reichsjustizministerium Personalakte 77.123-124
Brandenburgisches Landeshauptarchiv, Rep. 4 A Kammergericht Berlin, Pers. 4796-4797
Brandenburgisches Landeshauptarchiv, Rep. 332 SED-Landesvorstand Brandenburg, Nr. 1166
Brandenburgisches Landeshauptarchiv, Rep. 401, Bezirkstag und Rat des Bezirkes Potsdam, VdN - 1602
Brandenburgisches Landeshauptarchiv, Rep. 203, Ministerium des Innern, PA 74
Handbuch des Landtages Brandenburg, Potsdam 1947 (S. 117 dort Kurzbiographie und Foto)
Konrad-Adenauer-Stiftung, Archiv für Christlich-Demokratische Politik, Bestand Exil-CDU der SBZ, III - 013 256/1, 266/2, 344/2, 764
Michael Richter, Die Ost-CDU 1948-1952, Düsseldorf 1991
Auskünfte von der Schwiegertochter Frau Stargardt, Berlin

Ernst Westphal im Ersten Weltkrieg

Ernst Westphal

13. Juni 1871 Berlin
21. April 1949 Kapstadt, Südafrika

Anschrift 1933
Büro: Amtsgericht Potsdam
Privat: Potsdam, Neue Königstr. 29 (1933)
Berlin-Dahlem, Thielallee 30 (1933 - 1940)

Nach Referendariat und zweitem Staatsexamen wurde Ernst Westphal als Gerichtsassessor beim Kammergericht Berlin in den Justizdienst übernommen. Unter anderem wurde er in Landsberg (Warthe) und in Berlin eingesetzt. Im Sommer 1906 wurde er zum Richter am Landgericht Duisburg ernannt. Anfang 1912 erfolgte die Versetzung an das Landgericht Potsdam.

Bereits im Mai 1901 hatte Ernst Westphal seine Frau Helene geb. Simon geheiratet. Sie war die Tochter von James Simon, dem erfolgreichen Kaufmann und bekannten Mäzen der

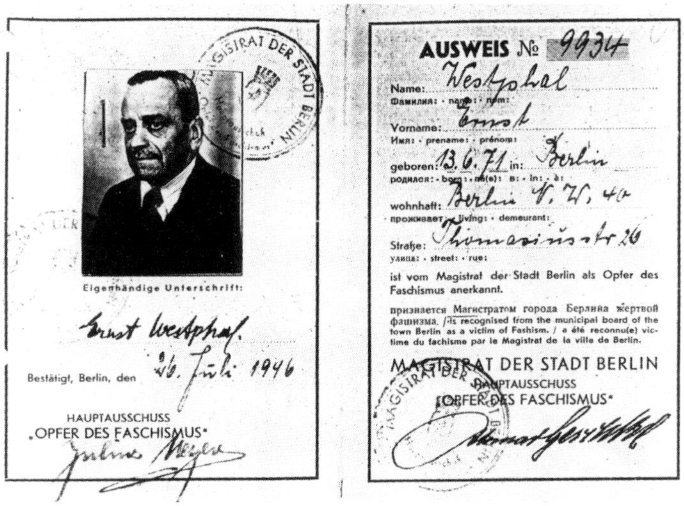

Ausweis als „Opfer des Faschismus"

Berliner Museen. Westphal war evangelischer Konfession, seine Frau trat aus Anlass der Hochzeit zum evangelischen Glauben über. In der Ehe wurden zwischen 1902 und 1912 fünf Kinder geboren.

Im Ersten Weltkrieg kämpfte Ernst Westphal von 1914 bis 1918 in der Armee. Er war „mehrere Jahre an der Front, teils im Westen, teils im Osten, erst als Mitglied des Kaiserlichen Automobilklubs im Hauptquartier, später als Offizierstellvertreter in der Artillerie, und hat an Kämpfen teilgenommen," erinnerte sich in den 50er Jahren seine Ehefrau.

Nach Ende des Weltkrieges kehrte Westphal nach Potsdam in sein Richteramt zurück. Ab 1921 war er am Amtsgericht Potsdam tätig.

Im April 1933 wurde Westphal „bis auf weiteres beurlaubt". Nach den Kriterien der Nationalsozialisten galt er als „Halbjude", seine Ehefrau als „Volljüdin". Die Potsdamer Tageszeitung meldete hierzu am 5. April : „Amtsgerichtsrat Westphal, der jahrelang im Feld gestanden hat, ist wegen der Abstammung seiner Mutter von der bekannten Familie Mendelssohn beurlaubt worden. Die Verdienste dieser Familie um den preußischen Staat in den letzten 150 Jahren brauchen wohl kaum hervorgehoben zu werden."

Das Preußische Justizministerium zögerte eine Entscheidung hinaus. Westphal war im Juli 1933 immer noch „beurlaubt". Ende Juli beantragte er, um den absehbaren Zwangsmaßnahmen zu entgehen, zum 1. Dezember 1933 die Versetzung in den Ruhestand.

Ernst Westphal verließ Potsdam. Er zog mit seiner Ehefrau nach Berlin-Dahlem, wo sich das Ehepaar ein Haus kaufte. Hier lebten sie bis Mitte 1940. Mitte der 30er Jahre flüchteten drei ihrer Kinder aus Deutschland. Der Sohn und eine Tochter gingen nach Südafrika, die jüngste Tochter nach Palästina. Nach dem Pogrom vom November 1938 planten Ernst Westphal und seine Frau die Flucht aus Deutschland. Dem Sohn in Südafrika gelang es, für seine Eltern eine Einreiserlaubnis nach Südafrika zu beschaffen (Südafrika hatte schon 1936 die Einreise- und Arbeitsmöglichkeiten für Flüchtlinge drastisch beschränkt). Die Visa gelangten jedoch erst nach Beginn des 2. Weltkriegs in die Hände der Eltern. Es gelang ihnen nicht mehr, aus Deutschland herauszukommen. Mitte 1940 mussten sie das Haus in Dahlem verkaufen, um einer Zwangsveräußerung zuvorzukommen. Sie bezogen eine Wohnung in Berlin-Schöneberg in der Elsholzstraße 17. Das Haus wurde Ende November 1943 ausgebombt. Ernst und Helene Westphal verloren die Bleibe und ihre restliche Habe. Sie fanden Unterschlupf in der Derfflingerstraße. Ende Januar 1944 wurde auch dieses Haus durch Bomben zerstört. Die Westphals zogen erneut um, diesmal nach Berlin-Tiergarten in die Thomasiusstraße in Berlin-Tiergarten. Hier erlebten sie 1945 das Kriegsende und die Befreiung vom Nationalsozialismus. Was ihnen in den Jahren der Verfolgung ab 1940 widerfahren war und wie sie den Deportationen entkamen, beschrieb

Ernst Westphal, in den Zwanziger Jahren

Helene Westphal 1952 kurz in einem Lebenslauf zum Entschädigungsantrag: „Mein Mann erhielt während des Krieges die „Strafpension“ als Jude, und wir unterstanden all den den Juden auferlegten Beschränkungen, trugen den gelben Stern und waren auf die völlig unzureichenden jüdischen Lebensmittelrationen angewiesen. Wir lebten in dauernder Furcht, abtransportiert zu werden, sind auch einmal verhaftet worden, wurden aber am nächsten Tage nach Verhör wieder entlassen. Von 1944 ab – in Moabit – hielt man uns für ein „Mischehepaar“, wir behielten aber weiter die jüdischen Lebensmittelkarten, konnten den zu unserem Haus gehörigen Luftschutzkeller nicht benutzen und unterstanden all den für Juden geltenden Bestimmungen, da wir offiziell Juden waren. – Wir waren natürlich immer in Gefahr entdeckt zu werden.“

Im Juli 1946 wurde Ernst Westphal als „Opfer des Faschismus“ anerkannt. Bereits seit April 1946 arbeitete er wieder im Justizdienst. Er war Nachlassrichter am Amtsgericht Lichtenberg in Berlin. Im März 1947 gab er die Arbeit wegen einer schweren Erkrankung auf. Ernst und Helene Westphal entschlossen sich, Deutschland zu verlassen. Sie wollten nach Südafrika gehen, wo zwei ihrer Kinder lebten. Im Juni 1947 verließen sie Berlin. Nach sechs Monaten Aufenthalt in Schweden konnten sie im Dezember nach Südafrika weiterreisen. Sie ließen sich in Kapstadt bei ihren Kindern nieder. Dort verstarb Ernst Westphal im April 1949. Seine Witwe kehrte später nach Deutschland zurück, wo sie 1965 verstarb.

Quellen: Brandenburgisches Landeshauptarchiv, Rep. 4 A Kammergericht Berlin Pers. 5197
Landesversorgungsamt Berlin, Entschädigungsbehörde, Nr. 76320 (Ernst Westphal)
Potsdamer Tageszeitung vom 5. April 1933
Olaf Matthes, James Simon, Mäzen im Wilhelminischen Zeitalter, Berlin 2000
Schreiben der Tochter Leni Yahil vom 14. 1. und 2. 2. 2002

Quellenverzeichnis

Archivmaterialien

Bundesarchiv Berlin

R 22, Reichsjustizministerium Personalakten

PA 53.597 (Bruno Cohn), PA 56.055 (Alfred Fordon), PA 57.303 (Otto Giesen), PA 58.687 (Hermann Hahlo), PA 60.565 (Fritz Hirschfeld), PA 61.164 (Hans Hopp), PA 62.181 (Richard Josephsohn), PA 66.053 (Berthold Lehmann), PA 66.438 (Ludwig Levy), PA 66.913 (Herbert Loewy), PA 77.123-124 (Ernst Stargardt)

R 22, Reichsjustizministerium, Personalkartei

Bundesarchiv, Datei zur Volkszählung 1939

Bundesarchiv, R 3001/5104

Brandenburgisches Landeshauptarchiv, Potsdam

Rep. 4 A Kammergericht Berlin, Personalakten

Pers. 775 (Bruno Cohn), Pers. 776, 5955 (Sally Cohn), Pers. 1323 (Alfred Fordon), Pers. 1576 (Otto Giesen), Pers. 2176 (Gustav Herzfeld), Pers. 2244 (Fritz Hirschfeld), Pers. 2349-2350 (Günther Holberg), Pers. 2372-2375 (Hans Hopp), Pers. 2514-2516 (Joseph Josephsohn), Pers. 2517-2518 (Raphael Josephsohn), Pers. 2519-2521 (Richard Josephsohn), Pers. 3370 (Herbert Marcuse), Pers. 3715 (Ernst Nathan), Pers. 3947 (Louis Pink), Pers. 4684-4685 (Adolf Seimert), Pers. 4731-4732 (Heinrich Simon), Pers. 4796-4797 (Ernst Stargardt), Pers. 5197 (Ernst Westphal), Pers. 5543 (Fritz Hirschfeld), Pers. 5556 (Richard Josephsohn), Pers. 5846 (Ludwig Levy), Pers. 5850 (Herbert Marcuse), Pers. 6049 (Ludwig Levy), Pers. 6081 (Ernst Nathan), Pers. 6549 (Raimund Heinecke), Pers. 10484 (Herbert Loewy)

Rep. 5 E Amtsgericht Potsdam 26, 1294

Rep. 12 A Landgericht Potsdam 239, 243, 266

Rep. 36 A Oberfinanzpräsident Devisenstelle F 717 (Gustav Herzfeld)

Rep. 36 A Oberfinanzpräsident 4510

Rep. 240 Landgericht Potsdam 86

Rep. 332 SED-Landesvorstand Brandenburg, Nr. 1166

Rep. 401 Bezirkstag und Rat des Bezirkes Potsdam, VdN – 664 (Ernst Gumpert), VdN - 1602 (Ernst Stargardt).

Geheimes Staatsarchiv Berlin

Rep. 84 a Nr. 11947, Nr. 20155

Landesarchiv Berlin

Einwohnermeldekartei

Gesamtdatei zum Berliner Gedenkbuch

Landesarchiv Schleswig-Holstein

Abt. 786 Nr. 642 (Wiedergutmachungsverfahren Friedrich Käckell)

Niedersächsisches Hauptstaatsarchiv Hannover

Nds. 110 W (Entschädigungsakten)

Acc. 31/99, Nr. 215.317 (Richard Josephsohn), Nr. 216.495 (Bruce Carter), Nr. 220.587 (Rebecka Hopp nach dem verstorbenen Ehemann Hans Hopp), Nr. 222.169 (Aenne Dorothy Scott nach dem Vater Fritz Hirschfeld), Nr. 236.668 (Hermann Hahlo)

Acc. 8/90, Nr. 189/11 (Otto Giesen), Nr. 230/14 (Erbengemeinschaft nach Joseph Josephsohn), Nr. 263/4 (Ludwig Levy), Nr. 278/3 (Herbert Marcuse), Nr. 292/20 (Ernst Nathan)

Landesversorgungsamt Berlin, Entschädigungsbehörde

Entschädigungsakten Nr. 50.598 (Sally Cohn), Nr. 76.320 (Ernst Westphal), Nr. 161.203 (Berthold Lehmann), Nr. 210.686 (Ernst Hammerschlag)

Universitätsarchive

Friedrich-Alexander-Universität, Erlangen-Nürnberg, Promotionsakte Ernst Gumpert (UAE, C2/3 Nr. 1008)

Ernst-Moritz-Arndt-Universität Greifswald, UAG, Promotionsakten Siegfried Lehmann (Jur. Diss. 434) und Berthold Lehmann (Jur. Diss. 794)

Georg-August-Universität Göttingen, Promotionsakten Ernst Hammerschlag und Adolf Seimert

Friedrich-Schiller-Universität Jena, Promotionsakten Friedrich Käckell und Ernst Nathan

Universität Rostock, Promotionsakte Herbert Marcuse

Amtsarchiv Dahme (Mark)

Brief Ernst Kessels vom 24. 2. 1950

Amtsgericht Luckenwalde

Nachlassakten (Ernst Gumpert, Adolf Seimert, Heinrich Simon)

Konrad-Adenauer-Stiftung, Archiv für Christlich-Demokratische Politik

Bestand Exil-CDU der SBZ, III - 013 256/1, 266/2, 344/2, 764

Heimatmuseum Jüterbog

Bestand zum Referendarlager Hanns-Kerrl

Heimatmuseum Luckenwalde

Riemer, Detlev: Pelikan und Davidstern, Juden in Luckenwalde II, Quellensammlung aus lokalenZeitungen (1850-1941).

Gedruckte Quellen

Adressbücher

Adressbuch Potsdam 1888, 1890, 1912, 1914, 1932, 1934, 1936/37, 1938

Adressbuch Brandenburg (Havel) 1931/32, 1934/35, 1936/37

Adressbuch Luckenwalde 1927, 1930, 1935

Adressbuch Rathenow 1929, 1935

Adressbuch Berlin 1967, 1970

Telefonbuch Berlin bis 1985/96

Personal- und Mitgliederverzeichnisse

Handbuch der Justiz, Die Träger und Organe der Rechtsprechenden Gewalt in der Bundesrepublik Deutschland, (Hg.) Deutscher Richterbund, 1. Jg./1953 - 10. Jg./1970.

Handbuch der Justizverwaltung, bearbeitet im Büro des Reichs-justizministeriums, Berlin 1942.

Handbuch des Landtages Brandenburg, Potsdam 1947

Handbuch über den Königlich-Preußischen Hof und Staat, 1885-1918.

Handbuch über den Preußischen Staat, 1919-1935.

Kalender für Reichsjustizbeamte, bearbeitet im Büro des Reichsjustizministeriums, Berlin 1936 und 1938.

Mitgliederverzeichnis des Bundes Nationalsozialistischer Deutscher Juristen e.V., Reichsfachgruppe Rechtsanwälte, Berlin 1935.

Mitgliederverzeichnis des Nationalsozialistischen Rechtswahrerbundes e.V. Reichsgruppe Rechtsanwälte, Berlin 1936 und 1937.

Personalverzeichnis des höheren Justizdienstes. bearbeitet im Büro des Reichsjustizministeriums, Berlin 1938.

Preußischer Terminkalender, bearbeitet im Büro des Preußischen Justizministeriums, 79 Jg./1933, 80Jg./1934.

Verzeichnis der Rechtsanwälte, Notare und Gerichtsvollzieher, geordnet nach Gerichtsbehörden, (Hg.) Deutscher Anwaltsverein, Leipzig 1932.

Verzeichnis nichtarischer Rechtsanwälte Deutschlands, Berlin 1934.

Gesetz- und Verordnungsblätter

Justiz- und Ministerialblatt für die preußische Gesetzgebung 1933

Reichsgesetzblatt, 1933, 1935, 1938

Autobiographien, Erinnerungsberichte

Blau, Bruno: Vierzehn Jahre Not und Schrecken. Unveröffentlichtes Manuskript, YIVO, New York 1952.

Hermann-Friede, Eugen: Für Freudensprünge keine Zeit. Erinnerungen an Illegalität und Aufbegehren 1942-1948, (mit einem Nachwort von Barbara Schieb-Samizadeh), Berlin 1991.

Kahn, Ellison: In Memoriam: Herman Robert Hahlo, in: South African Law Journal, Vol. 102, Part 4 (November 1985), S. 573-578.

Löwenthal, Fritz: Der neue Geist von Potsdam. Hamburg o.J., (vermutl. 1949).

Neumann, Siegfried: Vom Kaiserhoch zur Austreibung. Bonn 1978.

Tributes to Hermann Robert Hahlo, in: South African Law Journal, Vol. 101, Part 3 (August 1984), S. 419-431.

Gedenkbücher

Gedenkbuch. Opfer der Verfolgung der Juden unter der nationalsozialistischen Gewaltherrschaft in Deutschland 1933-1945, hg. vom Bundesarchiv Koblenz, Frankfurt a. M. 1986.

Gedenkbuch Berlins der jüdischen Opfer des Nationalsozialismus, hg. vom Zentralinstitut für sozialwissenschaftliche Forschung der Freien Universität Berlin im Auftrag der Senatsverwaltung für kulturelle Angelegenheiten, Berlin 1995.

Theresienstädter Gedenkbuch: die Opfer der Judentransporte aus Deutschland nach Theresienstadt 1942 - 1945, (Hg.) Institut Theresienstädter Initiative, Prag 2000

Zeitungen, Aufsätze in Zeitschriften

Potsdamer Tageszeitung vom 29. 3. 1933, Nr. 76, vom 30. 3. 1933, Nr. 77, 1. 4. 1933, Nr. 79, 3. 4. 1933, Nr. 80, vom 5. 4. 1933, Nr. 82, vom 6. 4. 1933, Nr. 83, vom 10. 4. 1933, Nr. 86, vom 24. 4. 1933, Nr. 96, vom 17./18. 3.1934, Nr. 65, , vom 10. 11. 1938, Nr. 264

Schmitt, Carl: Nationalsozialismus und Rechtsstaat, in: Juristische Wochenschrift 1934, S. 713

Tageblatt (Kreis Jüterbog-Luckenwalde), 2. Extrablatt zur Reichstagswahl 1932

The Times (London) vom 19. und 26 September 1933

Sonstige gedruckte Quellen

Die Ausbürgerung deutscher Staatsangehöriger 1933 - 45 nach den im Reichsanzeiger veröffentlichten Listen, hg. von Michael Hepp, Bd. 1 - 3, München 1985.

Auskünfte

Bezirksregierung Düsseldorf, Bundeszentralkartei für Entschädigungsverfahren; Bundesarchiv Koblenz; Bundesministerium der Justiz, Herr Bindels; Bundesverwaltungsgericht Berlin; Friedrich Ebert Stiftung, Archiv der sozialen Demokratie; Gedenkstätte Buchenwald; Gedenkstätte Sachsenhausen; Jüdischer Friedhof Berlin, Weißensee und Heerstraße; Justizministerium Nordrhein-Westfalen; Justizministerium Baden-Württemberg; Konrad-Adenauer-Stiftung, Archiv für Christlich-Demokratische Politik; Kreismuseum Rathenow; Martin-Luther-Universität Halle-Wittenberg; Muzeum Gross-Rosen, Potsdam-Museum; Staatliche Museen Berlin, Zentralarchiv; Slaughter & May, London, Stadtarchiv Brandenburg; Stadtarchiv Kiel; Universität Leipzig, Universitätsarchiv

Detlev Riemer, Luckenwalde; Horst Fordon; Anika Franzke, Luckenwalde; Eberhard Holberg; Hartmut Knitter, Potsdam; Pfarrer Kunzendorf, Potsdam; Frau Oberwinter; Gabriele Pallat, Freiburg; Almuth Püschel, Potsdam; Claudia Schoppmann, TU Berlin Projekt „Helfer für verfolgte Juden"; Herr Schwarz, Potsdam; Frau Stargardt, Berlin; Wolfgang Weißleder, Potsdam; Herr Wille, Potsdam; Leni Yahil, Jerusalem

Literaturverzeichnis

Arlt, Klaus: Aufbau und Niedergang jüdischer Gemeinden in der Mark Brandenburg im 19. und beginnenden 20. Jahrhundert, in: Menora, Jahrbuch für deutsch-jüdische Geschichte, 1993, S. 315 ff.

Arlt, Klaus: Chronologie der Synagogengemeinde Potsdam nach 1903, in: Kaelter, Geschichte der jüdischen Gemeinde zu Potsdam (Reprint), a.a.O., S. 228-252.

Arlt, Klaus: Juden in Potsdam, in: 1000 Jahre Potsdam. Das Buch zum Stadtjubiläum mit dem Festprogramm, (Hg.) Sigrid Grabner, 2. Auflage Frankfurt a.M. 1992, S. 115 – 119.

Barkai, Avraham: Vom Boykott zur „Entjudung". Der wirtschaftliche Existenzkampf der Juden im Dritten Reich 1933-1943, Frankfurt a. M. 1986.

Benz, Wolfgang: Geschichte des Dritten Reiches, München 2000 (Sonderausgabe für die Bundeszentrale und Landeszentralen für politische Bildung).

Benz, Wolfgang: Von der Entrechtung zur Verfolgung und Vernichtung. Jüdische Juristen unter dem nationalsozialistischen Regime, in: Heinrichs, Helmut (Hg.): Deutsche Juristen jüdischer Herkunft, München 1993, S. 813-852.

Biographisches Handbuch der deutschsprachigen Emigration, bearb. von Werner Roeder und Herbert A. Strauss, Bd. 1 - 3, München 1980 und 1983.

Blau, Bruno: Das Ausnahmerecht für die Juden in Deutschland 1933-45, 2. Auflage Düsseldorf 1954.

Bracher, Karl Dietrich: Dualismus oder Gleichschaltung: Der Faktor Preußen in der Weimarer Republik, in: Bracher, Karl Dietrich / Funke, Manfred / Jacobsen, Hans-Adolf (Hg.): Die Weimarer Republik 1928-1933, 2. Aufl. Bonn 1987, S. 535-551.

Brocke, Michael / Strehlen, Martina: Der Friedhof der Jüdischen Gemeinde Potsdam, in: Kaelter, Geschichte der jüdischen Gemeinde zu Potsdam (Reprint), a.a.O., S. 145-175.

Broszat, Martin / Frei, Norbert (Hg.): Das Dritte Reich im Überblick. Chronik, Ereignisse, Zusammenhänge, 5. Aufl. München 1996.

Comité des Délégations Juives (Hg.): Die Lage der Juden in Deutschland 1933 – Das Schwarzbuch – Paris 1934, Wiederauflage Frankfurt a. M. / Berlin / Wien 1983.

Demps, Laurenz: Die Provinz Brandenburg in der NS-Zeit (1933 bis 1945), in: Materna, Ingo / Ribbe, Wolfgang (Hg.): Brandenburgische Geschichte, Berlin 1995, S. 619-676.

Die Ausbürgerung deutscher Staatsangehöriger 1933 - 45 nach den im Reichsanzeiger veröffentlichten Listen, hg. von Michael Hepp, Bd. 1 - 3, München 1985.

Ernest Nash – Ernst Nathan 1898 - 1974, Photographie, Potsdam – Rom – New York – Rom, hg. von Maria R.-Aföldi und Margarita Lahusen, Berlin 2000.

Falter, Jürgen W.: Wahlen und Wählerverhalten unter besonderer Berücksichtigung des Aufstiegs der NSDAP nach 1928, in: Bracher u.a., Die Weimarer Republik 1928-1933, a.a.O., S. 484-504.

Fiedler, Herbert: Dokumentation über Leben und Leiden der jüdischen Familien Luckenwaldes in den Jahren 1933-1945, Luckenwalde 1991.

Fraenkel, Ernst: Der Doppelstaat, Frankfurt a. M. 1984.

Freudenthal, Joseph: Chronik der Synagogengemeinde zu Luckenwalde und deren Vorgeschichte. Zum 50jährigen Jubiläum der Synagogengemeinde 1919, hg. von Detlev Riemer in Zusammenarbeit mit Irene Diekmann, Potsdam 1997.

Gay, Peter: Die Republik der Außenseiter. Geist und Kultur in der Weimarer Zeit 1918-1933, Frankfurt a. M. 1970.

Geiger, Abraham: Gutachten über die rituale Statthaftigkeit der Orgel bei dem synagogalen Gottesdienste; in: Abraham Geigers Nachgelassene Schriften, herausgegeben von Ludwig Geiger, Berlin 1875; S. 283-295.

Genschel, Helmut: Die Verdrängung der Juden aus der Wirtschaft im Dritten Reich, Göttingen 1966.

Giersberg, Hans-Joachim: Erinnerungen an Ernest Nash, in: Ernest Nash – Ernst Nathan 1898 - 1974, a.a.O., S. 11-17.

Göppinger, Horst: Juristen jüdischer Abstammung im „Dritten Reich". Entrechtung und Verfolgung, 2. Auflage München 1990.

Goschler, Constantin: Paternalismus und Verweigerung. Die DDR und die Wiedergutmachung für jüdische Verfolgte des Nationalsozialismus, in: Jahrbuch für Antisemitismusforschung 2 (1993), S. 93-117.

Gruchmann, Lothar: Justiz im Dritten Reich 1933-1940. Anpassung und Unterwerfung in der Ära Gürtner, München 1988.

Gumbel, Emil Julius: Vom Fememord zur Reichskanzlei, Heidelberg 1962.

Hans Georg Lehmann, Acht und Ächtung politischer Gegner im Dritten Reich. Die Ausbürgerung deutscher Emigranten 1933-45, in: Die Ausbürgerung deutscher Staatsangehöriger 1933 - 45, a.a.O., S. IX-XXIII.

Heiber, Helmut: Die Republik von Weimar, 22. Aufl. Nördlingen 1996.

Hepp, Michael : Wer Deutscher ist, bestimmen wir..., in: Die Ausbürgerung deutscher Staatsangehöriger 1933 - 45., a.a.O., S. XXV-XL.

Im Namen des Deutschen Volkes. Justiz und Nationalsozialismus. Katalog zur Ausstellung des Bundesministeriums der Justiz, 5. Aufl. Bielefeld 1998.

Jersch-Wenzel, Stefi: Preußen als Einwanderungsland, in: Preußen. Beiträge zu einer politischen Kultur, Reinbek 1981, S. 136-161.

Kaelter, Robert: Geschichte der jüdischen Gemeinde zu Potsdam (Reprint), hg. von Julius Schoeps und Hermann Simon, Berlin 1993 (im Original 1903).

Königseder, Angelika: Recht und nationalsozialistische Herrschaft. Berliner Anwälte 1933-1945, Berlin 2001.

Krach, Tillmann: Jüdische Rechtsanwälte in Preußen. Bedeutung der freien Advokatur und ihre Zerstörung durch den Nationalsozialismus, München 1991.

Krausnick, Helmut: Judenverfolgung, in: Broszat, Martin / Jacobsen, Hans-Adolf / Krausnick, Helmut: Anatomie des SS-Staates. Bd. 2, München 1967, S. 233-366.

Ladwig-Winters, Simone: Anwalt ohne Recht. Das Schicksal jüdischer Rechtsanwälte in Berlin nach 1933, Berlin 1998.

Ladwig-Winters, Simone: Ausstellung „Anwalt ohne Recht", Sondertafel zur Geschichte des Deutschen Juristentages e.V. nach 1933.

Laqueur, Walter: Weimar. Die Kultur der Republik, Berlin 1976.

Lowenthal, Ernst G.: Juden in Preußen, Berlin 1981.

Margarita Lahusen, Ernest Nash Ernst Nathan 1898 - 1974, in: Ernest Nash – Ernst Nathan 1898 - 1974, a.a.O., S. 25-90.

Matthes, Olaf: James Simon. Mäzen im Wilhelminischen Zeitalter, Berlin 2000.

Meyer, Beate: „Jüdische Mischlinge", Rassenpolitik und Verfolgungserfahrung 1933-1945, Hamburg 1999.

Minuth, Karl-Heinz: Die Regierung Hitler. Teil I 1933/34, Bd. 1, Boppard 1983.

Ostler, Fritz: Die deutschen Rechtsanwälte 1871-1971, Essen 1971.

Peter, Andreas: Nachbarn von einst. Bilder und Dokumente jüdischen Lebens in Guben, Guben 1999.

Philo-Lexikon. Handbuch jüdischen Wissens, Berlin 1936.

Potsdam. Daten und Ansichten zur Geschichte der Stadt, hg. vom Potsdam-Museum, Potsdam 1993.

Reifner, Udo: Rechtsfürsorge und Rechtsbetreuung. Tendenzen in der Entwicklung von Rechtshilfe und Anwaltschaft, Wissenschaftszentrum Berlin, Vortrag vom 26. 11. 1979.

Richter, Michael: Die Ost-CDU 1948-1952, Düsseldorf 1991.

Riemer, Detlev: Zur Geschichte der Juden in Luckenwalde 1919-1996, in: Freudenthal, Chronik der Synagogengemeinde zu Luckenwalde, a.a.O., S. 113-170.

Sabrow, Martin: Die Blutspur, in: Der Tagesspiegel, 19. 1. 2001.

Sahl, Hans: Daten und Bilder, Beiheft zur Ausgabe der Memoiren eines Moralisten, Hamburg / Zürich 1992.

Schäbitz, Michael: Flucht und Vertreibung der deutschen Juden 1933-1941, in: Meyer, Beate / Simon, Hermann (Hg.), Juden in Berlin 1938-1945, Begleitband zur gleichnamigen Ausstellung in der Stiftung „Neue Synagoge Berlin – Centrum Judaicum", Berlin 2000, S. 51-74.

Schnell, Gabriele: Maimi von Mirbach – Eine Gerechte unter den Völkern, Katalog zur Ausstellung in MatschkesGalerie-Café Oktober 1994, Potsdam 1994.

Schockenhoff, Volker: Eine Spurensuche. Verfolgung, Vertreibung und Vernichtung Potsdamer jüdischer Bürgerinnen und Bürger in der NS-Zeit, hg. von der Fachhochschule Potsdam, Potsdam 1998.

Strenge, Barbara: Juden im Preußischen Justizdienst 1812-1918. Der Zugang zu den juristischen Berufen als Indikator der gesellschaftlichen Emanzipation, München u.a. 1996.

Walk, Joseph (Hg.): Das Sonderrecht für die Juden im NS-Staat. Eine Sammlung der gesetzlichen Maßnamen und Richtlinien – Inhalt und Bedeutung, Heidelberg, Karlsruhe 1981.

Walk, Joseph: Kurzbiographien zur Geschichte der Juden 1918-1945, München 1988.

Wegweiser durch das jüdische Brandenburg, hg. von Irene Diekmann und Julius H. Schoeps, Berlin 1995.

Wetzel, Juliane: Auswanderung aus Deutschland, in: Wolfgang Benz (Hg.), Juden in Deutschland 1933-1945, 3. Auflage München 1993, S. 412-498.

Wiener, Alfred: Kritische Reise durch Palästina, 2. Aufl. Berlin 1927.

Wirth, Günter: Der andere Geist von Potsdam. Zur Kulturgeschichte einer Stadt 1918 –1989, Frankfurt a. M. 2000.

Zeugnisse jüdischer Kultur. Erinnerungsstätten in Mecklenburg-Vorpommern, Brandenburg, Berlin, Sachsen-Anhalt, Sachsen und Thüringen, Berlin 1992.

Zur Geschichte der Juden in Rathenow, hg. vom Kreismuseum Rathenow, Rathenow 1992.

Anmerkungen

1 Dabei kam dem Kammergericht der Status eines Oberlandesgerichts zu. Außer Berlin und Potsdam umfasste der Kammergerichtsbezirk die Landgerichtsbezirke Cottbus, Frankfurt/Oder, Guben, Landsberg/Warthe, Neuruppin und Prenzlau.

2 Da es im Landgerichtsbezirk nur männliche Juristen jüdischer Herkunft gab, wird im Folgenden auch nur in der männlichen Person von den Betroffenen gesprochen.

3 Die Rechtsanwälte gehörten der Rechtsanwaltskammer (RAK) Potsdam an. Die RAK Potsdam umfasste alle Landgerichtsbezirke des Kammerbezirks Berlin, also auch Cottbus, Frankfurt/Oder, Guben, Landsberg /Warthe, Neuruppin und Prenzlau, jedoch nicht die Landgerichte Berlin.

4 Potsdamer Tageszeitung vom 29. 3. 1933, Nr. 76.

5 Die Situation eines vielleicht betroffenen Handelsrichters konnte nicht abschließend geklärt werden, da die Unterlagen der Kammer für Handelssachen Potsdam nicht überliefert sind. Er war 1933 möglicherweise nicht mehr im Amt.

6 Simone Ladwig-Winters, Anwalt ohne Recht. Das Schicksal jüdischer Rechtsanwälte in Berlin nach 1933, Berlin 1998, S. 10 ff.

7 Notwendige Voraussetzung wäre eine grundlegende Recherche über die Berufsgruppen hinweg unter regionalem Gesichtspunkt. Solche Untersuchungen über Geschichte und Schicksal der jüdischen Bevölkerung liegen bereits zu verschiedenen Regionen vor. Für Berlin gibt es die hervorragende Studie einer Arbeitsgruppe der Freien Universität Berlin, die 1995 das „Gedenkbuch Berlins der jüdischen Opfer des Nationalsozialismus" veröffentlicht und eine umfassende Datei hierzu erstellt hat. Für Brandenburg, dass vor 1945 keinen eigenständigen Landescharakter besaß, existiert bislang nichts derartiges.

8 Die Zuständigkeit der bundesdeutschen Entschädigungsbehörden richtete sich nach dem letzten Wohnsitz der Verfolgten im ehemaligen Deutschen Reich. Antragsteller aus Brandenburg wurden der Entschädigungsbehörde Niedersachsen zugeteilt. Wer weiterhin in der DDR lebte, konnte keine Anträge nach den Regelungen des Bundesentschädigungsgesetzes stellen.

9 Hierzu Constantin Goschler, Paternalismus und Verweigerung. Die DDR und die Wiedergutmachung für jüdische Verfolgte des Nationalsozialismus; in: Jahrbuch für Antisemitismusforschung 2 (1993), S. 93-117.

10 Zeugnisse jüdischer Kultur: Erinnerungsstätten in Mecklenburg-Vorpommern, Brandenburg, Berlin, Sachsen-Anhalt, Sachsen und Thüringen, Berlin 1992; Wegweiser durch das jüdische Brandenburg, hg. von Irene Diekmann und Julius H. Schoeps, Berlin 1995.

11 Literaturliste im Anhang, u.a. Klaus Arlt, Aufbau und Niedergang jüdischer Gemeinden in der Mark Brandenburg im 19. und beginnenden 20. Jahrhundert, in: Menora – Jahrbuch für deutsch-jüdische Geschichte, 1993, S. 315 ff.; Volker Schockenhoff, Eine Spurensuche. Verfolgung, Vertreibung und Vernichtung Potsdamer jüdischer Bürgerinnen und Bürger in der NS-Zeit, hg. von der Fachhochschule Potsdam, Potsdam 1998; Andreas Peter, Nachbarn von einst. Bilder und Dokumente jüdischen Lebens in Guben. Guben 1999; Joseph Freudenthal, Chronik der Synagogengemeinde zu Luckenwalde und deren Vorgeschichte. Zum 50jährigen Jubiläum der Synagogengemeinde 1919, hg. von Detlev Riemer in Zusammenarbeit mit Irene Diekmann, Potsdam 1997; Robert Kaelter, Geschichte der jüdischen Gemeinde zu Potsdam (Reprint), hg. von Julius Schoeps und Hermann Simon, Berlin 1993 (im Original 1903).

12 Unser Dank geht hier ausdrücklich an Frau Dr. Monika Nakath, Brandenburgisches Landeshauptarchiv, Herrn Hartmut Knitter, ehemaliger stellvertretender Leiter des Potsdam Museums, Herrn Dr. Wolfgang Weißleder, Potsdam, Herrn Detlev Riemer, Luckenwalde, Frau Anika Franzke, Luckenwalde, Frau Sylvia Fiedler, Landesarchiv Berlin, und die Mitarbeiterinnen und Mitarbeiter des Niedersächsischen Hauptstaatsarchivs Hannover.

13 Über die Geschichte der Potsdamer jüdischen Gemeinde: Kaelter, a.a.O. Die erste namentliche Erwähnung eines Potsdamer Juden soll jedoch erst 1690 erfolgt sein, siehe Michael Brocke / Martina Strehlen, Der Friedhof der Jüdischen Gemeinde Potsdam, in: Kaelter, a.a.O., S. 145 ff, hier: S. 147.

14 Wegweiser durch das jüdische Brandenburg, a.a.O., S. 37.

15 Eidesabnahmeverbot verfügt durch den Preußischen Justizminister Simons.

16 Geheimes Staatsarchiv Berlin, Rep. 84 a 11947, Bl. 200, zitiert nach Tillmann Krach, Jüdische Rechtsanwälte in Preußen. Bedeutung der freien Advokatur und ihre Zerstörung durch den Nationalsozialismus, München 1991, S. 13.

17 Krach, ebenda; zu dieser Phase der gesellschaftlichen Entwicklung auch Barbara Strenge, Juden im Preußischen Justizdienst 1812-1918. Der Zugang zu den juristischen Berufen als Indikator der gesellschaftlichen Emanzipation, München u.a. 1996.

18 Stichwort Centralverein in: Philo-Lexikon. Handbuch jüdischen Wissens, Berlin 1936, S. 123.

19 Günter Wirth, Der andere Geist von Potsdam. Zur Kulturgeschichte einer Stadt 1918 –1989, Frankfurt a. M. 2000, S. 118.

20 Stefi Jersch-Wenzel, Preußen als Einwanderungsland, in: Preußen. Beiträge zu einer politischen Kultur, Reinbek 1981, S. 136 ff.

21 Bis zu diesem Zeitpunkt sah der traditionelle Gottesdienst kein Instrument in der Synagoge vor. Insbesondere der Orgel als einem in der christlichen Kirche melodieführendem Instrument wurde von Seiten der Orthodoxie eine besondere Ablehnung entgegengebracht. So wurde noch 1875 heftig über die theologische Frage gestritten, ob es überhaupt zulässig sei, eine Orgel in der Synagoge zu nutzen, siehe Abraham Geiger, Gutachten über die rituale Statthaftigkeit der Orgel bei dem synagogalen Gottesdienste, in: Abraham Geigers Nachgelassene Schriften, hg. von Ludwig Geiger, Berlin 1875, S. 283 ff.

22 Schockenhoff, a.a.O., S. 9.

23 Kaelter, a.a.O., Abb. S. 115 sowie Schockenhoff, a.a.O., Abb. 5, S. 9.

24 Zwei der hier untersuchten 32 Personen waren als nicht „kriegsdienstfähig" ausgemustert worden. Drei Personen waren zu jung, fünf Juristen bei Kriegsbeginn bereits über 50 Jahre alt – diese beiden Gruppen fielen somit für den Kriegsdienst aus. Für die übrigen liegen keine Informationen vor.

25 Mitglied waren u.a. aus Potsdam Rechtsanwalt Ludwig Levy, aber auch der Rabbiner der Synagoge Robert Kaelter.

26 Margarita Lahusen, Ernest Nash Ernst Nathan 1898 - 1974, in: Ernest Nash – Ernst Nathan 1898 - 1974, Photographie, Potsdam – Rom – New York – Rom, Berlin 2000, hg. von Maria R.-Aföldi und Margarita Lahusen, S. 25 -90, hier S. 31 und 35.

27 Diese Angabe für den Beruf des Vaters machten 14 der hier untersuchten Juristen: Bruno Cohn, Sally Cohn, Ernst Gumpert, Hermann Hahlo, Ernst Hammerschlag, Fritz Hirschfeld, Günther Holberg, Hans Hopp, Friedrich Käckell, Berthold Lehmann, Ludwig Levy, Herbert Loewy, Ernst Nathan und Louis Pink.

28 Allerdings liegen von den folgenden acht Personen keine Berufsangaben der Väter vor: Gustav Herzfeld, Joseph Josephsohn, Raphael Josephsohn, Alfred Lehmann, Siegfried Lehmann, Gerichtsassessor Loewenthal, Bernhard Meyer und Willy Rheinhold.

29 Karl Dietrich Bracher, Dualismus oder Gleichschaltung: Der Faktor Preußen in der Weimarer Republik, in: Karl Dietrich Bracher / Manfred Funke / Hans-Adolf Jacobsen (Hg.,) Die Weimarer Republik 1928-1933, 2. Aufl. Bonn 1987, S. 536.

30 Bracher, a.a.O., S. 536 ff., aber auch: Peter Gay, Die Republik der Außenseiter. Geist und Kultur in der Weimarer Zeit 1918-1933, Frankfurt a. M. 1970; Walter Laqueur, Weimar. Die Kultur der Republik, Berlin 1976.

31 Helmut Heiber, Die Republik von Weimar, 22. Aufl. Nördlingen 1996, S. 111.

32 Emil Julius Gumbel, Vom Fememord zur Reichskanzlei, Heidelberg 1962, S. 46; diese Arbeit aufgreifend: Im Namen des Deutschen Volkes. Justiz und Nationalsozialismus. Katalog zur Ausstellung des Bundesministeriums der Justiz, 5. Aufl. Bielefeld 1998, S. 77 f.

33 Ladwig-Winters, a.a.O., S. 18-20.

34 Martin Sabrow, Die Blutspur, in: Der Tagesspiegel, 19. 1. 2001.

35 Laurenz Demps, Die Provinz Brandenburg in der NS-Zeit (1933 bis 1945), in: Ingo Materna / Wolfgang Ribbe, Brandenburgische Geschichte, Berlin 1995, S. 619 ff., hier: S. 624-25, bezugnehmend auf die Ergebnisse der Volkszählung vom 1. 6. 1933.

36 Wegweiser durch das jüdische Brandenburg, a.a.O., S. 26.

37 ebenda, S. 162.

38 ebenda, S. 224.

39 Hinzuzählen sind der Gerichtsassessor Loewenthal, sowie der Referendar Alfred Lehmann und der Student Paul Schreiber, deren damalige Anschriften nicht bekannt sind.

40 Wobei nochmals unterstrichen werden muss, dass es nur wenig konkrete Literatur gibt, die als Grundlage für weitere Auswertungen hätte herangezogen werden können.

41 Bruno Blau, Vierzehn Jahre Not und Schrecken. Unveröffentlichtes Manuskript, YIVO, New York 1952.

42 Bruno Blau, Das Ausnahmerecht für die Juden in Deutschland 1933-45, 2. Auflage Düsseldorf 1954.

43 Ladwig-Winters, a.a.O., S. 104 f.

44 Zitiert nach Wirth, a.a.O., S. 19.

45 Klaus Arlt, Chronologie der Synagogengemeinde Potsdam nach 1903, in: Kaelter, a.a.O., S. 228- 252, hier S. 237.

46 Lahusen, a.a.O., S. 39 sowie Hans-Joachim Giersberg, Erinnerungen an Ernest Nash, ebenda, S. 14 f.

47 Über den sechsten, Alfred Lehmann, ist nichts bekannt.

48 Schreiben der Tochter Leni Yahil vom 14. 1. 2002.

49 Olaf Matthes, James Simon, Mäzen im Wilhelminischen Zeitalter, Berlin 2000.

50 Nicht zutreffend die Angabe bei Günther Wirth, a.a.O., S. 119.

51 Günter Wirth, Der andere Geist von Potsdam. Zur Kulturgeschichte einer Stadt 1918–1989, Frankfurt a. M. 2000, S. 118.

52 Ernst G. Lowenthal, Juden in Preussen. Berlin 1981, S. 240 f.; Joseph Walk, Kurzbiographien zur Geschichte der Juden 1918-1945, München 1988, S. 387.

53 Alfred Wiener, Kritische Reise durch Palästina, 2. Aufl. Berlin 1927, S. 117-118.

54 Kaelter, a.a.O., S. 15.

55 Arlt, Chronologie, a.a.O., S. 230.

56 Die Adressen der Potsdamer Kanzleien nach dem Adressbuch von 1932:
Hermann Hahlo, Burgrafenstr. 26 (heute Gutenbergstr.);
Gustav Herzfeld, Lindenstr.13 – gegenüber Amtsgericht;
Sozietät Levy/Hopp, Nauener Str. 30/31, direkt am Nauener Tor;
Sozietät Lehmann/Marcuse, Brandenburger Str. 24;
Louis Pink, Brandenburger Str. 40;
Ernst Nathan, Wilhelmplatz 20 (heute Platz der Einheit)

57 Egon Eiermann (1904 –1970), Meister-Schüler von Hans Poelzig, Architekt u.a. des Neubaus der Kaiser-Wilhelm-Gedächtnis-Kirche in Berlin, aber auch Gestalter der mittlerweile berühmten Tischgestelle.

58 Lahusen, a.a.O., S. 34 u. 16 f.

59 Jürgen W. Falter, Wahlen und Wählerverhalten unter besonderer Berücksichtigung des Aufstiegs der NSDAP nach 1928.; in: Bracher u.a., a.a.O., S. 500.

60 Wirth, a.a.O., S. 59.

61 ebenda, S. 60.

62 Wegweiser durch das jüdische Brandenburg, a.a.O., S. 168 f.

63 Tageblatt (für den Kreis Jüterbog-Luckenwalde), 2. Extrablatt zur Reichstagswahl 1932.

64 Brandenburgisches Landeshauptarchiv (BLHA), Rep. 4 A Kammergericht Berlin, Pers. 1323 (Alfred Fordon).

65 Entschädigungsakte beim Landesversorgungsamt Berlin, Nr. 16.1203 (Berthold Lehmann).

66 Kurt von Schleicher (1882–1934), Dezember 1932 bis Januar 1933 Reichskanzler; im Zusammenhang der Röhm-Affäre mit seiner Frau in Babelsberg ermordet.

67 Franz von Papen (1879-1969) konservativer Politiker, der von Juni bis Dezember 1932 in der Nachfolge von Heinrich Brüning Reichskanzler gewesen war, hatte Mitte 1932 das bestehende Verbot der SA aufgehoben und sich damit der Unterstützung Hitlers versichert, konnte gleichfalls auf den Rückhalt des Militärs und der Hochfinanz bauen; im Kabinett Hitlers bis 1934 Vize-Kanzler; verschaffte damit der Regierung Hitler den Anschein einer gewissen Vertrauenswürdigkeit und Seriosität.

68 Edmund Heines (1897-1934), 1931-34 SA-Führer in Schlesien, 1933 auch Preußischer Staatsrat; 1934 im Zusammenhang mit der Röhm-Affäre auf Befehl Hitlers erschossen.

69 Krach, a.a.O., S. 172.

70 Comité des Délégations Juives (Hg.): Die Lage der Juden in Deutschland 1933 – Das Schwarzbuch- Paris 1934, Wiederauflage Frankfurt a. M /Berlin/Wien 1983, S. 94.

71 Krach, a.a.O., S. 172 f., die Schilderung von Rechtsanwalt Ludwig Foerder zitierend.

72 ebenda, S. 175 f.

73 Über die Ereignisse in Görlitz berichtet Wolfgang Benz, Von der Entrechtung zur Verfolgung und Vernichtung. Jüdische Juristen unter dem nationalsozialistischen Regime, in: Helmut Heinrichs (Hg.), Deutsche Juristen jüdischer Herkunft, München 1993, S. 813-852, hier S. 816 ff.

74 Leider liegen hierzu keine unmittelbaren Berichte aus dem Vorstand der Anwaltskammer Potsdam vor. Für das Frühjahr 1933 wissen wir noch nicht einmal mit Sicherheit, wer dem Vorstand angehörte. Zumindest bis zum Herbst 1932 war der jüdische Anwalt Raphael Josephsohn Vorsitzender der Kammer.

75 Am 11. März waren an Warenhäusern jüdischer Besitzer die schwarz-weiss-rote und die Hakenkreuzfahne gehisst worden. Zu den Auseinandersetzungen siehe Gabriele Schnell, Maimi von Mirbach – Eine Gerechte unter den Völkern, Katalog zur Ausstellung in Matschkes-GalerieCafé Oktober 1994, Potsdam 1994, S. 4 ff.

76 Lothar Gruchmann, Justiz im Dritten Reich 1933-1940. Anpassung und Unterwerfung in der Ära Gürtner. München 1988, S. 67.

77 ebenda, S. 68.

78 Fritz Ostler, Die deutschen Rechtsanwälte 1871-1971, Essen 1971, S. 229 ff.

79 Ausstellung „Anwalt ohne Recht", Sondertafel zur Geschichte des Deutschen Juristentages e.V. nach 1933, Simone Ladwig-Winters.

80 Geheimes Staatsarchiv Berlin, Rep. 84 a, Nr. 20155, Bl. 100 f.

81 Über die regional sehr unterschiedliche Vorgehensweise, siehe auch Ostler, a.a.O., S. 235 f.

82 Hanns Kerrl (1887-1941), 1933-35 Preußischer Justizminister, 1935-41 Reichs- und Preußischer Minister für kirchliche Angelegenheiten. Erstmals wurde ein derart bedeutendes Amt nicht an einen Volljuristen vergeben.

83 BLHA, Rep. 2 A Regierung Potsdam I P, Nr. 1186.

84 Karl-Heinz Minuth, Die Regierung Hitler. Teil I 1933/34, Bd. 1, Boppard 1983, S. 293.

85 An der Sitzung nahmen teil: Hitler, von Papen, von Neurath, Frick, Graf Schwerin von Krosigk, Hugenberg, Seldte, von Blomberg, von Eltz-Rübenach, Goebbels, Göring, Popitz (Reichskommissar für das Preußische Finanzministerium), Reichsbankpräsident Schacht, Staatssekretär Lammers, Meissner, Schlegelberger, Milch, Funk u.a., siehe ebenda, S. 292.

86 Deutlich zeichnete sich hier eine aggressive Konkurrenz der beiden „Reichskommissare" ab.

87 Hierzu ausführlich Ladwig-Winters, a.a.O., S. 38 f.

88 Reichsgesetzblatt, 1933, Teil I, S. 175.

89 Im Gesetzestext ist tatsächlich nur die Rede von „Vätern und Söhnen", nicht von Müttern und Töchtern oder generell von Eltern oder Kindern von Gefallenen.

90 Minuth, a.a.O., S. 323.

91 Krach, a.a.O., S. 208.

92 Reichsgesetzblatt,. 1933, Teil I, S. 195.

93 Um eine Pension zu erhalten, mussten die Betroffenen mindestens zehn Jahre Dienstzeit vorweisen können. (Reichsgesetzblatt, 1933, Teil I, S. 176).

94 Reichsgesetzblatt,. 1933, Teil I, S. 189.

95 Potsdamer Tageszeitung vom 29. 3. 1933, Nr. 76. Über diesen Assessor Löwenthal waren leider keine näheren Angaben zu ermitteln. Sein Vorname wird in dem Zeitungsbericht und in den Akten des Landgerichts nicht genannt. Da sein Nachname recht häufig ist, waren weitergehende Recherchen nicht erfolgreich.

96 Potsdamer Tageszeitung vom 30. 3. 1933, Nr. 77.

97 Potsdamer Tageszeitung vom 1. 4. 1933, Nr. 79.

98 ebenda.

99 Entschädigungsakte beim Landesversorgungsamt Berlin, Nr. 50598 (Sally Cohn).

100 Potsdamer Tageszeitung vom 3. 4. 1933, Nr. 80.

101 Bezugnehmend auf die Überlieferung im Geheimen Staatsarchiv Krach, a.a.O., S. 215 ff., hier: 217-18.

102 Potsdamer Tageszeitung vom 24. 4. 1933, Nr. 96.

103 Dies belegen die Vorgänge 1933 um Ludwig Levy, aber auch später 1938 um die Zulassung von „Konsulenten", hier der Antrag von Herbert Marcuse.

104 Potsdamer Tageszeitung vom 3. 4. 1933, Nr. 80.

105 Potsdamer Tageszeitung vom 5. 4. 1933, Nr. 82.

106 Helmut Krausnick, Judenverfolgung, in: Martin Broszat/ Hans-Adolf Jacobsen / Helmut Krausnick, Anatomie des SS-Staates. Bd. 2, München 1967, S. 262.

107 Die schwammige Begründung „im Interesse des Dienstes" wurde erst durch das „Gesetz zur Änderung des Gesetzes zur Wiederherstellung des Berufsbeamtentums" vom 23. 6. 1933 (Reichsgesetzblatt, 1933, Teil I, S. 389) eingeführt.

108 Gruchmann, a.a.O., S. 161.

109 Krach, a.a.O., S. 343 ff. Doch liegen keine konkreten Begründungen für die Degradierung Hirschfelds vor.

110 Gruchmann, a.a.O., S. 160.

111 ebenda, S. 161.

112 „Dritte Verordnung zur Durchführung des Gesetzes zur Wiederherstellung des Berufsbeamtentums" vom 6. Mai 1933 (Reichsgesetzblatt, 1933, Teil I, S. 245).

113 Leider konnte nicht abschließend geklärt werden, ob er der in Potsdam und Umgebung bekannten Familie Lehmann, die Konserven produzierte, angehörte oder mit Rechtsanwalt Siegfried Lehman verwandt war. Zur rechtlichen Fragestellung: Reichsweit wurde die Justizausbildungsverordnung am 22. Juli 1934 neu geregelt. Doch für Preußen wurde schon am 22. Mai 1933 von Kerrl eine Neuregelung der Referendarvorschriften auf der Basis des „Gesetzes zur Wiederherstellung des Berufsbeamtentums" angewiesen. Demnach hatten all diejenigen Referendare, die noch nicht zum zweiten Staatsexamen angemeldet waren oder sich bis spätestens 1. Juni 1933 hierzu anmeldeten, um ihre Entlassung nachzusuchen. Das bedeutete faktisch ein Ende ihrer Ausbildung; siehe auch Ostler, a.a.O., S. 239 (es wird allerdings ein unzutreffender Termin angegeben).

114 Schreiber konnte sich auch 1935 noch in Freiburg promovieren.

115 Wirth, a.a.O., S. 119; siehe auch den Eintrag im Biographischen Handbuch der deutschsprachigen Emigration, Bd. 2/2, München 1983, S. 1052.

116 Gruchmann, a.a.O., S. 154 f.

117 Bundesarchiv, R 22 Reichsjustizministerium, Personalakte 55.054-55 (Hans Eilhauer).

118 Justiz- und Ministerialblatt für die preußische Gesetzgebung, 1933, Teil I, 1655-57.

119 Dokument abgedruckt auf S. 34.

120 Hierzu auch sehr aufschlussreich: Krach, a.a.O., S. 244 ff.

121 Justiz- und Ministerialblatt, 1933, Teil I, S. 127.

122 Diese Angaben beruhen auf sicheren Quellen. Es ist unklar, worauf sich die Angabe von Klaus Arlt stützt, dass Levy bereits im März 1933 verhaftet worden sei, siehe Arlt, Chronologie, a.a.O., S. 240.

123 TIMES vom 26. 9. 1933.

124 Entschädigungsakte im Niedersächsischen Hauptstaatsarchiv, 110 W, Acc. 31/99, Nr. 220.587 (Rebecka Hopp nach ihrem verstorbenen Ehemann). Barbasch selbst war als Rechtsanwalt in Berlin 1933 nach dem Reichstagsbrand in „Schutzhaft" genommen worden.

125 Bundesarchiv, R 22 Reichsjustizministerium, Personalakte 66.053 (Berthold Lehmann), Bl. 7/8. Demnach hing die Verleihungsurkunde für den Großvater Berthold Lehmanns, Abraham Herzberg, in der Kirche in Schöneck,Westpreußen.

126 Dies beschreibt sehr eindringlich Siegfried Neumann, Rechtsanwalt in Küstrin, in seinen Erinnerungen: Vom Kaiserhoch zur Austreibung. Bonn 1978, S. 88.

127 § 2 der Ausführungsverordnung, Justiz- und Ministerialblatt, 1933, Teil I, S. 127.

128 ebenda.

129 Hierzu eingehend: Ladwig-Winters, a.a.O., S. 44 ff.

130 Für Berlin ist mit der Rechtsanwältin Hanna Katz einer der seltenen Fälle bekannt, dass aufgrund der „Kann-Bestimmung" des Rechtsanwaltsgesetzes von einem Berufsverbot abgesehen wurde, siehe ebenda, S. 46.

131 Krach, a.a.O., S. 208.

132 Erhellend hierfür wären die Unterlagen der Rechtsanwaltskammer, die leider nicht überliefert sind.

133 Ladwig-Winters, a.a.O., S. 50

134 Neumann, a.a.O., S. 89 ff.

135 Horst Göppinger, Juristen jüdischer Abstammung im „Dritten Reich". Entrechtung und Verfolgung, 2. Auflage München 1990,S. 92 und 93. Ein endgültiges Verbot von Sozietäten und Bürogemeinschaften jüdischer und nichtjüdischer Partner erfolgte demnach Ende 1935/Anfang 1936.

136 Neumann, a.a.O., S. 92 f. sowie Krach, a.a.O., S. 309 ff. Diese Maßnahme beruhte in Preußen auf einer Anordnung des Justizministers Kerrl vom 31. 5. 1933. Sie wurde allem Anschein nach wieder aufgehoben, Ende 1935 durch das Reichsjustizministerium jedoch erneuert, hierzu Gruchmann, a.a.O., S. 163.

137 Potsdamer Tageszeitung vom 6. 4. 1933, Nr. 83; in dieser Meldung wurde auch von Versuchen „christlicher" Anwälte berichtet, die die Gelegenheit ausnutzten, um ihren Mitarbeitern das Gehalt zu kürzen.

138 Potsdamer Tageszeitung vom 10. 4. 1933, Nr. 86, die hier eine sprachlich bizarre, nur schwer verständliche Anweisung Kerrls abgedruckt hat.

139 Gruchmann, a.a.O., S. 299 ff.

140 Otto Palandt, Drei Monate Prüflinge aus dem Gemeinschaftslager der preußischen Referendare: Er betont, dass „...die Referendare wettergebräunt, hellen Auges, in aufrechter Haltung, zuversichtlich und voller Vertrauen" in den Prüfungsraum kämen, während man davor „manchen hohläugigen, blasswangigen Prüfling gesehen hat, dessen nachlässige Haltung und hilfloser Blick" mitleiderregend gewesen war, zitiert nach Gruchmann, a.a.O., S. 304.

141 ebenda, S. 312.

142 Ostler, a.a.O., S. 237 ff.

143 Grundsätzlich wurde die Tätigkeit von Frauen in der Justiz als nicht wünschenswert angesehen, siehe die Ausführungen ebenda, S. 255.

144 Verschiedene Dokumente hierzu finden sich im Heimatmuseum Jüterbog.

145 Gruchmann, a.a.O., S. 306.

146 Das, wie in einzelnen Arbeiten berichtet, die Wirkung dieses Lagers nur sehr begrenzt war, mag ein wünschenswertes, doch nicht eindeutig belegtes Phänomen sein; siehe Ostler, a.a.O., S. 240.

147 Hierzu ausführlich Wolfgang Benz, Geschichte des Dritten Reiches, München 2000, S. 49 ff.

148 Unter den Getöteten war auch der zuvor erwähnte Breslauer SA-Führer und Polizeipräsident Heines.

149 Carl Schmitt, Nationalsozialismus und Rechtsstaat, in: Juristische Wochenschrift 1934, S. 713.

150 Hierzu näher: Ladwig-Winters, a.a.O., S. 50 f.

151 Verzeichnis nichtarischer Rechtsanwälte Deutschlands, Berlin 1934.

152 Potsdamer Tageszeitung vom 17./18. 3. 1934, Nr. 65.

153 Neumann, a.a.O., S. 90 f.

154 So z.B. Ernst Nathan, der 1933 bereits seine sechs Jahre für ihn tätige Stenotypistin Else Rittig entlassen muss-

te „infolge Einschränkung des Betriebs“, siehe Lahusen, a.a.O., S. 36, FN 62 und 45.

155 Neumann, a.a.O., S. 89.

156 Hierzu Ostler, a.a.O., u.a. S. 232 u. 265.

157 Ende 1935 wurde das „Gesetz zur Verhütung von Missbräuchen auf dem Gebiete der Rechtsberatung“ (13. 12. 1935, Reichsgesetzblatt, Teil I, S. 1475) verabschiedet, mit dem unterbunden werden sollte, dass Rechtsberatung, nur durch einen Anwalt zulässig sei. Insbesondere betraf dieses Gesetz die Tätigkeit von früheren Anwälten, die mit Berufsverbot belegt worden waren.

158 So z.B. in Berlin Ludwig Bendix, siehe Ladwig-Winters, a.a.O., S. 43 f.

159 Udo Reifner, Rechtsfürsorge und Rechtsbetreuung. Tendenzen in der Entwicklung von Rechtshilfe und Anwaltschaft, Wissenschaftszentrum Berlin, Vortrag vom 26. 11. 1979, S. 33.

160 Blau, Not und Schrecken, S. 35.

161 Reichsgesetzblatt, 1935, Teil I, S. 1333-1334.

162 Gruchmann, a.a.O., S. 169 f.

163 ebenda, S. 170, siehe auch Deutsche Justiz, 1936, S.65 ff. und 106; dort sind die Namen der vom Berufsverbot betroffenen Justizbeamten veröffentlicht.

164 So wurde bei einer Überprüfung festgestellt, dass der Justizoberinspektor am Amtsgericht Brandenburg, Emil Gerlach, eine zwar evangelische, aber doch als „Volljüdin“ geltende Ehefrau hatte. Nach den bisherigen Erkenntnissen knüpften sich hieran jedoch keine weiteren Konsequenzen, vermutlich, weil es sich um eine „privilegierte Mischehe“ gehandelt haben wird, siehe Bundesarchiv, R 3001, Bl. 21.

165 Beate Meyer, „Jüdische Mischlinge“, Rassenpolitik und Verfolgungserfahrung 1933-1945, Hamburg 1999. S. 96 f.

166 Bundesarchiv, R 22 Reichsjustizministerium, Personalakte 55.054-55 (Hans Eilhauer).

167 Blau, Not und Schrecken, S. 27 f.

168 Bundesarchiv, R 22, Reichsjustizministerium, Personalakte 66.913 (Herbert Loewy).

169 Bundesarchiv, R 22, Reichsjustizministerium Personalakte 60.565 (Fritz Hirschfeld).

170 Lebenslauf im Antrag auf Anerkennung als Verfolgter des Nazi-Regimes in: BLHA, Rep. 401, Bezirkstag und Rat des Bezirkes Potsdam, VdN - 1602.

171 Information seines früheren Nachhilfeschülers Herrn Schwarz, 7/2001.

172 Blau, Not und Schrecken, S. 30.

173 Martin Broszat / Norbert Frei (Hg.), Das Dritte Reich im Überblick. Chronik, Ereignisse, Zusammenhänge, 5. Aufl. München 1996, S. 237; Avraham Barkai, Vom Boykott zur „Entjudung“. Der wirtschaftliche Existenzkampf der Juden im Dritten Reich 1933-1943. Frankfurt a. M. 1986, S. 136. Allgemein sehr erhellend: Helmut Genschel, Die Verdrängung der Juden aus der Wirtschaft im Dritten Reich, Göttingen 1966.

174 Gefasst unter der 5. Verordnung zum Reichsbürgergesetz vom 27. 9. 1938 (Reichsgesetzblatt, 1938, Teil I, 1403, 1439).

175 Als „Rassenschande“ galt ein intimes Verhältnis zwischen „arischen“ und jüdischen Männern und Frauen, wobei häufiger Fälle verfolgt wurden, bei denen der männliche Partner jüdisch war.

176 BLHA, Rep 4 A Kammergericht Berlin, Pers. Nr. 5850 (Herbert Marcuse), Bl. 15.

177 Potsdamer Tageszeitung vom 10. 11. 1938, Nr. 264.

178 Broszat/Frei, a.a.O., S. 251.

179 BLHA, Rep 4 A Kammergericht Berlin, Pers. Nr. 5850 (Herbert Marcuse), Bl. 1.

180 ebenda, Bl. 4 vom 12. 11. 1938.

181 Zu den Niederlassungsorten der „jüdischen Konsulenten“ im Kammergerichtsbezirk siehe Angelika Königseder, Recht und nationalsozialistische Herrschaft. Berliner Anwälte 1933-1945, Berlin 2001, 117 f.

182 BLHA, Rep. 12 A Landgericht Potsdam 243.

183 Ladwig-Winters, a.a.O., S. 203.

184 ebenda, S. 215.

185 Einschließlich des Gerichtsassessors Loewenthal, des Referendars Alfred Lehmann und des Studenten Paul Schreibers.

186 Zur näheren Erläuterung der sehr feindifferenzierten Unterschiede, siehe Meyer, a.a.O., S. 96 ff.

187 Diese Unlogik wurde versucht, z.B. durch den Kommentar von Stuckart-Globke (Globke war später im Kanzleramt Adenauers tätig) für die Verwaltungspraxis handhabbar zu machen. „Saul Friedländer greift in diesem Zusammenhang eine „mysteriöse rassische Mutation“ auf ... : Wenn eine zur jüdischen Religion konvertierte Ehefrau als Witwe rekonvertierte und in zweiter Ehe mit einem „Arier“ Kinder bekomme, hätten diese eine jüdische Vorfahrin im Stammbaum“; siehe Meyer, a.a.O., S. 101.

188 BLHA, Rep. 4 A Kammergericht Berlin, Pers. 2349-2350 (Günther Holberg).

189 BLHA, Rep. 12 A Landgericht Potsdam 266. Hier weichen allerdings die Erinnerungen des Sohnes von den in den Unterlagen nachgewiesenen Vorgängen ab.

190 „Mischlinge zweiten Grades" galten in der Regel weiterhin als „wehrwürdig". „Mischlinge ersten Grades" waren hingegen per Geheimerlass des Oberkommandos der Wehrmacht 1940 aus der Wehrmacht entlassen worden; siehe auch Blau, Ausnahmerecht, a.a.O., S. 82.

191 Akte zum Wiedergutmachungsverfahren im Landesarchiv Schleswig-Holstein, Abt. 786 Nr. 642.

192 So mussten viele „Mischlinge ersten Grades" ab 1944 Zwangsarbeit leisten.

193 Entscheidung des Reichsgerichts vom 27. 6. 1936, zitiert von Ernst Fraenkel, Der Doppelstaat. Frankfurt a.M. 1984, S. 126.

194 Hierzu sehr verdienstvoll die Zusammenstellung von Blau, Ausnahmerecht, a.a.O.; deutlich später: Joseph Walk (Hg.), Das Sonderrecht für die Juden im NS-Staat. Eine Sammlung der gesetzlichen Maßnamen und Richtlinien – Inhalt und Bedeutung, Heidelberg/Karlsruhe 1981.

195 Hierzu erläuternd Ernst Fraenkels Werk „Der Doppelstaat", in dem er das Nebeneinander von Maßnahmen- und Normenstaat darlegt. Die Arbeit wurde, in Deutschland recherchiert, erstmals 1941 unter dem Titel „The Dual State" in den USA veröffentlicht, 1949 erschien sie auch in deutscher Sprache. Mittlerweile liegen mehrere Auflagen vor.

196 Lebenslauf im Antrag auf Anerkennung als „Verfolgter des Nazi-Regimes" von 1950, in: BLHA, Rep. 401 Bezirkstag und Rat des Bezirkes Potsdam, VdN - 664.

197 Schnell, a.a.O., S. 17.

198 Eine unvollständige Namensliste der Verschleppten aus Potsdam in Spurensuche, a.a.O., S. 25.

199 Herbert Fiedler, Dokumentation über Leben und Leiden der jüdischen Familien Luckenwaldes in den Jahren 1933-1945, Luckenwalde, Oktober 1991, S. 112/3.

200 Wie hier in Küstrin wurden auch in anderen Städten Synagogen in Brand gesteckt, verwüstet und zerstört, u.a. in Luckenwalde, wo der Innenraum demoliert wurde – Feuer war mit Rücksicht auf die angrenzenden Häuser nicht gelegt worden (Fiedler , a.a.O., S. 112/2 u. 3), Rathenow (Zeugnisse jüdischer Kultur, S. 107) und Potsdam (Arlt, Chronologie, a.a.O. S. 244 f.)

201 Neumann, a.a.O., S. 105 f..

202 ebenda, S. 107.

203 ebenda, S. 110.

204 ebenda, S. 113.

205 ebenda, S. 126.

206 Hierzu ein Überblick bei Michael Schäbitz, Flucht und Vertreibung der deutschen Juden 1933-1941, in: Beate Meyer, Hermann Simon (Hg.), Juden in Berlin 1938-1945, Begleitband zur gleichnamigen Ausstellung in der Stiftung „Neue Synagoge Berlin – Centrum Judaicum", Berlin 2000, S. 51-74, hier S. 59 ff.

207 Auskunft der Gedenkstätte Sachsenhausen.

208 Auskunft des Muzeum Gross-Rosen.

209 Ladwig-Winters, a.a.O., S. 71.

210 Entschädigungsakte beim Landesversorgungsamt Berlin, Nr. 76.320 (Ernst Westphal).

211 Schreiben der Tochter Leni Yahil vom 14. 1. 2002.

212 In Luckenwalde agierte die Widerstandsgruppe „Gemeinschaft für Frieden und Aufbau", in der der Justizangestellte des Amtsgerichts Luckenwalde Hans Winkler maßgeblich aktiv war. Es gab jedoch keine nachweisbaren Verbindungen zwischen der Gruppe und Gumpert. Zu den Aktivitäten der Gruppe: Eugen Hermann-Friede, Für Freudensprünge keine Zeit. Erinnerungen an Illegalität und Aufbegehren 1942-1948, Berlin 1991; insbes. auch das Nachwort von Barbara Schieb-Samizadeh, S. 189 ff.

213 Lebenslauf im Antrag auf Anerkennung als „Verfolgter des Nazi-Regimes" von 1950, in: BLHA, Rep. 401 Bezirkstag und Rat des Bezirkes Potsdam, VdN - 664.

214 ebenda.

215 ebenda.

216 Schreiben des Sohnes Eberhard Holberg vom 8. 11. 2001.

217 Als Überblick, auch zu Aspekten der wirtschaftlichen Ausplünderung vor der Flucht Michael Schäbitz, a.a.O., und Juliane Wetzel, Auswanderung aus Deutschland, in: Wolfgang Benz (Hg.), Juden in Deutschland 1933-1945, 3. Auflage München 1993, S. 412-498.

218 Arlt, Chronologie, a.a.O., S. 246.

219 1940 wurde der Gemeinde auch der Status als Körperschaft des öffentlichen Rechts aberkannt. Um weiterhin als juristische Person auftreten zu können, wurde noch ein Verein gegründet; siehe Arlt, Chronologie, a.a.O., S. 247.

220 Lebenslauf in der Entschädigungsakte beim Landesversorgungsamt Berlin, Nr. 210.686 (Ernst Hammerschlag).

221 Niedersächsisches Hauptstaatsarchiv Hannover, Nds. 110 W, Acc. 8/90, Nr. 230/14 (Entschädigungsakte der Erbengemeinschaft nach Joseph Josephsohn).

222 Ein „Solicitor" ist ein nicht plädierender Anwalt.

223 Niedersächsisches Hauptstaatsarchiv Hannover, Nds. 110 W, Acc. 31/99, Nr. 236.668 (Hermann Hahlo) und Ellison Kahn, In Memoriam: Herman Robert Hahlo, in: South African Law Journal, Vol. 102, Part 4 (November 1985), S. 573-578.

224 Zur Praxis der Ausbürgerungen Hans Georg Lehmann, Acht und Ächtung politischer Gegner im Dritten Reich. Die Ausbürgerung deutscher Emigranten 1933-45, in: Die Ausbürgerung deutscher Staatsangehöriger 1933 - 45 nach den im Reichsanzeiger veröffentlichten Listen, (Hg.) Michael Hepp, Bd. 1, München 1985, S. IX-XXIII, und Michael Hepp, Wer Deutscher ist, bestimmen wir..., in: ebda., S. XXV-XL; mit der Elften Verordnung zum Reichsbürgergesetz vom 25. 11. 1941 wurden alle Juden, die sich im Ausland befanden, kollektiv ausgebürgert.

225 Auskunft des Universitätsarchivs der Universität Rostock vom 7. 11. 2001; siehe auch Lehmann, a.a.O., S. XV f.

226 Niedersächsisches Hauptstaatsarchiv Hannover, Nds. 110 W, Acc. 8/90, Nr. 278/3 (Herbert Marcuse).

227 Lahusen, a.a.O., S. 41 ff.

228 Auskunft des Universitätsarchiv der Friedrich-Schiller-Universität Jena vom 16. 11. 2001.

229 Der Brief von Heinecke ist nicht überliefert. In dem Brief von Nash ist in dem Namen offensichtlich ein Tippfehler unterlaufen; zu den Bemühungen von Heinecke um seine „Entnazifizierung" s. auch die Personalakte: BLHA, Rep. 4 A Kammergericht Berlin, Pers. 6549.

230 Lahusen, a.a.O., S. 76 f.

231 Alfred Wiener, Kritische Reise durch Palästina. Berlin 1927.

232 Schreiben der Tochter Leni Yahil vom 2. 2. 2002.

233 Wetzel, a.a.O., S. 446 ff.

234 Schreiben der Tochter Leni Yahil vom 2. 2. 2002.

235 Fritz Löwenthal, Der neue Geist von Potsdam. Hamburg o.J., (vermutl. 1949).

236 Hans Sahl, Daten und Bilder, Beiheft zur Ausgabe der Memoiren eine Moralisten, Hamburg/Zürich 1992, S. 21.

237 ebenda, S. 4.

238 Offiziell wurde ihm die Zulassung als Rechtsanwalt wahrscheinlich im November 1938 mit dem allgemeinen Berufsverbot für Rechtsanwälte jüdischer Herkunft entzogen. Diese Vermutung legt der zynische Vermerk „1938 inaktiv" auf der Karteikarte in der Personalkartei des Reichsjustizministeriums nahe.

239 Es ist davon auszugehen, dass Ludwig Levy mit der Ausbürgerung auch der Doktortitel aberkannt wurde. Dies war die gängige Praxis der Universitäten. Da die Unterlagen der Juristischen Fakultät als Kriegsverlust gelten, war hierzu keine Auskunft zu erhalten.

Bild- und Dokumentennachweis

Amtsarchiv Dahme: S. 114

Aron Ackermann, Geschichte der Juden in Brandenburg a. H., Berlin 1906: S. 89

Brandenburgisches Landesamt für Denkmalpflege: S. 38, 53, 63, 109, 120

Brandenburgisches Landeshauptarchiv:

- Rep. 2 A Regierung Potsdam, I P 1185: S. 34, Titel (3. von oben)

- Rep. 12 A LG Potsdam 243: S. 45, 46, 47

- Rep. 203 Ministerium des Innern PA 74: S. 83

- Rep. 240 LG Potsdam 86: S. 61

- Rep. 401 Bezirkstag und Rat des Bezirkes Potsdam: S. 96 (VdN - 664), 138 (VdN - 1602)

Bundesarchiv

- Bild 102 / 14899: S. 29, 50

- Bild 73 / 74 /87: S. 31

- Bild 146 / 71 / 6 / 1: S. 32

- R 22 Reichsjustizministerium, Personalakten: S. 43 (PA 66. 438), 110 (PA 62.181), 117 (PA 66.053), 124 (PA 66.913)

- R 8150, Bd. 555: S. 71

Bundesverwaltungsgericht: S. 99

Ernest Nash Archiv, Seminar für Griechische und Römische Geschichte, Abt. II, J. W. Goethe – Universität Frankfurt am Main: S. 21, 75, 78, 81, 129, 130

Familienarchiv von Treichel-Mirbach: S. 65, 70, 104

Förderkreis Museum Burg Eisenhardt e.V. Belzig: S. 123, Titel (2. von oben)

Handbuch des Landtages Brandenburg, Potsdam 1947: S. 136

Heimatmuseum Beelitz: S. 92

Heimatmuseum Dahme: S. 113

Heimatmuseum Luckenwalde: S. 11, 95, 135

Kreismuseum Rathenow: S. 132

Landesversorgungsamt Berlin, Entschädigungsbehörde: S. 12, 15, 140 (Entschädigungsakte Nr. 76.320)

Niedersächsisches Hauptstaatsarchiv Hannover:

- Nds. 110 W Acc. 31/99: S. 87 (Nr. 216495), 112 (Nr. 215317)

- Nds. 110 W Acc. 8/90: S. 93 (Nr. 189/11), 109 (Nr. 230/14)

Potsdam Museum: S. 17, 25, 37, 67, 107, 119, 125, 131

Privat: S. 15, 18, 85, 101, 102, 105, 106, 137, 139, 141

Robert Kaelter, Geschichte der jüdischen Gemeinde Potsdam, Reprint Berlin 1993 (im Original 1903): S. 20

Sammlung Detlev Riemer, Luckenwalde: S. 86, Titel (1. von oben)

Slaughter & May, London: S. 94

South African Law Journal, August 1984: S. 97

Städtisches Museum Jüterbog: S. 51, Titel (unten)

Universitätsarchiv Rostock, Promotionen Jur. Fak. Sign. 1917: S. 126

150 Jahre Landgericht Bonn, Festschrift, Bonn 2000: S. 22